KB215237

권위에 대한 복종

OBEDIENCE TO AUTHORITY

권위에 대한 복종

초판 1쇄 인쇄일 2009년 2월 17일   초판 1쇄 발행일 2009년 2월 20일

지은이 스탠리 밀그램 | 옮긴이 정태연
펴낸이 박재환 | 편집 유은재 이지혜 이정아 | 관리 조영란
펴낸곳 에코리브르 | 주소 서울시 마포구 서교동 468-15 3층(121-842) | 전화 702-2530 | 팩스 702-2532
이메일 ecolivre@korea.com | 출판등록 2001년 5월 7일 제10-2147호
종이 대림지업 | 인쇄 상지사 진주문화사 | 제본 상지사

ISBN 978-89-6263-012-1 03180

책값은 뒤표지에 있습니다.   잘못된 책은 바꿔드립니다.

권위에 대한 복종

스탠리 밀그램 지음 | 정태연 옮김

에코리브르

30년 전 출판된 스탠리 밀그램의 《권위에 대한 복종(Obedience to Authority)》
은 우리에게 충격을 가져다주었다. 어떻게 실험을 '관리하는' 교수가
요구한다고 해서 같은 사람에게 점점 더 치명적인 전기충격을 가할 수
있을까? 무분별한 복종이 가져올 수 있는 파괴에 대해 경고하는 이 책
은 출판 당시보다 오히려 오늘날 더 큰 반향을 불러일으키고 있다. 상
관의 명령에 따라 수감 중인 이라크 포로들을 야만적이고 굴욕적으로
다루는 평범한 미국 군인들이 방송된 적이 있다. 화면 속에서 그들은
상습적으로 포로들을 동물처럼 다루었을 뿐 아니라 심지어 포로들의
행동을 사진으로 찍기도 했으며, 그런 일을 완수한 만족감에 웃고 있었
다. 그들은 다음 심문을 대비해 포로들의 '저항을 약화시키라'는 명령
을 수행했을 뿐이라고 말했다. 그러나 이후의 공식적인 조사에서 그러
한 '명령'은 분명치 않은 것으로 밝혀졌다. 아무튼 대부분의 포로가 구
체적인 범죄 행위로 기소된 것이 아니라 단지 범죄 피의자로 구금되어
있었다는 사실은 (제네바 협약과 미군의 규정에도 불구하고) 중요치 않았다.

　밀그램의 책이 충격적인 이유는 일상적인 삶에서 '인간 본성'이 드
러나는 방식에 대한 우리의 신념에 도전하기 때문이다. 예일대학교 교

수가 지시했다고 해서 어떻게 평범한 사람들이—평범한 미국인, 즉 뉴헤이번에 사는 주민들—같은 인간에게 외견상 참을 수 없는 고통을 줄 수 있을까? 물론 그들은 처벌이 단어학습에 미치는 영향에 관한 교수의 실험 연구를 돕기 위해 그곳에 있었다. 그런데 왜 이 견실한 참가자들은 우려할 만한 그 행동을 중단하라고 교수가 제안했을 때마저도 그 명령을 계속 수행하려 했을까?

이 모든 것은 무엇을 말하는가? 그러한 비인간성은 단지 '심리학적' 실험의 꾸며진 분위기 때문에 발생한 것인가? 아니면 사회적 관계에 관한 좀더 일반적인 무엇이 작용한 결과인가? 또는 실제로 인간 본성 그 자체에 관한 어떤 것을 말하고 있는가? 밀그램의 충격적인 보고서는 권위와 복종, 심지어 인간 본성에 관해, 그리고 인간 본성 중 어느 정도가 내부적인 요인에 따른 것인지 또는 외부 환경에 따른 것인지에 관해 새롭게 생각하도록 우리를 일깨워준다.

이러한 질문은 이 책이 출판된 1970년대 중반에는 전혀 새로운 것이 아니었다. 10년 전, 한나 아렌트(Hannah Arendt)는 《예루살렘의 아이히만(Eichmann in Jerusalem)》(1963)이라는 책에서 '악의 평범성(banality of evil)'이라는 논쟁의 여지가 많은 주장을 펼쳤다. 그녀의 주장에 따르면, 나치 아돌프 아이히만은 '괴물'이 아니라, 수용소에 있는 유대인을 가스실에 넣어 죽이라는 명령을 단순히 따랐을 뿐이라고 한다. 어디에서나 볼 수 있는 관료주의자들처럼, 그 역시 명령에 복종하는 관료주의자 중 한 사람이었을 따름이라는 것이다.

당시 우리 대부분은 아렌트의 이런 불편한 주장이 나치즘의 타고난 사악함이나 독일인들을 야수로 바꿔놓은 나치즘의 힘을 제대로 설명하지 못하고 있다고 생각했다. 그런 일이 우리가 있는 여기에서도 일어날 수 있을까? 우리는 독일 문화의 심층에 사악한 무엇이 도사리고 있고, 그것이 나치즘을 발생시켰으며, 아이히만 같은 사람들에게 나치즘의 극악한 명령을 따르도록 했다고 믿고 싶어했다. 실제로 그런 일은 우리가 있는 여기에서는 일어나지 않았다.

그러나 아렌트의 《예루살렘의 아이히만》과 밀그램의 《권위에 대한 복종》 사이에 10년의 세월이 흐르는 동안, 상황은 변했다. 서구 세계는 분노와 불신으로 들끓었고, 젊은이들은 그 근원이 무엇이든 권위에 대해 점점 의심의 눈초리를 보내기 시작했다. 권위뿐만 아니라 권위에 대한 분별없는 복종에 대해서도 마찬가지였다. 그 10년은 미국에서 일어난 민권운동(Civil Rights)의 시대였고, 여성해방에 대한 의식 변화의 시대였으며, 격렬한 학생들의 소요와 파리에서 일어난 '봉기'의 시대였다. 권위에 대한 복종은 거리에서뿐만 아니라, 평범한 사람들의 마음속에서도 지탄을 받았다―아마도 프랑스혁명 이후에는 그렇지 않았을 것이다.

그 폭풍 같은 10년이 끝나갈 무렵, 밀그램의 《권위에 대한 복종》은 전 세계에 걸쳐 초조해진 사람들의 신경을 건드렸다. 먼저 밀그램의 연구는 그런 일이 우리가 있는 이곳, 심지어 권위주의적인 독일 문화의 영향을 전혀 받지 않은 바로 뉴헤이번의 힐하우스 애비뉴(Hillhouse Avenue)에서도 일어날 수 있다는 것을 보여주었다. 여러분이 상부의 명령에 따라 다른 사람에게 잔혹한 행위를 하기 위해서 '권위적인 성격'일 필요는 없다. 명령을 내리는 사람이 공식적으로 '관리·감독하는' 것처럼 보이면, 우리는 모두 (또는 실질적으로 우리 모두는) 지시받은 대로 기꺼이 따를 것이기 때문이다.

당연하게도, 밀그램의 책에 대한 심리학계의 반응은 복합적이었다. 특히 사회심리학자들은 무리한 일반화의 부담에서 스스로를 보호하려는 듯, 그 연구에서 일반적인 결론을 이끌어내는 데 보통은 매우 모호한 태도를 보였다. 그도 그럴 것이 '인위적'이고 탈맥락적인 실험실의 연구에서 얻은 결과를 얼마나 일반화할 수 있는지 분명하지 않기 때문이다. 그러나 밀그램은 (기술적으로 신중하게 실험했음을 분명히 하면서) 자신의 실험이 단지 실험이 아니라 삶의 일부분이라고 주장하는 데 주저하지 않았다. 예를 들면 이에 이의를 제기하는 사람이 있다면, 복종이 그렇게 맹목적으로 일어나지는 않는다는 점을 보여주는 후속 연구를 진행했던 것이다. 밀그램의 동료 사회심리학자들 가운데 몇몇은 여전히 다음과 같은 불만을 토로했다. "한 교수가 뉴헤이번 주민들을 잘 꾸며진 예일대학교의 심리학 실험실로 불러들입니다. 그러고는 거만하게 그들에게 해야 할 일을 지시하지요. 이런 하찮은 연구로 대체 인간 본성에 관해 무엇을 말할 수 있겠습니까? 그 참가자들은 그저 시키는 대로 했을 따름입니다!"

30년이 흐른 오늘날, 우리는 그런 불만이 틀릴 수도 있다고 심각하게 재고하고 있다. 이제 우리는 사람들로 하여금 그러한 '명령에 따르도록' 만드는 취약한 조건이 우리 문화에, 그리고 아마도 모든 문화에 존재한다는 것을 알고 있다. 물론 우리 모두가 그런 것은 아니다. 내부의 확신을 고수하려는 욕구가—밀그램의 실험에서도 그랬듯이—복종에 대응해 존재하기 때문이다. 그럼에도 우리는 명령에 따른다.

오늘날 아부 그라이브에 수감된 이라크 포로들을 고문하고 모욕한 것과 관련해서, 우리는 30년 전 이루어진 밀그램의 연구에서 무엇을 알 수 있을까? 왜 우리 헌병은 심문을 위해 포로들의 '저항을 약화시키라'는 명령을 기꺼이 (그리고 겉으로 보기에 즐겁게) 따랐을까? 그들은 "그렇게 하라"고 들었다. 하지만 거기에는 풀기 어려운 수수께끼가 남아 있다. 누가 "그렇게 하라"고 말했는가? 확실히 정부의 군대 규정에는 없다. 나는 노르망디 상륙 작전 때 막 붙잡은 독일인 포로들을 몇 주 동안 감시한 적이 있었다. 당시 내 부대가 '심리전(psychological warfare)'에 관여하고 있었음에도 우리는 심문 전에 포로들의 저항을 약화시키겠다는 생각을 하지 않았다. 한 세대 후 베트남 전투에서 내 아들—당시 갓 대학에 입학한 신입생으로 아직 경험이 없는 미숙한 아이였다—은 베트콩 전쟁포로들을 심문하는 임무를 맡았는데, 주로 정치적 정보를 얻기 위한 정도의 심문이었다고 한다. 그는 아부 그라이브 사태를 접하고는 "맘소사, 결코 일어나서는 안 되는 일입니다"라고 비판했다.

전쟁 포로에 대한 제네바 협약을 지키는 것이 '우리의 선천적인 본성이 아닌' 것처럼, 포로를 고문하는 것 역시 '우리의 타고난 본성이' 아니다. 스탠리 밀그램이 우리에게 주는 교훈은 어떤 사회, 어느 곳에서나 권위에 대한 복종이 너무도 쉽게 발생한다는 점이다. 그리고 이제 우리는 그것에 대응하기 위해 사전에 어떠한 조치를 취해야 한다는 것을 알고 있다. 민주주의의 권위는 결코 단일하거나 획일적이어서는 안 된다는 원칙이 우리 헌법의 전통 속에 존재한다는 것은 놀라운 일이 아니다. 제임스 메디슨(James Madison)의 〈페더럴리스트 No. 10(Federalist No. 10)〉에는 '권력분립'에 대한 유명한 선언이 담겨 있다. 이러한 선언은 위기와 전쟁 때에는 늘 위험에 처하게 된다. 아부 그라이브나 이라크와 아프가니스탄의 또 다른 강제 수용소에서처럼 과도한 권위를 제어하지 못한다면, '인간 본성'을 비난할 것이 아니라, 그러한 방식으로 권위를 행사하도록 허용한 사람을 비난해야 한다.

또한 밀그램은 우리에게 또 다른 교훈을 가르쳐주었고, 그 교훈을 새롭게 의식하도록 했다. 즉 우리의 행동 대부분은 맹목적이거나, 관습에 순응하는 뿌리 깊은 습관에 따른다는 것이다. 여러 동물 중에서 가장 마지막으로 물을 발견한 것이 속담 속의 물고기인 것처럼, 때때로 우리는 곁의 일에 주의를 기울이지 않는다. 복종에 대한 연구 후 뉴욕 시민의 '도시적' 습관에 관해 수행한 일련의 연구에서처럼, 그는 반의식적인(semiconscious) 인간의 상태를 파악하는 놀라운 재능을 가지고 있었다. 그러한 연구의 한 예로, 그는 자신이 가르치는 대학원생들로 하여금 지하철 의자에 앉아 있는 승객들에게 자리를 양보해줄 것을 요구하도록 시켰다. 요청받은 승객 중 4분의 1에서 3분의 1이 아무런 이의 없이 그 요구에 응했다. 만일 어떤 승객이 자리 양보를 요구하는 학생에게 합당한 이유를 물어온다면, 그 학생은 그 이유를 댈 수 있어야 한다. 그런데 흥미로운 측면이 있었다. 승객이 요구를 들어주었을 때, 학생들은 피곤한 척하거나 어떤 식으로든 약한 척하면서 자신의 요구가 '적절한' 것처럼 보이도록 해야 할 강한 필요성을 느꼈다. 심지어 혼잡한 도시에서도 사람들은 적절하게 행동하려고 노력한다. 즉 사람들은 다른 사람의 요구를 되도록이면 들어주고, 또한 그러한 요구를 한 사람도 자신의 요구가 합당한 것처럼 보이도록 행동했다. 또한 밀그램은 학생들에게 '모르지만 친숙한 사람(familiar stranger)'들에 관한 수수께끼 같은 현상을 조사하도록 했다. 이를테면 알지 못하고 대화도 한

적이 없지만 베드포스 힐스(Bedford Hills)에서 도시로 향하는 8시 16분 통근 기차를 타는 사람들 말이다. 담뱃불이 필요하거나 역에서 내리기 전 기차의 안내방송에 대한 정보가 필요할 때, 사람들은 '모르지만 친숙한 사람'이 아닌 '실제로' 낯선 사람에게 부탁한다. 복종에 대한 연구 후 몇 년 지나지 않아 나온 그의 마지막 책 《사회 속의 개인(The Individual in a Social World)》에는 이와 같이 매력적인 관찰로 가득 차 있는데, 그러한 관찰은 여전히 설명할 필요가 있다. 이 책 덕분에 그는 영향력 있는 스승이자 동료가 되었다.

이제 개인적인 일을 언급하는 것으로 이 글을 마치려 한다. 스탠리 밀그램은 내가 하버드대학교에 있을 때 나의 대학원생이었고, 내가 가르치는 과목의 매우 훌륭한 강의조교이기도 했다. 우리는 편한 친구가 되었다. 나를 놀라게 한 것은 (나뿐 아니라 다른 사람들도 그러했을 것이라고 믿는다) 그가 외견상 평범한 사실을 분명하게 밝히는 일을 즐겨했을 뿐 아니라, 친숙한 것을 다시 낯설게 만드는 능력을 가지고 있다는 점이다. 그것은 시적인 재능이며, 이러한 재능이 그의 일에 대한 과학적 접근으로 나타날 때 경이로움을 만들어내고, 때로 우리를 충격에 몰아넣기도 한다. 이 책은 친숙한 것을 낯설게 만드는 그런 재능에 대한 찬사이다. 우리 시대의 어느 누구도 다시는 권위에 대한 복종을 당연한 것으로 여기지 않을 것이다. 또한 그것을 당연한 것으로 여기는 사람은 자신뿐만 아니라 자신의 국가도 위험에 빠뜨린다는 사실을 지금 우리는 너무도 잘 알고 있다.

2004년

제롬 브루너(Jerome S. Bruner)

차례

실험 차례

머리말

복종은 어디에서나 쉽게 볼 수 있는 현상이기에 사회심리학에서 연구주제로 간과되기 쉽다. 하지만 구체적인 인간의 행동에서 복종의 역할에 대한 적절한 평가가 없다면, 중요한 행동의 많은 부분을 이해하지못할 것이다. 명령에 따라 수행한 행동은 자발적인 행동과는 심리적으로 매우 다른 특성을 갖기 때문이다.

신념에 따라 도둑질이나 살인, 폭력을 혐오하는 사람도 권위자에게서 명령을 받으면 그러한 행위를 상대적으로 쉽게 할 수 있다. 주체적으로 행동하는 사람도 명령을 받게 되면 평소에는 하지 않을 행동도주저 없이 하게 된다.

권위에 대한 복종에 내재하는 딜레마는 아브라함의 이야기만큼이나 오래된 것이다. 도덕적 관점에서 이 딜레마를 판단하기보다는 이해하려는 목적에서, 이 연구는 실험적 탐구를 위해 복종을 주관적인 문제로 취급함으로써 그 딜레마를 오늘날의 형태로 바꾸었다.

복종에 대한 심리학적 연구의 관점에서 볼 때, 권위를 개념화하고그것을 개인적 경험으로 전환하는 일이 중요하다. 개인과 권위자 각자의 권리를 추상적인 용어로 말하는 것은 실제 상황에서 도덕적 선택을 점검하는 것과는 아주 다른 문제다. 우리는 자유와 권위에 대한 철학적 문제들을 알고 있다. 하지만 그 문제가 단지 학문적으로 또는 그 외의 모든 상황에서, 실제로 권위에 복종하거나 불복하는 사람이 있고, 권위에 도전하는 행위의 구체적인 사례가 있다. 이러한 실제 행동하는 순간 이전의 모든 생각은 추론에 불과하며, 모든 불복종행위는 결정적인 행동을 하는 순간에 이루어진다는 특징을 갖고 있다. 실험은 이러한 생각을 중심으로 설계되었다.

우리가 실험실로 이동할 때, 문제의 영역은 좁아진다. 즉 실험자가 한 피험자에게 다른 사람을 점점 더 가혹하게 대하라고 말할 때, 그 피험자는 어떤 조건에서 따르고, 어떤 조건에서 따르지 않는가? 실험실에서 다룰 문제는 생생하고 강렬하며 실제적이다. 그것은 삶과 동떨어진 것이 아니며, 사람들의 세계가 평소 작동할 때 보이는 어떤 경향성을 매우 극단적이고 논리적으로 보여준다.

문제는 우리가 실험실에서 연구한 것과 우리가 그토록 비통해하는 나치 시대의 복종 사이에 어떤 관계가 있는가 하는 것이다. 물론 두 상황 간의 차이는 매우 크다. 그러나 규모, 숫자, 정치적 맥락과 같은 것들은 필수적인 특징이 유지된다면 상대적으로 중요하지 않을 수 있다. 복종의 핵심은 특정 개인이 자신을 다른 개인의 소망을 실행하는 도구로 생각함으로써 자신의 행동을 더 이상 책임지려 하지 않는다는 것이다. 이러한 중대한 관점의 변화가 그 사람에게 일어나면, 복종의 본질적인 모든 특징이 뒤따르게 된다. 사고의 조정, 잔인한 행동을 할 자유, 그리고 그 개인이 경험하는 정당화의 유형들은 심리학 실험실이든 대륙간탄도미사일(ICBM) 기지의 통제실이든 상관없이 본질적으로 유사한 형태를 띤다. 따라서 일반화의 문제는 심리학 실험실과 그 밖의 상황들 간의 모든 구체적인 차이점을 일일이 나열함으로써가 아니라, 복종의 핵심을 포착하는 상황을 주의 깊게 구성함으로써 해결된다. 즉 한 개인이 권위에 복종하고, 더 이상 스스로를 그런 행위의 작용인(作用因)으로 생각하지 않는 상황 말이다.

자발적이면서 강박적인 성향이 없는 만큼 복종은 협동적인 분위기를 띠고, 또한 개인에 대한 강요나 처벌의 위협이 암암리에 존재하는 만큼 공포는 복종을 강요한다. 우리의 연구는 어떤 종류의 위협도 없이 자발적으로 이루어지는 복종만을 다루는데, 이는 개인을 통제할 수 있는 권리를 가진 권위자의 단순한 요구를 통해 발생한 복종이다. 이 연구에서 권위자가 어떤 힘을 행사하든 간에, 그러한 모든 힘은 피험자가 권위자에게 귀속시킨 권력에 기초한 것이지, 어떤 객관적인 위협이나 피험자를 통제하기 위한 물리적 수단이 아니다.

일단 피험자가 실험자의 목적을 위해 자신의 통제 과정을 위임하면, 그의 핵심 문제는 그러한 통제 과정을 다시 회복하는 일이다. 이때 곤란한 점은 연구 상황에서 마음이 아프고 다소 비극적인 요소들이 나타난다는 것이다. 한 개인이 스스로 중요한 상황에서 제 행동을 노력만으로 통제할 수 없는 장면을 보는 것보다 더 마음 쓸쓸한 일은 없다.

여기에 서술한 실험들은 75년 전통의 사회심리학 실험에서 나온 것들이다. 1898년 보리스 시디스(Boris Sidis)가 복종에 관한 실험을 수행했다. 애시, 레빈, 셰리프, 프랭크, 블록, 카트라이트, 프렌치, 레이븐, 루친스, 리핏, 화이트 등 많은 학자들은 특별한 논의가 없었음에도 내 연구에 많은 정보를 주었다. 아도르노와 동료들, 아렌트, 프롬, 베버 등은 사회심리학이 성장할 수 있는 시대정신의 일부를 구축해주었다. 나는 특히 세 가지 연구에 관심이 있었다. 첫째는 알렉스 콤포트(Alex Comfort)의 통찰력이 뛰어난《현대 국가에서 권위와 태만(Authority and Delinquency in the Modern State)》이고, 다음으로는 로버트 비어스테트(Robert Bierstedt)가 쓴 권위에 대한 명확한 개념 분석이다. 그리고 아서 케스틀러(Arthur Koestler)의《기계 속의 영혼(The Ghost in the Machine)》은 사회적 위계에 대한 사고를 이 책보다도 더 깊이 있게 발전시켰다.

　1960~1963년 내가 예일대학교의 심리학과에 있을 때 이 실험 연구를 수행해서 완결했다. 연구 설비와 좋은 충고를 제공해준 학과에 감사한다. 특히 어빙 제니스(Irving L. Janis) 교수에게 감사한다.

　코네티컷 주 웨스트헤이번의 제임스 맥도너가 학습자 역할을 했는데, 이 연구는 그의 재능에 크게 빚을 졌다. 코네티컷 주 사우스베리의 존 윌리엄스는 실험자로서 역할을 정확하게 수행했다. 이 연구와 관련하여 앨런 엘름스(Alan Elms), 존 웨일랜드(Jon Wayland), 타케토 무라타(Taketo Murata), 에밀 엘게스(Emil Elges), 제임스 밀러(James Miller), 마이클 로스(J. Michael Ross) 등에게 감사한다.

피험자로 참가한 뉴헤이번과 브리지포트의 수많은 사람들에게도 큰 빚을 졌다.

실험을 수행한 후, 그것에 대해 오랫동안 생각하고 글을 썼으며, 많은 사람들이 격려와 지지를 보내주었다. 앙드레 모딜리아니 박사(Drs. Andre Modigliani), 아론 허시코위츠(Aaron Hershkowitz), 레아 멘도사 다이아몬드(Rhea Mendoza Diamond), 그리고 작고한 고든 올포트(Gordon W. Allport) 등이다. 또한 로저 브라운(Roger Brown), 해리 코프먼(Harry Kaufmann), 하워드 레벤솔(Howard Leventhal), 나이졸 쿠디르카(Nijole Kudirka), 데이비드 로젠한(David Rosenhan), 리언 만(Leon Mann), 폴 홀랜더(Paul Hollander), 제롬 브루너와 마우리 실버 씨(Mr. Maury Silver)도 있다. 엘로이스 시걸(Eloise Segal)은 내가 여러 장을 집필하는 데 도움을 주었다. 하퍼 앤드 로(Harper & Row) 출판사의 편집자 버지니아 힐루(Virginia Hilu)는 이 책에 깊은 신뢰를 보내주었고, 그녀의 사무실을 내게 빌려주었으며 내켜하지 않는 저자들의 책을 구해주었다.

뉴욕시립대학교에서 비서 업무를 맡아준 메리 잉글랜더와 아일린 린들, 그리고 연구조교인 웬디 스턴버그와 캐서린 크로그에게 감사한다.

대학원생으로 재능 있는 예술가 주디스 워터(Judith Water)가 8장과 9장의 그림을 그려주었다.

런던의 '유대인문제연구소(Institute of Jewish Affairs)'에 감사한다. 연구소에서 발행하는 잡지 〈편견의 패턴(Patterns of Prejudice)〉에 처음 실린 내 논문 〈범죄적 명령에 대한 복종: 사악함의 충동(Obedience to Criminal Orders: The Compulsion to Do Evil)〉의 긴 분량을 인용하도록 허락해주었다.

그리고 〈복종에 대한 행동 연구(Behavioral Study of Obedience)〉, 〈복종에 대한 연구의 문제: 바움린드에 답함(Issues in the Study of Obedience: A Reply to Baumrind)〉, 〈한 사람에 대한 집단의 압력과 행동(Group Pressure and Action Against a Person)〉과 〈집단 압력의 해방 효과(Liberating Effects of Group Pressure)〉 등 처음 그 학회지에 실린 내 논문의 긴 분량을 인용하도록 허락해준 미국심리학회(American Psychological Association)에도 감사한다.

이 연구는 '국가과학재단(National Science Foundation)'에서 제공하는 두 부문의 연구비를 지원받았다. 1960년에 수행한 조사 연구 때에는 예일대학교 히긴스 기금(Higgins Fund of Yale University)에서 약간의 연구비를 지원받았다. 1972~1973년 구겐하임 펠로십(Guggenheim Fellowship)은 학술적인 의무사항 없이 파리에서 1년을 보낼 수 있도록 지원해주었으며, 그 기간에 이 책을 완성했다.

내 아내 사샤는 처음부터 이 실험과 함께했다. 그녀의 통찰과 이해가 많은 도움이 되었다. 마지막 몇 달은 우리 둘이 레무셋 가(Rue de Rémusat)의 아파트에서 함께 일했다. 지금도 사샤의 심정적 도움을 받으며 함께 이 일에 전념하고 있다.

1973년 4월 2일 파리에서

스탠리 밀그램

01 복종의 딜레마

알다시피, 복종은 사회적 삶의 구조에서 기본적인 요소이다. 권위 체계는 모든 공동체의 삶에 필수적이며, 복종하든 저항하든 간에 다른 사람의 명령에 어떤 식으로든 반응하지 않아도 되는 사람은 고립된 채 살아가는 사람밖에는 없다.

　행동의 한 결정 요인으로서 복종은 특히 우리 시대와 그 연관성이 크다. 1933~1945년 무고한 수백만 명의 사람들이 명령에 따라 일사분란하게 처형되었다. 가스실이 지어지고 죽음의 수용소가 감시하에 들어갔으며, 능률적인 생산설비에서처럼 매일 할당된 시체가 쌓여갔다. 이러한 비인간적인 정책들은 단 한 사람의 마음에서 시작되었을 것이다. 하지만 수많은 사람들이 그의 명령에 복종했다면, 그 정책들은 대규모로 실행되었을지도 모른다.

　복종은 개인의 행동과 정치적 목적을 연결해주는 심리적 메커니즘이다. 그것은 사람을 권위 체계에 속박하는 접합적인 성향을 갖고 있다. 최근의 역사적 사실과 일상적인 삶에 대한 관찰은 복종이 뿌리 깊은 경향, 즉 도덕적·공감적·윤리적 행동에 관한 훈육을 압도하는 강력한 충동일 수 있음을 시사한다. 스노(C. P. Snow, 1961)는 그것의 중요성을 다음과 같이 썼다.

인간의 어둡고 긴 역사를 생각할 때, 반란이라는 이름보다는 권위의 이름으로 극악한 범죄들이 더 많이 발생했음을 알게 될 것이다. 이 말이 믿기지 않는다면, 윌리엄 샤이러(William Shirer)의《제3제국의 흥망(Rise and Fall of the Third Reich)》을 읽어보라. 독일 장교단은 가장 엄격한 복종의 규칙 아래서 양성되었으며 …… 복종이라는 미명하에 세계 역사에서 가장 사악한 대규모 행동을 자행하고 도왔다(p. 24).

유럽계 유대인들에 대한 나치의 실험은 수천 명의 사람들이 복종이라는 미명하에 수행한 가장 비도덕적인 행위의 극단적인 예다. 그러나 정도는 덜하지만 그러한 일들이 현재에도 반복해서 일어나고 있다. 즉 평범한 시민들도 다른 사람을 죽이라는 명령을 받으면 그렇게 하게 되는데, 이는 그 명령에 따르는 것이 자신의 의무라고 생각하기 때문이다. 따라서 오랫동안 미덕으로 추앙받아온 권위에 대한 복종이 해로운 목적에 기여할 때 새로운 측면들을 떠안게 된다. 즉 미덕은커녕 사악한 죄악으로 바뀐다.

플라톤은 양심에 거스르는 명령을 받았을 때 그 명령을 따라야 하는지의 도덕적 문제를 논했고, 〈안티고네(Antigone)〉에서 극적으로 다루었으며 역사적으로 중요한 모든 시대에서는 이 문제를 철학적으로 분석했다. 보수적인 철학자들은 불복종이 사회의 핵심 구조를 위협할 수 있다면서, 심지어 권위자의 지시 사항이 사악한 행동이라 해도 권위의 구조를 흔드는 것보다는 그 행동을 수행하는 것이 낫다고 주장한다. 더욱이 홉스는 그 명령을 수행한 사람에게 행위의 책임이 있는 것이 아니라, 그것을 명령한 권위자에게 책임이 있다고 주장했다. 그러나 휴머니스트들은 개인과 권위가 대립할 때 개인의 도덕적 판단이 권위에 우선해야 한다고 강조하면서, 그러한 문제에서 개인의 양심이 가장 중요하다고 주장한다.

권위의 법적·철학적 측면들이 상당히 중요하지만, 경험에 기초하는 과학자들은 결국 추상적 토론에서 구체적인 예들을 세심하게 살펴보는 쪽으로 나아가기를 원한다. 복종행동을 자세히 살펴보기 위해 예일대학교에서 간단한 실험을 실시했다. 결국 그 실험에 수천 명 이상이 참가했고 여러 대학에서 되풀이되었다. 그러나 초기의 실험 구상은 단순했다. 한 사람이 심리학 실험실에 들어와서는 점점 더 양심에 거스르는 일련의 행동을 요구받는다. 핵심 문제는 그러한 요구를 거부하기 전까지 그 참가자가 실험자의 지시를 어디까지 따르느냐 하는 것이다.

그러나 독자는 이 실험에 대해서 좀더 자세히 알 필요가 있다. 기억과 학습이라는 연구에 참가하기 위해 두 사람이 심리학 실험실에 온다. 그중 한 사람을 '선생'으로, 그리고 다른 사람을 '학습자'로 명명한다. 실험자는 그들에게 처벌이 학습에 미치는 영향을 알아보기 위한 실험이라고 설명한다. 학습자를 실험실 방 안의 의자에 앉히고, 과도한 움직임을 제어하기 위해 양 팔을 의자에 묶은 다음, 전극봉을 그의 손목에 부착한다. 그는 단어 쌍의 목록을 공부할 거라는 말과 함께, 틀릴 때마다 전기충격의 강도가 높아질 것이라는 말을 듣게 된다.

이 실험의 핵심은 선생이다. 그는 학습자가 묶여 있는 것을 본 후에 주 실험실로 들어가서 전기충격기라는 인상적인 기계 앞에 앉는다. 그 전기충격기에는 15볼트에서 450볼트까지 15볼트씩 증가하는 30개의 스위치가 가로로 늘어서 있다. 그리고 각 스위치마다 '약한 충격'에서 '위험: 심각한 충격'까지의 범위에 속하는 스티커가 붙어 있다. 선생은 다른 방에 있는 학습자에게 학습 검사를 실시하게 될 것이라는 말을 실험자에게서 듣는다. 선생은 학습자가 올바르게 응답했을 때 다음 항목으로 옮겨가고, 틀린 답을 말할 경우에는 학습자에게 전기충격을 가해야 한다. 선생은 가장 낮은 단계(15볼트)에서 시작해서 학습자가 틀릴 때마다 30볼트, 45볼트 등의 순서로 전기충격을 높여야 한다.

선생만이 실험에 참여하는 진짜 피험자이다. 희생자 역할을 맡은 학습자는 실제로는 어떤 전기충격도 받지 않는 연기자이다. 실험의 핵심은, 항의하는 희생자에게 점점 더 심한 충격을 가하라는 구체적이고 측정 가능한 상황에서 사람들이 어디까지 그 명령을 따르느냐 하는 것이다. 어느 시점에 피험자는 실험자의 명령을 거부할 것인가?

전기충격을 받는 사람이 불편함을 표현하면서 갈등이 발생한다. 학습자는 75볼트에서 툴툴거리고, 120볼트에서 말로 불평을 표현하며, 150볼트에서는 실험을 그만둘 것을 요구한다. 그의 항의는 전기충격이 증가함에 따라 격렬해지고 감정적으로 바뀐다. 그는 285볼트에서 고통스러운 비명을 지른다.

실험을 관찰한 사람들은 실험의 목적을 파악하는 것이 쉽지 않다는 데 동의한다. 피험자(선생)에게 상황은 게임이 아니다. 즉 갈등이 격렬하고 분명하다. 학습자가 표현하는 고통은 피험자에게 실험을 중단하도록 압박하고, 다른 한편 피험자가 약속 이행의 의무를 느끼도록 만드는 합법적인 권위자인 실험자는 그에게 실험을 계속하도록 종용한다. 피험자가 전기충격을 가하는 것을 주저할 때마다 실험자가 그에게 계속할 것을 요구한다. 피험자가 이러한 상황에서 벗어나기 위해서는 그 권위자와 한 약속을 확실하게 깨야 한다. 이 연구의 목적은 사람들이 분명한 도덕적 명령에 직면한 상황에서 언제 그리고 어떻게 권위에 도전하는가이다.

물론, 전시(戰時)에 지휘관의 명령을 수행하는 것과 실험자의 명령을 수행하는 것 사이에는 엄청난 차이가 있다. 그러나 본질적으로는 관련이 있는데, 일반적으로 다음과 같이 질문할 수 있기 때문이다. 합법적인 권위자가 제3자에게 해를 가하라고 할 때 사람들은 어떻게 행동할까? 처음에 우리는 실험자의 권력이 일반적인 상황에서보다 훨씬 약할 것이라고 생각했다. 실험자는 명령을 강요할 힘이 없고, 심리학 실험에 참가한 사람들은 전쟁에서 느끼는 위기감이나 헌신해야 할 느낌을 거의 갖지 않기 때문이다. 이런 한계에도 불구하고, 이처럼 약한 상황에서 발생하는 복종조차 주의 깊게 관찰하는 것은 가치가 있다. 그리고 이것이 다양한 상황에 적용 가능한 일반 명제를 도출할 수 있는 통찰력을 제공하길 바란다.

이 실험에 대한 독자의 첫 반응은 제정신인 사람이 어떻게 첫 전기충격조차 가할 수 있을까 하는 궁금증일 것이다. 그는 왜 실험을 거부하고 실험실 밖으로 나오지 않을까? 그러나 사실은 어느 누구도 그렇게 하지 않는다는 점이다. 피험자가 실험자를 돕기 위해 실험실에 온 후, 그는 절차대로 기꺼이 실험을 시작한다. 여기에 그다지 특별할 것은 없는데, 그 이유는 전기충격을 받는 사람이 조금 걱정을 하면서도 처음부터 협조적이기 때문이다. 놀라운 것은 평범한 사람들이 실험자의 지시에 너무나 기꺼이 따른다는 점이다. 실제로, 실험의 결과는 놀랍고도 당혹스럽다. 많은 피험자들이 스트레스를 느끼고 실험자에게 항의를 하지만, 상당수의 피험자가 전기충격기의 마지막 단계까지 계속한다.

전기충격을 받는 희생자가 아무리 강하게 간청하고, 전기충격이 아무리 고통스러워 보여도, 그리고 희생자가 아무리 풀어달라고 애원하더라도 많은 피험자들은 실험자의 명령을 따를 것이다. 우리의 실험에서 그러한 결과가 나타났고, 이 실험을 반복한 다른 여러 대학에서도 결과는 마찬가지였다. 이 연구의 주요 발견의 근간이고 또한 가장 긴급하게 설명해야 할 점은 권위의 명령에 끝까지 따르려는 사람들의 극단적인 자발성이다.

이러한 사실에 대해 일반적으로 제시할 수 있는 설명은, 가장 높은 단계의 전기충격을 가한 사람은 사회에서 가학적 일탈을 즐기는 괴물이라는 주장이다. 그러나 참가자의 약 3분의 2가 '복종적인' 피험자 범주에 속한다는 점과 그들 대부분이 평범한 직장인이거나 전문직에 종사하는 사람이라는 점은 이러한 주장을 크게 약화시킨다. 게다가 이것은 1963년 출판된 한나 아렌트의 책《예루살렘의 아이히만》에서 제기한 문제를 생각나게 한다.

아렌트는 아이히만을 가학적인 괴물로 묘사하는 것은 근본적으로 잘못이며, 그는 단지 책상 앞에 앉아 일을 수행한 생각 없는 관료주의자에 가까웠을 뿐이라고 주장했다. 당시 이러한 주장으로 아렌트는 비웃음을 샀고, 심지어 조롱거리가 되어야 했다. 어쨌든 당시 아이히만의 괴물 같은 행동을 설명하기 위해서는 야만적이고 뒤틀리고 가학적인 성격과 악의 화신이 필요했다. 우리의 실험에서 수백 명의 피험자들이 권위에 복종하는 것을 목격한 이후 나는 아렌트의 '악의 평범성'이라는 개념이 우리가 상상한 것보다 더 사실일 수 있음을 확신하게 되었다. 희생자에게 전기충격을 가한 평범한 사람들은 의무감—피험자로서 의무에 대한 인식—때문이었지, 특별히 공격적인 성향을 가진 사람들이 아니었다.

어쩌면 이것이 우리 연구의 가장 핵심적인 교훈일지 모른다. 다시 말해서, 적대감 없이 자기 일을 수행하는 평범한 사람들도 어마어마한 파괴적 과정의 대리자가 될 수 있는 것이다. 게다가 그 일의 파괴적 영향력이 분명해 보이는데도 근본적인 도덕적 기준에 부합하지 않는 행동을 요구받았을 때, 상대적으로 얼마 안 되는 사람만이 그 권위에 저항할 뿐이었다. 이때 권위에 저항하지 못하게 하는 다양한 억제변수들이 작동해 사람들이 계속 제 역할을 수행하도록 만든다.

이러한 일에 관련되지 않은 사람들은 복종적인 피험자들의 행동을 비난하기 쉽다. 그러나 그런 피험자들을 비난하는 사람들은 자기들의 높은 도덕적 기준으로 판단하는 것이다. 이는 불공정하다. 자기 의견을 말할 수 있는 단계에서는 많은 피험자들도 무기력한 희생자에게 고통을 주는 행동을 그만두라는 도덕적 요구를 강하게 느낀다. 일반적으로 그들 역시 무엇을 해야 하는지 잘 알고 있고, 그렇게 해야 하는 상황에서 자신들의 가치를 말할 수 있다. 이것은 상황적인 압력하에서 발생하는 실제 행동과는 거의 관계가 없다.

이러한 상황에서 적절한 행동이 무엇인지 도덕적 판단을 내리도록 하면, 사람들은 틀림없이 불복종행동이 윤리적으로 합당하다고 대답한다. 그러나 실제 상황에서는 가치가 행동의 유일한 원천은 아니다. 사람들에게 가해지는 힘의 전체 스펙트럼 상에서 가치는 원인의 한 부분일 뿐이다. 많은 사람들은 자신의 가치를 행동으로 실현할 수 없고, 받아들이기 어려운 행동조차도 실험하는 동안 계속하게 된다.

개인의 도덕의식은 우리가 믿는 사회적 통념보다 그 영향력이 떨어진다. "살인하지 말라"는 도덕적 명령은 도덕률에서 최고의 자리를 차지함에도, 사람들의 심리적 구조 안에서는 그만큼 확고한 자리를 잡고 있지는 못하다. 신문 제목의 조그만 변화, 징병위원회의 요청, 권위 있는 사람의 명령은 사람들에게 별 어려움 없이 살인을 하도록 만든다. 심지어 심리학 실험에 존재하는 힘도 개인을 도덕적 통제에서 벗어나게 하는 데 크게 영향을 미친다. 정보와 사회의 범위를 의도적으로 재구성함으로써 도덕적 요인은 상대적으로 쉽게 묵살될 수 있다.

그러면 무엇이 사람을 실험에 복종하게 만드는가? 첫째, 피험자를 상황에 묶어두는 '구속 요인들'이 있다. 그 요인은 피험자의 공손함이나 실험자를 돕겠다는 처음의 약속을 지키려는 소망, 그러한 약속의 철회가 갖는 어색함 등이다. 둘째, 피험자의 생각 속에서 일어나는 많은 순응적 변화가 권위자에게서 벗어나려는 결심을 방해한다. 그러한 순응은 실험자와 관계를 유지하는 데 기여하는 동시에, 실험상의 갈등으로 인한 긴장을 줄이는 데도 기여한다. 이러한 것들은 무력한 사람에게 해를 가하라는 권위자의 지시에 복종적인 사람들이 보이는 전형적인 사고들이다.

그러한 메커니즘의 하나가 과제의 기술적 측면 일부에만 치중한 나머지 그 과제의 결과를 폭넓게 보지 못하는 개인의 경향성이다. 영화 〈닥터 스트레인지러브(Dr. strangelove)〉는 한 나라에 핵폭탄을 투하하기 위해 정밀한 기술적 업무에만 열중하는 비행기 조종사를 신랄하게 풍자했다. 이와 유사하게 이 실험에서도 피험자는 단어 쌍을 정확히 발음하고 조심스럽게 스위치를 누르는 절차에만 몰입한다. 그들은 단지 유능하게 일을 수행하는 것에만 신경쓸 뿐, 도덕적 사안에는 거의 신경을 쓰지 않는다. 즉 목표를 설정하고 도덕성을 평가하는 좀더 폭넓은 일은 자신이 돕기로 한 실험의 권위자에게 위임하는 것이다.

복종적인 피험자에게서 나타나는 가장 흔한 순응적 사고는 자신의 행동에 책임감을 느끼지 않는 것이다. 그는 합법적인 권위자인 실험자가 모든 주도권을 쥐고 있다고 생각함으로써 자신은 모든 책임에서 벗어난다. 그는 스스로를 도덕적으로 책임감 있게 행동하는 사람으로 보지 않으며, 외부 권위자의 대리인으로만 생각한다. 실험 후 인터뷰에서 피험자들에게 왜 그렇게 행동했는지 물었을 때, 그들은 하나같이 "혼자였다면 그렇게 하지 않았을 겁니다. 단지 시키는 대로 했을 뿐이에요"라고 대답했다. 실험자의 권위에 도전할 수 없었기에, 그들은 모든 책임을 실험자에게 돌렸다. 이는 뉘른베르크 전범 재판에서 피고인들이 방어적으로 진술하면서 되풀이한 '단지 임무를 다했을 뿐'이라는 오래된 이야기와 다를 게 없다. 하지만 이것이 임시로 조작된 빈약한 알리바이에 불과하다는 생각은 잘못이다. 오히려 대부분 사람들이 권위 구조에서 예속적인 지위에 놓이게 될 때 보이는 기본적인 사고방식이다. 책임감의 실종은 권위에 대한 복종에서 가장 흔한 결과이다.

권위 아래에서 행동하는 사람이 양심의 기준에 어긋나는 행동을 하더라도, 그가 도덕관념을 잃었다고 생각해서는 안 된다. 그보다는 근본적으로 다른 설명이 필요하다. 그는 자신의 행동에 대해 도덕적 감성으로 반응하는 것이 아니다. 오히려 그의 도덕적 관심은 권위자의 기대에 어떻게 부응할 것인가에 대한 관심으로 바뀐다. 전쟁 중에 군인은 마을을 폭격하는 것이 좋은지 나쁜지 묻지 않는다. 그는 마을을 파괴하는 것에 대해 어떠한 수치심이나 죄책감도 갖지 않으며, 오히려 임무를 어떻게 잘 수행하는지에 따라 자부심이나 수치심을 느낀다.

이때 작용하는 또 다른 심리적 힘을 '반의인화(counteranthropomorphism)'라 한다. 수십 년 동안 심리학자들은 무생물적인 대상이나 힘에 인간종의 속성을 부여하는 사람들의 원시적 경향성을 논의해왔다. 그러나 대항적인 한 경향성은 그 근원과 지속성의 측면에서 본질적으로 인간적인, 그러한 힘에 비인간적 속성을 부여하는 것이다. 어떤 사람은 인간 유기체의 시스템을 인간의 생각이나 정서의 통제를 벗어나는, 인간 주체 너머에 있는 것으로 취급하기도 한다. 여기에서 주체와 제도의 배후에 있는 인간적인 요인들은 부정된다.

그래서 실험자가 "실험을 위해 당신은 계속해야만 합니다"라고 말할 경우, 피험자는 이것을 인간의 명령 이상의 책무라고 느끼게 된다. 그들은 "누구의 실험입니까? 왜 실험자를 위해 희생자가 고통 받아야 합니까?"라는 명백해 보이는 질문을 하지 않는다. 대신에 피험자의 인지적 도식의 일부가 된 실험고안자의 소망이 개인적 차원을 넘어 그 피험자의 마음에 영향을 미치게 된다. "그것은 계속되어야만 했어요" 라고 한 피험자가 반복해서 말했다. 그는 그 실험을 계속하기를 원한 실험자가 자신과 다를 것이 없는 사람이라는 사실을 알지 못했다. 그 상황에서 그의 인간적 요인은 사라지고, '실험'만이 자체적으로 비인 격적 추진력을 발휘했다.

어떤 행동도 그 자체로 불변하는 심리학적 특질을 갖지는 않는다. 행동의 의미는 그 행동을 어떤 맥락에 놓느냐에 따라 달라질 수 있다. 최근 미국 신문은, 미국인이 베트남 남녀와 어린이들에게까지 폭탄을 투하했지만 '대의'를 위한 것이었기에 정당하다고 느꼈다는 한 공군 조종사의 말을 인용·보도했다. 이와 유사하게, 실험에 참가한 대부분 피험자들도 좀더 넓은 맥락에서 자신의 행동이 과학적 사실을 밝힘으 로써 사회에 이롭고 유용하다고 생각했다. 심리학 실험실은 합법성을 강력히 증명하며, 실험참가자들에게 신뢰와 확신을 불러일으킨다. 희 생자에게 전기충격을 가하는 것과 같은 행동은 그것만 따로 떼어 생각 하면 사악해 보이지만, 이런 실험실과 같은 상황에서라면 전혀 다른 의미를 갖는다. 하지만 그 영향을 무시한 채, 상황이 그 행동을 지배하 도록 허용하는 것은 매우 위험하다.

독일의 상황이 가진 적어도 하나의 본질적인 특징, 즉 적대적 행동 이전에 발생하는 희생자에 대한 강력한 평가절하는 이 실험에서 연구 되지 않았다. 10년 넘게 계속된 극단적인 반유대인 선전광고는 유대인 의 파멸을 독일인들이 수용하도록 체계적으로 준비시켰다. 유대인은 점차 시민과 국민의 범주에서 제외되었고, 마침내 인간으로서의 지위 조차 부정되었다. 희생자에 대한 체계적인 평가절하는 야만인인 행위를 심리적으로 정당화시켜주고, 대량학살·유대인학살·전쟁 등을 계속 부추겼다. 희생자를 야만인 범죄자나 성도착자라고 설명했다면, 십중팔구 피험자는 그 희생자에게 훨씬 더 쉽게 전기충격을 가했을 것이다.

그런데 상당히 흥미로운 점은 많은 피험자들이 희생자에 대한 적대적인 행위의 결과로 그를 무자비하게 평가절하했다는 사실이다. 피험자들은 공통적으로 다음과 같이 말했다. "그는 너무 무식하고 고집이 세서 전기충격을 받아도 싸요." 일단 희생자에게 전기충격을 가하게 되면, 피험자들은 희생자를 무가치한 개인으로 보았으며 성격적·지적 결함을 가진 그를 처벌하지 않을 수 없다고 생각했다.

이 실험에 참가한 많은 사람들은 자신이 희생자에게 한 행동을 어느 정도 부정했으며, 심지어 복종하고 있을 때에도 마찬가지였다. 그러나 악의적인 권위자에 대한 불복종을 생각하고 말하고 비판하는 이 세 단계들 사이에는 또 다른 요소, 즉 신념과 가치를 행동으로 옮기는 능력이 들어 있다. 몇몇 피험자들은 자신이 한 행동이 잘못임을 전적으로 확신했지만, 권위자와 관계를 공식적으로 단절하지는 못했다. 어떤 사람들은 자기 생각 속에서 만족감을 얻었고, 스스로 선의 편에 있다고 생각했다. 그들이 깨닫지 못한 것은 자신의 주관적 느낌이 행동으로 옮겨지지 않는 한, 그러한 느낌은 도덕적 현안과 큰 관련성이 없다는 점이다. 정치적 통제는 행동을 통해 효과를 발휘한다. 사실 강제 수용소에서 경비병들이 제 앞에서 자행되는 무고한 사람들의 처형을 묵인할 때, 그 경비병들의 태도는 중요하지 않다. 이와 유사하게, 유럽에서 일어난 이른바 '지적 저항'—사람들은 비딱한 사고를 통해 침략자를 부인해왔다고 느꼈다—도 위안을 얻고자 하는 심리적 메커니즘에서 나타나는 단순한 탐닉에 지나지 않았다. 이렇듯 신념을 행동으로 옮기지 못하는 용기 없는 사람들 때문에 폭정은 영속된다. 마찬가지로 실험에 참가한 사람들 역시 제 행동을 평가절하하면서도, 자신의 가치를 행동으로 옮길 내적 자원은 가지고 있지 못했다.

다른 변형된 실험은 앞에서 언급한 것보다 더 흔한 딜레마를 보여준다. 이 실험에서 피험자들은 희생자에게 전기충격을 가하는 버튼을 누르라는 명령을 받은 것이 아니다. 대신에 다른 피험자가 실질적으로 전기충격을 가하기 전에 그들은 (단지 단어 쌍 검사를 수행하는) 보조적인 역할을 했을 뿐이다. 이러한 상황에서, 뉴헤이번 지역에서 참가한 40명 중 37명의 성인이 가장 높은 전기충격 단계에 이를 때까지 계속해서 자기의 보조적인 역할을 수행했다. 피험자들은 스위치를 실제로 당기는 사람에게 책임이 있다는 말로 자신의 행동을 변명했다. 이것은 복잡한 사회에서 볼 수 있는 전형적으로 위험한 상황을 예시하는 듯하다. 즉 악한 행동의 최종 결과와는 거리가 멀지만 일련의 행동을 중간에서 연결해주는 역할을 할 때, 심리적으로 도덕적 책임감을 무시하기가 쉬운 것이다. 아이히만조차 강제 수용소에 도착했을 때 역겨움을 느꼈지만, 책상 앞에 앉아서 서류를 조작하는 것만으로 대량살상에 참가했다. 동시에 가스실에 사이클론B(Cyclon-B)를 살포한 사람 역시 상부의 명령을 따랐을 뿐이라고 자신의 행동을 정당화할 수 있다. 따라서 전체 인간의 행동은 분절화되어 있어서 누구도 사악한 행동의 수행을 결정하지 않으며 그 결과를 직면하지 않는다. 그러한 행동에 완전한 책임을 지는 사람은 이제 없다. 아마도 이것은 현대사회에서 사회적으로 조직화한 악의 공통적인 특징일 것이다.

따라서 복종의 문제는 전적으로 심리적인 것만은 아니다. 사회적 형태와 양상, 그리고 그것의 발전 방향 등은 복종과 관련성이 높다. 인간으로서 그 상황에 전적으로 몰입함으로써 모든 상황에 완전히 인간적으로 반응하던 때도 있었을 것이다. 그러나 노동이 분화하면서 상황은 변했다. 사회를 어떤 수준 이상으로 분화시켜 사람들은 한정되고 전문적인 일을 담당할 경우, 일과 삶에서 인간적인 면이 없어진다. 이제 사람들은 상황의 전체적인 것을 보지 못하고 일부분만 보기 때문에, 포괄적인 관리 없이는 행동할 수가 없다. 그는 명령에 복종하지만, 그렇게 할 때 제 행동에서 소외된다.

조지 오웰(George Orwell)이 이러한 상황의 핵심을 잘 묘사하고 있다.

다음에 쓰는 것처럼 문명화한 인간이 머리 위로 날아다니며 나를 죽이려 한다. 그들은 한 개인인 나에게 아무런 증오도 느끼지 않으며 나 역시 마찬가지다. 이른바 그들은 오직 "자신의 의무를 다할 뿐이다." 의심할 여지없이, 그들 중 대부분은 개인적인 삶에서 결코 살인은 꿈에도 생각지 않는, 법을 준수하는 양심적인 사람이다. 반면에 그중 한 명이 폭탄을 정확히 떨어뜨려 나를 산산이 부숴놓는다면, 그 때문에 그는 결코 잠들 수 없을 것이다.

02 연구 방법

단순성(simplicity)은 효과적인 과학적 연구의 핵심이다. 심리적 내용을 담고 있는 주관적 문제의 경우에 특히 더 그렇다. 심리적인 문제는 본질상 도달하기가 쉽지 않고, 언뜻 보는 것보다 좀더 많은 측면을 지니고 있다. 복잡한 절차들은 그러한 현상 자체를 면밀히 검토하는 데 방해만 될 뿐이다. 복종을 좀더 단순하게 연구하기 위해서는 한 사람이 다른 사람에게 관찰 가능한 행동을 수행하도록 명령하는 상황을 만들어 언제 그 명령에 복종하고, 어떤 때 불복종하는지를 기록해야만 한다.

복종의 강도와 그 강도가 변하는 조건을 측정하려면, 불복종을 유발하는 어떤 강력한 요인에 대응해 복종할 것을 요구해야 하고, 그러한 강력한 요인이 인간에게 어떤 의미인지를 쉽게 이해할 수 있어야 한다.

도덕 원칙 중에 가장 보편적으로 받아들여지는 원칙으로, 자신에게 해를 주지 않거나 위협이 되지 않는 힘없는 사람을 해쳐서는 안 된다는 것이 있다. 이 원칙은 복종에 저항하기 위해 우리가 내세울 수 있는 대항세력이다.

실험실에 온 사람은 다른 사람에게 점점 더 심하게 해를 가하라는 명령을 받을 것이다. 그에 따라 명령에 불복하라는 압력이 형성될 것이다. 사전에는 알 수 없는 어떤 시점에 피험자는 실험을 거부함으로써 명령을 거부할 수 있다. 이러한 결렬 이전의 단계를 이 연구에서는 복종(obedience)이라고 명명한다. 결렬이 일어나는 시점은 불복종행동이 일어나는 시점으로, 명령의 순서상에서 좀더 이르거나 늦기 때문에 필요한 측정치를 제공한다.

희생자에게 해를 가하는 행동의 정확한 형태는 중요하지 않다. 기술적인 이유 때문에, 이 연구에서는 전기충격을 가하는 것으로 했다. 그것은 몇 가지 이유에서 적절해 보인다. 첫째 피험자들이 전기충격을 강도의 측면에서 쉽게 이해할 수 있고, 둘째로 전기충격은 실험실의 일반적인 과학적 분위기와 일치한다. 마지막으로 실험실에 전기충격을 가하는 장면을 쉽게 꾸밀 수 있다.

이제 연구의 세부적인 항목을 살펴보자.

연구 참가자의 선정

예일대학교 학생은 물리적으로 가까이 있고 쉽게 구할 수 있어서 연구하고자 하면 가장 확보하기 쉬운 피험자이다. 게다가 전통적으로 심리학 연구는 대학생을 대상으로 이루어져왔다. 그러나 이 실험에서는 대학생을 피험자로 사용하는 것이 전체적으로 적당하지 않다고 판단했다. 예일대학교 출신의 피험자들은 이 연구에 대해서 소문으로 알거나 정보를 쉽게 얻을 수 있어 연구의 신뢰도를 떨어뜨릴 위험이 있다. 그래서 3만 명으로 이루어진 뉴헤이번 지역사회를 대상으로 피험자를 선발했다. 교내보다 뉴헤이번에서 피험자를 선정한 두 번째 이유는 대학생 집단이 너무나 동질적이라는 점이다. 그들은 실제로 10대 후반에서 20대 초반의 나이로 교육 수준이 높고 심리학 실험에 너무 익숙해 있다. 나는 폭넓은 계층으로 이루어진 다양한 피험자를 선택할 필요가 있었다.

피험자들을 모으기 위해 지역 신문에 공고를 냈다. 기억과 학습에 관한 연구의 참가자로 모든 직업군을 대상으로 하며, 시간당 4달러와 주차료 50센트를 지불한다는 공고였다(예시 참조). 그 결과 전체 296명이 지원했다. 실험을 하기에는 충분하지 않은 인원이어서, 여기에 덧붙여 보조적으로 직접 편지를 보내 모집했다. 명단은 뉴헤이번의 전화번호부에서 뽑았으며, 수천 명에게 초대장을 보냈다. 이 편지에 대한 회수율은 12퍼센트 정도였다. 그중에서 성별, 연령, 직업에 대한 정보를 담고 있는 응답자들로 피험자 집단을 구성하고, 그들이 연구실에 오기 며칠 전에 약속시간을 정했다.

전형적인 피험자는 우체국 직원, 고등학교 교사, 회사원, 기술자, 노동자와 같은 사람들이었다. 피험자들은 고등학교를 마치지 않은 사람에서부터 박사나 다른 전문 학위를 받은 사람들까지 다양했다. 여러 실험 조건들(기본 실험의 변형들)을 심사숙고했으며, 처음부터 연령과 직업군을 각 조건에 골고루 배치했다. 각 실험의 직업별 구성은 기술자 및 단순 노동자 40퍼센트, 사무직 40퍼센트, 전문직 20퍼센트로 하고, 각 직업군마다 세 연령대를 나눠 배치했다(20대, 30대, 40대를 각각 20퍼센

그림 1 지역 신문에 게재한 피험자 모집 공고

공 고

시간당 4달러 제공

기억 연구를 위한 피험자 구함

- 기억과 학습에 관한 연구를 수행하기 위해, 뉴헤이번에 사는 주민 500명을 모집합니다. 이 연구는 예일대학교에서 실시하는 것입니다.

- 참가자에게 시간당 4달러(주차요금 50센트 추가)를 지불하며, 약 1시간이 소요됩니다. 1시간 동안 연구에 참여하는 것 외에 다른 의무사항은 없으며, 다음의 시간대 중에서 편리한 시간을 선택할 수 있습니다(저녁, 주말, 평일).

- 어떤 특별한 훈련이나 교육, 경험 등이 필요하지 않습니다. 다만 아래의 요건 중에 하나만 충족하면 됩니다.

공장 근로자	사업가	건설 노동자
공공기관 근로자	회사원	영업 관련 종사자
일반 노동자	전문직	사무직
이발사	전화교환 종사자	기타

연령은 20~50세이며, 고등학생과 대학생은 제외됩니다.

- 이러한 자격 조건을 갖추신 분은 아래의 쿠폰에 표기해서 예일대학교 심리학 사무실 스탠리 밀그램 교수에게 보내주십시오. 연구를 위한 자세한 장소와 시간은 추후에 공지할 것입니다.
- 여러분은 연구실에 도착하는 즉시 4달러와 주차요금을 받게 됩니다.

수신:
뉴헤이번, 예일대학교 심리학 사무실 스탠리 밀그램 앞.
20~50세로 기억과 학습에 관한 연구에 참여하고자 합니다. 참가비로 4달러와 주차요금 50센트를 청구합니다.

이름: _____

주소: _____

전화번호: _____ 전화 받기 가장 좋은 시간: _____

연령: _____ 직업: _____ 성별: _____

참여 가능 시간:

평일 _____ 저녁 _____ 주말 _____

트, 40퍼센트, 40퍼센트 비율로 할당했다).

실험 현장과 인원 구성

실험은 예일대학교의 격조 높은 상호작용 실험실(Interaction Laboratory)에서 이루어졌다. 실험실의 이러한 세부 조건들은 실험에 대해 피험자가 지각하는 합법성과 관련이 있다. 후속으로 이루어진 몇몇 변형된 실험들은 대학교 밖에서 이루어졌다(6장 참조). 실험자 역할은 31세의 고등학교 생물 교사가 맡았다. 실험하는 동안 그는 다소 완고하고 감정이 없는 것처럼 보였다. 희생자는 47세의 회계사로 아일랜드계였고 온화하게 보였으며, 이 역할을 수행하기 위해 훈련을 받았다.

절차

진짜 피험자 한 명과 희생자 한 명이 한 조가 되어 각 실험을 수행했다. 진짜 피험자는 왜 전기충격을 가해야 하는지에 대한 정당한 구실을 찾아야만 했다(합법적 권위에 관한 모든 사례에서, 명령을 수행하는 자는 자신이 받는 명령과 특정 형태의 권위 사이에 아무리 희미하더라도 어떤 연관성을 지각해야 하기 때문이다). 실험자가 다음의 지시문과 함께 복종을 측정해보고 싶다며 피험자를 그 상황으로 유도한다.

심리학자들은 사람들이 다양한 형태의 내용을 어떻게 학습하는지를 설명하기 위해 여러 가지 이론을 개발했습니다.

그림 2 희생자

이 책에서는 유명한 몇몇 이론을 다루고 있습니다. (교수-학습 과정에 관한 책을 피험자에게 보여준다.)

그중 한 가지 이론은 실수할 때마다 처벌을 하는 것이 올바른 학습에 도움이 된다는 것입니다.

이러한 이론의 한 가지 흔한 적용은 아이들이 어떤 잘못을 저질렀을 때 부모가 체벌을 하는 것입니다.

이 이론이 기대하는 것은 처벌의 한 형태인 체벌이 과제를 더 잘 기억하게 만들고 좀더 효과적으로 학습할 수 있게 한다는 점입니다.

하지만 실제로 우리는 처벌이 학습에 미치는 영향에 대해 거의 아는 바가 없습니다. 어떤 과학적 연구도 인간을 대상으로 그러한 실험을 하지 않았기 때문입니다.

이를테면 어느 정도의 처벌이 학습에 가장 효과적인지, 처벌하는 사람에 따라 학습에 얼마나 차이가 나는지, 성인은 또래보다 나이가 많거나 적은 사람에게서 더 잘 배우는지 등과 같은 문제에 대해서 우리는 잘 모릅니다.

그래서 이 연구는 서로 다른 직업군과 연령대의 성인들을 대상으로 하고 있습니다. 그리고 그중 몇몇은 선생이 되고, 또 다른 몇몇은 학습자가 되어야 합니다.

우리는 서로 다른 사람들이 선생과 학습자로서 어떤 영향을 주고받으며, 또한 그러한 상황에서 처벌이 학습에 어떤 영향을 미치는지 알아보고자 합니다.

그래서 오늘 여러분 중 한 명이 선생 역을 하고, 다른 사람은 학습자 역을 해주셔야 합니다.

선호하는 역할이 있습니까?

〔피험자와 실험협조자는 자신이 선호하는 역할을 표현할 수 있는 기회를 갖는다.〕

역할을 공정하게 정하기 위해 한 종이에는 '선생'이라고 쓰고 다른 종이에는 '학습자'라고 써서, 둘이 하나씩 뽑도록 하겠습니다.

〔피험자가 먼저 뽑고 다음에 실험협조자가 뽑는다.〕

자, 각각 어떤 역할을 맡았습니까?

네, 좋습니다. 이제 우리가 가장 먼저 할 일은 몇몇 형태의 처벌을 받을 수 있도록 학습자를 준비시키는 것입니다.

다음 방으로 저를 따라오십시오.

위에서 언급한 제비뽑기에서는 피험자는 늘 선생이 되고 실험협조자는 항상 학습자가 되게 조작되어 있다(두 종이 모두에 '선생'이라고 쓰여 있는 것이다). 제비뽑기를 마친 후 선생과 학습자를 모두 옆방으로 데려가서는 학습자를 '전기의자' 장치에 앉히고 끈으로 묶는다.

학습자를 끈으로 묶는 이유는 학습자에게 전기충격을 가하는 동안 그가 과도하게 움직이는 것을 방지하기 위한 것이라고 설명해준다. 이것은 학습자가 그 상황에서 벗어날 수 없음을 피험자에게 보여주기 위한 장치다. 전극봉을 학습자의 손목에 붙이고, '물집과 화상을 예방하기 위해' 연고를 바른다. 피험자에게 전극봉이 옆방의 전기충격기와 연결되어 있다고 알려준다.

학습자가 문제제기를 하면 실험자는 신뢰성을 높이기 위해 "전기충격이 극도로 고통스러울 수 있지만, 몸의 세포 조직에 영구적인 손상을 입히지는 않는다"고 명확하게 말해준다.

학습과제

피험자가 가르쳐야 할 것은 쌍으로 결합된 학습과제이다. 피험자는 학습자에게 일련의 단어 쌍을 읽어준 다음, 그 쌍의 첫 단어와 네 개의 낱말을 읽어준다. 예를 들어 다음과 같이 단어 쌍을 읽어준다.

파란 상자

좋은 날씨

야생 오리

등등

그러고는 평가할 단어를 읽어준다.

파랑—하늘, 잉크, 상자, 램프

학습자는 네 개의 낱말 중에서 그 첫 번째 단어와 원래 쌍을 이룬 낱말을 가려내야 한다. 학습자는 앞에 놓인 스위치 네 개 중 하나를 눌러 응답한다. 그러면 전기충격기 상단에 위치한 사분원 중 하나에 불이 들어오는데, 이 사분원에는 응답란의 번호가 매겨져 있다.

전기충격기

계기판 위에는 레버 스위치 30개가 가로로 늘어서 있다. 각 스위치에는 15볼트에서 450볼트 범위의 전압을 표시한 라벨이 붙어 있다. 라벨은 스위치를 왼쪽에서 오른쪽으로 하나씩 옮겨갈 때마다 전기충격이 15볼트씩 증가한다는 것을 보여준다. 게다가 왼쪽에서 오른쪽으로 네 개의 스위치마다 '약한 충격, 중간 충격, 강한 충격, 매우 강한 충격, 극심한 충격, 지극히 극심한 충격, 위험: 심각한 충격' 등 충격 정도를 나타내는 언어적 표기도 분명하게 제시되어 있다. 그리고 남은 마지막 두 개의 스위치에는 XXX로 표기되어 있다.

스위치를 누르면, 각 스위치에 해당하는 표시등에 선홍색 불이 들어오고 전기버저 소리가 났다. 그리고 '전압 활성화(voltage energizer)'라고 쓰인 푸른색의 전깃불이 켜지고 전압기의 다이얼이 오른쪽으로 돌아갔으며, 다양한 계전기의 딸깍거리는 소리가 났다.

전기충격기의 왼쪽 상단 모서리에는 전기충격기(SHOCK GENERATOR), ZLB타입(TYPE ZLB), 다이슨 공업사(DYSON INSTRUMENT COMPANY), 월섬(WALTHAM), 매스(MASS.), 출력 15~450볼트(OUTPUT 15 VOLTS-450 VOLTS)라는 라벨이 붙어 있었다.

샘플 전기충격

피험자가 선생의 역할을 시작하기 전에, 시험적으로 각 피험자에게 전기충격을 가했다. 이 전기충격은 45볼트로 고정되어 있었으며, 전기충격기의 세 번째 스위치를 누르면 발생했다. 전기충격은 피험자의 손목에 가해졌고, 이러한 충격의 경험은 전기충격기가 진짜라는 피험자의 믿음을 강화시켰다.

전기충격에 대한 지시

피험자는 학습자가 잘못된 응답을 할 때마다 충격을 가하라는 말을 들었다. 게다가 "학습자가 잘못된 응답을 할 때마다 전기충격기의 수준을 한 단계씩 높이시오"라는 지시를 받았다. 이것이 핵심 명령이다. 또한 그는 전기충격을 가하기 전에 전압량을 말하라는 지시를 받았다. 이것은 전기충격의 강도를 높이고 있다는 사실을 피험자에게 상기시키기 위한 것이었다.[1] 비록 30단계(450볼트)에 도달하더라도, 피험자는 이 최고 전압을 이용해 실험을 계속하라는 지시를 받았다. 이 상태에서 두 번 더 시도한 후, 실험자가 실험을 중단시켰다.[2]

실험자의 반응

실험의 다양한 시점에 피험자는 전기충격을 계속 가할 것인지에 대해 실험자에게 조언을 구했다. 또는 더 이상 실험을 계속하고 싶지 않다고도 했다.

실험을 진행하도록 하기 위해 실험자는 '자극 문구'를 차례로 필요한 만큼 이용해 대응했다.

자극 문구 1: 계속하세요.

자극 문구 2: 실험을 위해 계속해야 합니다.

자극 문구 3: 반드시 계속해야 합니다.

자극 문구 4: 당신은 어떤 선택권도 없습니다. 계속해야만 합니다.

자극 문구는 순서에 맞춰 만들어졌다. 자극 문구 1이 실패할 경우에만 자극 문구 2를 사용할 수 있었다. 피험자가 자극 문구 4 이후에도 명령을 거부하면 실험은 종료되었다. 실험자의 목소리 톤은 단호하지만 무례하지는 않았다. 피험자가 명령을 거부하거나 따르기를 꺼려할 때마다, 이 순서는 처음부터 다시 시작되었다.

특별 자극 문구

학습자가 영구적인 물리적 상해를 입을 수도 있는지 피험자가 질문하면, 실험자는 "전기충격이 고통스러울 수 있지만, 세포 조직에 영구적인 손상을 입히지는 않습니다. 그러니 계속하십시오(필요한 경우 자극 문구 2, 3, 4를 순서대로 제시한다)"라고 말했다.

학습자가 계속하기를 원하지 않는다고 피험자가 말하면, 실험자는 "학습자가 좋아하든 그렇지 않든 상관없이 당신은 학습자가 모든 단어를 올바르게 학습할 때까지 실험을 계속해야 합니다. 그러니 계속하세요(필요할 경우 자극 문구 2, 3, 4를 순서대로 제시한다)"라고 대답했다.

희생자의 반응

모든 조건에서 학습자는 단어 쌍 검사에 대해 미리 정해진 대로 대답했는데, 거의 틀린 답 세 번에 올바른 답 한 번꼴이었다.

실험 상황에서 희생자의 대답이 핵심 요소이기 때문에 조심스럽게 실행할 필요가 있었다. 예비 연구에서, 처음에는 희생자의 어떤 음성적 반응도 사용하지 않았다. 우리는 계기판에 부착된 충격 정도를 나타내는 언어적 표기와 전압 표기가 피험자의 복종을 줄일 수 있을 만큼 충분한 압력을 행사하리라 생각했다. 그러나 그렇지 않은 것으로 밝혀졌다. 학습자의 항의가 없는 상황에서, 예비 연구에 참가한 모든 피험자는 일단 명령을 받으면 계기판 끝까지 태연하게 전압을 올렸다. 충격 정도를 나타내는 계기판 위의 언어적 표기에는 관심이 없는 것처럼 보였다. 이것은 복종의 경향성을 측정할 적합한 근거를 찾을 수 없게 만들었다. 따라서 실험에 새로운 힘을 도입해 실험자의 명령에 대한 피험자의 저항을 강화시키고, 실험 중단 시점의 개인차를 드러내야만 했다.

이러한 힘은 희생자의 항의라는 형태를 띠고 있었다. 처음에는 가벼운 항의를 사용했는데 이것으로는 불충분한 것으로 드러났다. 그다음부터는 좀더 강력한 항의를 실험 절차에 도입했다. 당황스럽게도, 희생자의 가장 강력한 항의에도 많은 피험자들은 실험자의 명령에 따라 가장 가혹한 처벌을 가했다. 그러나 희생자의 격렬한 항의로 각 피험자들이 가한 최고 전기충격의 평균이 어느 정도 낮아졌고, 피험자의 수행 역시 좀더 고르게 분포하게 되었다. 그래서 희생자의 비명을 테이프에 녹음하여 정규 실험 절차에 포함시켰다.

이러한 상황은 효과적인 실험 절차를 찾아내기가 기술적으로 어렵다는 사실만을 알려준 것은 아니었다. 즉 피험자가 우리의 예상보다 더 많이 권위에 복종할 수 있다는 점을 보여주었다. 또한 이러한 상황은 피험자의 행동을 통제하기 위해 희생자의 반응이 중요하다는 점을 보여주었다.

희생자의 음성 반응은 전기충격기의 특정 전압 수준에 따라 각각 달리 만들어졌다. 희생자의 전체적인 반응을 글로 묘사하는 것은 쉽지 않은데 음성의 강도, 반응 시기와 반응의 전반적인 특성을 적절하게 표기할 방법이 없기 때문이다. 그러나 일반적으로 희생자는 75볼트까지는 불쾌감을 드러내지 않고 신음소리만 조금 냈다. 95볼트와 105볼트에서도 이와 유사한 반응을 보였다. 120볼트에서 희생자는 전기충격이 고통스럽다고 실험자에게 소리를 질렀으며, 150볼트에서는 "실험자님, 나를 여기서 나가게 해주세요. 더 이상 실험을 하고 싶지 않아요. 실험을 거부합니다"라고 울부짖었다. 이런 울부짖음이 전기충격 강도의 증가와 함께 계속되었으며, 180볼트에서 희생자는 "더 이상 고통을 참을 수 없어요"라며 절규했고, 270볼트쯤에서 그의 반응은 분명히 괴로워하는 비명이었다. 150볼트에서부터 희생자는 내내 실험실에서 나가게 해줄 것을 끈질기게 요구했다. 300볼트에서 희생자는 더 이상 기억 검사에 응답하지 않겠다고 필사적으로 소리쳤다.

이때 대부분의 피험자가 실험자에게 어떻게 할지를 물었다. 실험자는 피험자에게 학습자의 무응답도 틀린 대답으로 간주하고 정해진 순서에 따라 학습자에게 전기충격을 가하라고 지시했다. 그리고 무응답을 틀린 대답으로 간주하기 전에 5~10초 정도 기다리라고 조언했으며, 학습자가 틀린 응답을 할 때마다 전기충격의 수준을 한 단계씩 올리라고 지시했다. 315볼트에서 격한 비명을 지른 후에 희생자는 더 이상 참가하지 않겠다고 강하게 주장했다. 그는 더 이상 응답조차 하지 않았고, 충격이 가해질 때마다 고통스러운 비명을 질렀다. 330볼트를 가한 후 그 희생자에게서는 어떤 소리도 들리지 않았고, 사분원의 신호 상자에 어떤 응답도 나타나지 않았다.

측정

모든 피험자에 대한 주요 측정치는 더 이상 하지 않겠다고 거부하기 전까지 그 피험자가 가한 전기충격의 최고치이다.

원칙적으로 이 값은 0(첫 번째 전기충격조차 거부한 피험자)에서 30(최고 치까지 전기충격을 가한 피험자) 사이에서 변화한다.

인터뷰와 실험 설명

절차적 측면에서 중요한 점 하나가 실험의 마지막 부분에 있었다. 그 것은 실험 후 모든 피험자에게 세심한 조치를 취한 것이다. 그 구체적 인 내용은 우리의 경험이 축적되면서 조건마다 다양해졌다. 어쨌든 모 든 피험자에게 희생자가 위험한 전기충격을 전혀 받지 않았음을 알려 주었다. 각 피험자는 해를 입지 않은 그 희생자와 우호적으로 화해했 으며 실험자와 추가 토론을 벌였다. 실험자에게 복종하지 않은 피험자 에게는 그들의 결정을 지지해주는 방식으로 실험을 설명해주었다. 복 종적인 피험자들에게는 그들의 행동이 지극히 정상적임을 설명하고, 혼돈스러운 감정과 긴장을 다른 참가자들과 공유할 수 있게 했다. 피 험자들에게 실험 결론에 대한 종합보고서를 보내줄 것도 약속했다. 어 떤 경우에는 개별 피험자에게 추가적인 세부사항과 실험에 관해 장시 간 논의할 수 있는 기회도 주었다.

일련의 실험이 종결되었을 때, 피험자들은 실험의 절차와 결과를 상세하게 담은 보고서를 받았다. 우리는 실험에서 수행한 피험자들의 역할과 행동에 다시 한번 경의와 존경을 표했다. 모든 피험자에게 실험 참가에 관한 후속 질문지를 돌렸으며, 거기에 자신의 행동에 대한 감정과 생각을 표현할 수 있도록 했다.

개괄

이 상황에서 피험자는 서로 양립할 수 없는 두 가지 사회적 요구를 해결해야만 한다. 그는 실험자의 명령에 계속 복종해서 학습자에게 점점 더 강한 충격을 가하거나, 실험자의 명령을 거부하고 학습자의 요구를 들어줄 수 있다. 실험자는 자신의 권위를 아무 때나 사용하는 것이 아니고 처벌받는 사람의 점점 더 증가하는 항의를 상쇄하기 위한 식으로 사용된다.

이러한 실험실 상황은 실험의 주요 갈등에 대한 피험자의 반응을 연구할 수 있는 틀을 제공해준다. 다시 말해, 이러한 갈등은 전기충격을 가하라는 실험자의 요구와 실험을 중단할 것을 점점 더 주장하는 학습자의 요구 사이에서 생긴다. 실험자의 명령에 대한 복종의 정도를 결정한다고 믿을 만한 요인들을 체계적으로 변화시켜서, 어떤 조건에서 권위에 가장 잘 복종하고 어떤 조건에서 저항할 가능성이 가장 높은지를 이해하는 것, 이것이 이 연구의 핵심이다.

실험 상황이 할 일은 더 넓은 세상에서 복종이 발생할 때 존재하는 요소들을 응집하여, 과학적으로 살펴볼 수 있도록 필수적인 요소들을

그림 3

전기충격기

희생자가 끈으로 의자에 묶여 있다.

피험자가 샘플 전기충격을 받아보고 있다.

피험자가 실험을 중단한다.

좁은 무대로 가져오는 것이다. 좀더 넓은 세계에서는 피험자에게 여러 상충적인 힘들을 동시에 가하기가 쉽지 않다. 그러나 실험 상황에서는 피험자가 그러한 힘들을 동시에 경험할 수 있고, 우리가 그것을 관찰할 수 있다. 바로 이 점이 실험 상황이 갖는 큰 장점이다.

03 예상되는 행동

연구 결과가 갖는 자명한 특성 때문에, 즉 너무나 당연하기 때문에 사회과학 분야에서 이루어진 연구의 가치는 자주 평가절하되곤 한다. 그러나 우리는 주어진 상황에서 사람들이 어떻게 행동할지에 대한 충분한 정보를 가지고 있지 않다. 만일 우리가 그러한 정보를 가지고 있다면, 그 정보와 실제 연구 결과를 비교해볼 수 있을 것이다. 그러한 정보를 바탕으로 우리는 실험을 통해 얼마나 배울 수 있는지 판단 기준을 마련할 수 있다. 게다가 예상과 실제 사이에 불일치가 발생할 경우, 우리는 그러한 불일치를 설명해야 하는 흥미로운 연구과제를 갖게 된다. 그런 예상들이 일종의 착각으로 밝혀지면, 그러한 착각이 무지의 우연한 소산인지 아니면 사회생활에서 어떤 분명한 기능을 하는지 문제제기해야 하기 때문이다.

이러한 예상을 알아보는 절차는 매우 직접적이다. 각각의 경우 응답자들은 권위에 대한 복종을 주제로 한 강의를 들으러 온 청중들이다.

그림 4 제어반에 대한 도식

| 1 | 2 | 3 | 4 | 5 | 6 | 7 | 8 | 9 | 10 | 11 | 12 | 13 | 14 | 15 | 16 | 17 | 18 | 19 | 20 | 21 | 22 | 23 | 24 | 25 | 26 | 27 | 28 | 29 | 30 |

15	- - - - - -	75	- - - - - -	135	- - - - - -	195	- - - - - -	255	- - - - - -	315	- - - - - -	375	- - - - - -	435	450
볼트	30 45 60	볼트	90 105 120	볼트	150 165 180	볼트	210 225 240	볼트	270 285 300	볼트	330 345 360	볼트	390 405 420	볼트	볼트

약한 충격	- - - -	중간 충격	- - - -	강한 충격	- - - -	매우 강한 충격	- - - -	극심한 충격	- - - -	자극히 극심한 충격	- - - -	위험: 심각한 충격	-	X X X

그러나 어떻게 해서든 그 결과를 밝히지 않은 채 그 실험을 매우 자세하게 소개한다. 청중들에게 전기충격기의 도식(圖式, schematic diagram)을 제시하고 전압의 강도에 대한 언어적 표기와 숫자 표기를 보여준다. 실험에 대해 깊이 생각한 뒤 자신이라면 그 상황에서 어떻게 행동할 것인지를 기록하도록 각 응답자에게 요청한다. 정신과 의사, 대학생, 다양한 직업군의 중산층 성인 등 세 집단이 이러한 예측에 참여했다.

표 1은 각각의 집단이 예상한 중단 시점을 정리한 것이다.

응답자 110명은 각자 일련의 명령들 중 어느 시점에서 실험자에게 불복종할지를 예상하고 그 이유를 설명했다. 그들이 제공한 전형적인 설명은 다음과 같다.

"……내 자신이 전기충격이라면 질겁해요. 항의하는 사람들에게 전기충격을 가할 수 없어요. 내가 그에게 고통을 가하는 거니까요. 전혀 모르는 사람을 일부러 해칠 수 없습니다."(최고치: 90볼트)

"어떤 실험도 다른 사람에게 강한 전기충격을 가해 괴롭힐 만큼 가치 있다고 생각지 않습니다. 피험자(학습자의 역할을 한 피험자를 지칭함)가 전기

표 1 참가자들이 예상한 중단 시점

전기충격 단계	언어적 표기와 전압 수준	정신과 의사 (n=39)*	대학생 (n=31)	중산층 성인 (n=40)
	약한 충격	2:		3:
1	15	1		
2	30			
3	45			1
4	60	1		1
	중간 충격			
5	75	6	4	7
6	90	1	3	1
7	105	4		1
8	120	4	1	3
	강한 충격			
9	135	1	3	2
10	150	14	12	9
11	165		1	2
12	180	2	6	3
	매우 강한 충격			
13	195	2		1
14	210		1	
15	225			1
16	240			1
	극심한 충격			
17	255			1
18	270			
19	285			
20	300	1		3
	지극히 극심한 충격			
21	315			
22	330			
23	345			
24	360			
	위험: 심각한 충격			
25	375			
26	390			
27	405			
28	420			
	XXX			
29	435			
30	450			
	최고 전기충격 단계의 평균	8.20	9.35	9.15
	저항을 예측한 사람의 백분율	100.00%	100.00%	100.00%

*실험 조건에 참여한 피험자의 수.
:이 피험자들은 가장 낮은 단계의 전기충격을 가하는 것조차 거부했다.

충격을 받아 그런 식으로 반응했다는 사실로 볼 때, 그 피험자가 심각한 불편을 겪고 있다고 생각합니다. 그에게 이러한 고통을 가할 수 없습니다. 그때 피험자는 실험을 그만두고 싶다고 주장했어요. 나는 그의 판단을 존중합니다."(최고치: 135볼트)

"……그 사람이 괴로워하는 걸 더 이상 보고 있을 수 없어요. 학습자가 그만하기를 원한다면, 그를 고통에서 벗어나게 해줄 거예요."(최고치: 150볼트)

"……피험자도 자원했고, 나도 자원했어요. 나를 물리적으로 통제할 만한 권위가 실험자에게는 없기 때문에, 피험자가 풀어달라고 요구한 시점에 그는 풀려나야 합니다. 그래서 난 그를 풀어줄 겁니다."(최고치: 150볼트)

"내가 중단한 이유는 그 사람이 고통스러워하며 비명을 질렀기 때문이에요. 하물며 무릎을 긁혔을 때에도 그 느낌이 어떤지 알기 때문에, 나는 그때 학습자에게 동정을 느낄 거예요."(최고치: 180볼트)

응답자들은 자신의 반응이 공감과 동정, 정의감에서 비롯된다고 보고 있다. 그들은 바람직한 행동에 대한 자신의 생각을 밝히면서 그에 따라 행동할 것이라고 가정한다. 그러나 그들에게는 실제 사회적 상황에서 작동하는 여러 힘들의 복잡한 관계를 파악할 만한 통찰력이 거의 없어 보인다.

어쩌면 그들에게 주어진 질문 자체가 정당하지 않을 수도 있었다. 사람들은 스스로를 관대하게 보려는 경향이 있다. 그래서 우리는 허영

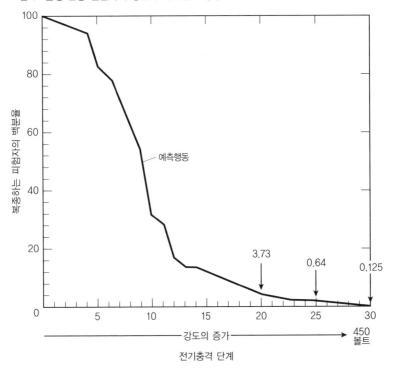

그림 5 음성 반응 실험에서 정신과 의사들의 행동 예측 추이

심 때문에 생긴 편향을 제거하기 위해 좀 다른 질문을 했다. 즉 다른 사람이라면 이러한 상황에서 어떻게 행동할지를 예측해보라고 요구했다. (그리고 좀더 구체적으로, 우리는 그들에게 다양한 나이와 직업을 가진 미국인 100명의 전기충격 종료시점을 분포도로 표시하도록 했다.) 정신과 의사, 행동과학부 대학원생과 교수, 대학교 2학년생, 그리고 중산층 성인들이 질문에 응답했다. 이 집단들의 예측은 서로 매우 비슷했다. 그들은 실제로 모든 피험자(또는 미국인 100명)가 실험자에 대한 복종을 거부할 것이라고 예측했다. 단지 병리적인 문제를 가진 1~2퍼센트 미만의 극단론

자들만이 가장 높은 수준까지 전기충격을 가할 것이라고 그들은 예상했다. 정신과 의사들의 예측이 그림 5에 자세히 제시되어 있다. 정신과 의사들은 대부분의 피험자들이 10단계(150볼트로, 희생자들이 처음으로 풀어달라고 명백히 요구한 시점)를 넘지 않을 것이라고 예상했다. 그리고 약 4퍼센트의 피험자들만이 20단계까지, 그리고 100명 중 한 명 정도가 가장 높은 단계까지 전기충격을 가할 것이라고 예측했다.

이러한 예측을 뒷받침하는 전제는 무엇일까? 첫째, 사람들은 대개 품위가 있고 무고한 사람을 서슴없이 해치지 않는다. 둘째, 물리적인 힘이나 위협으로 강요당하지 않으면 개개인은 자율적으로 행동한다. 사람은 각자 독특한 방식으로 행동하는데, 그렇게 하겠다고 스스로 결정했기 때문이다. 행동이 물리적·사회적 상황에서 발생하지만 그것은 행동이 발생하는 하나의 단계일 뿐이다. 행동 그 자체는 그 사람의 내적 핵심에서 나온다. 즉 내적 핵심 속에 존재하는 개인적 가치들의 중요성을 살펴보고 만족도를 평가한 다음, 그 결과에 따른 결정을 행동으로 옮기게 되는 것이다.

복종 실험에 대해 생각해보라는 요구에 대부분의 사람들은 이러한 종류의 전제를 바탕으로 생각하기 시작한다. 사람들은 자신이 처한 상황보다는 자율성을 가진 개인의 내적 특성에 더 초점을 둔다. 그렇기 때문에 실험자의 명령에 따라 행동하는 피험자가 거의 없을 것이라고 예상하는 것이다.

04 희생자와의 근접성

이제 실험에서 피험자들의 실제 행동을 살펴보도록 하자. 먼저, 원격 반응 조건(실험 1)의 결과를 살펴보겠다. 실험 1은 희생자의 음성적 불만을 들을 수 없다는 점에서 일반적인 상황과는 약간 다르다. 희생자가 다른 방에 있기 때문에, 피험자는 그의 모습을 볼 수 없고 목소리도 들을 수 없다. 희생자가 응답하면 신호 상자에 불이 켜질 뿐이다. 그러나 300볼트에서 희생자가 항의하면서 실험실 벽을 쾅쾅 치는 소리가 울려 퍼진다. 315볼트부터는 더 이상 응답이 없고 쾅쾅 치는 소리도 멈춘다.

녹음한 테이프를 받아 적어 명령에 저항하는 시점에 피험자의 반응을 다시 인쇄물로 보는 것이 유용하다.

"그가 의사소통을 시도하는 것 같아요. 벽을 두드리잖아요. ……음, 그에게 전기충격을 가하는 것은 공정하지 않아요. ……이건 정말 엄청난 강도예요. 너무 비인간적이라고 생각해요. ……오, 나는 이 실험을 계속할 수 없어요. 안 되겠어요. 이건 옳지 않아요. 지옥 같은 실험이에요. 그가 저 안에서 괴로워하고 있어요. 싫어요, 나는 계속하고 싶지 않아요. 이건 미친 짓이에요." (피험자는 더 높은 강도의 충격을 가하라는 지시를 거부했다.)

"그가 저 안에서 쾅쾅 치고 있어요. 확인해봐야 할 것 같아요. 계속하고 싶지만, 저 남자에게는 못 하겠어요. ……미안하지만 저 남자에게 못 하겠어요. 내가 그의 심장을 상하게 할 것 같아요. 당신이 가서 확인 좀 해봐요. ……안 돼요. 정말, 나는 더 이상 못 하겠어요."

피험자 40명 가운데 26명은 실험자의 명령에 끝까지 복종했다. 즉 그들은 전기충격기가 낼 수 있는 최고 전압에 도달할 때까지 희생자들을 처벌했다. 결국, 450볼트의 전기충격이 세 번 정도 가해진 후 실험자는 실험을 중단시켰다.

피험자들은 자주 안절부절못하는 모습이었다. 말로 약하게 저항하는가 하면 전기충격기 앞에 있는 자기 의자에서 벌떡벌떡 일어서고, 실험실을 떠나고 싶다는 의사를 표현하기도 했다. 몇몇 복종적인 피험자는 300볼트 이상의 전기충격을 가하기를 꺼려했으며, 실험자에게 저항한 사람들과 유사한 긴장 상태를 드러내기도 했다.

최고치까지 전기충격을 가한 후 실험자가 실험을 중단시키자, 복종적인 많은 피험자들은 안도의 한숨을 내쉬었으며, 이마에 맺힌 땀을 닦고, 손가락으로 눈을 비비거나 초조한 모습으로 담배를 더듬어 찾기도 했다. 어떤 사람은 머리를 절레절레 흔들면서 후회하는 모습을 보였다. 몇몇 피험자는 실험 내내 평정심을 유지했으며, 처음부터 끝까지 긴장한 모습을 거의 보이지 않았다.

희생자와 근접하기

특정 실험에서 일단 어떤 효과를 관찰하고 나면, 그러한 효과를 발생시킨 조건을 체계적으로 변화시킬 수 있고, 이런 방식으로 관련 원인을 알 수 있다. 이런 점에서 실험은 논증과는 다르다.

지금까지 살펴본 결과는 희생자를 볼 수 없고 희생자와 직접 대화할 수 없는 상황에만 적용된다. 따라서 처벌받는 사람이 멀리 떨어져 있고, 원하는 것을 명확하게 표현하지도 않는다. 벽을 친다고는 하지만 이것은 근본적으로 애매모호한 의미를 가지고 있다. 예를 들면, 어떤 피험자는 벽 치는 행위를 희생자가 고통 받고 있다는 증거로 해석하지 않았을 수 있다. 그렇기 때문에 복종했을 수도 있는 것이다. 희생자의 고통을 좀더 분명하게 이해한다면, 희생자에 대한 존재감을 갖는다면, 즉 희생자를 보고 듣고 느낄 수 있다면 피험자는 복종하지 않을지도 모른다.

우리가 예비 연구에서 지적한 행동들이 이러한 견해에 신빙성을 부여해준다. 그 연구에서 피험자는 은색 유리를 통해 희미하게나마 희생자를 볼 수 있었다. 희생자에게 전기충격을 가하는 동안, 피험자들은 그의 눈을 자꾸 피하고, 거북한 듯 고개를 돌렸다. 한 피험자는 "내가 한 행동의 결과를 보고 싶지 않았어요"라고 말했다. 관찰자들은 다음과 같이 지적했다.

피험자들은 앞에 있는 유리창을 통해 희생자를 볼 수 있었는데, 그들을 쳐다보는 것을 꺼려했다. 이러한 사실을 의식했을 때, 피험자들은 "고통스러워하는 희생자를 바라보는 것 자체가 너무 불편했습니다"라고 말했다. 그러나 비록 피험자들이 희생자를 보려 하지 않았지만 그들은 계속해서 충격을 가했다.

이러한 사실은 희생자를 뚜렷하게 보여주는 것이 피험자의 행동에 어느 정도 영향을 미칠 수 있음을 암시한다. 피험자가 실험자에게 복종할 때 희생자를 제대로 보려 하지 않는다면 그 반대도 사실일까? 즉 희생자가 점점 더 뚜렷하게 보이도록 하면 복종이 감소할까? 이러한 질문에 대답하기 위해 일련의 네 가지 실험을 설계했다. 원격 조건에 대해서는 이미 설명한 바 있다.

실험 2(음성 반응)는 희생자의 음성 반응을 도입한 것을 제외하고는 실험 1과 동일하다. 첫 번째 조건에서처럼, 희생자는 실험실 옆방에 분리되어 있지만, 피험자는 희생자의 불만을 실험실 벽을 통해 명확히 들을 수 있었다.

실험 3(근접성)은 희생자와 피험자를 같은 방에 몇 미터 떨어뜨려 놓은 것 외에는 실험 2와 유사하다. 따라서 피험자는 희생자의 목소리를 들을 수 있을 뿐만 아니라 볼 수도 있었다.

실험 4(접촉-근접성)는 실험 3과 동일하지만, 다음과 같은 차이점이 있다. 즉 희생자가 전기충격판 위에 손을 올려놓아야만 전기충격을 받는다. 150볼트 수준에서 희생자는 풀어달라고 요구하면서 전기충격판 위에 손을 올려놓으려 하지 않았다. 실험자는 피험자에게 희생자의 손

표 2 실험 1, 2, 3, 4에서 가한 최고 전기충격치들의 평균

전기충격 단계	언어적 표기와 전압 수준	실험 1 원격 (n=40)	실험 2 음성 반응 (n=40)	실험 3 근접성 (n=40)	실험 4 접촉-근접성 (n=40)
	약한 충격				
1	15				
2	30				
3	45				
4	60				
	중간 충격				
5	75				
6	90				
7	105			1	
8	120				
	강한 충격				
9	135		1		1
10	150		5	10	16
11	165		1		
12	180		1	2	3
	매우 강한 충격				
13	195				
14	210				1
15	225			1	1
16	240				
	극심한 충격				
17	255				1
18	270			1	
19	285		1		1
20	300	5*	1	5	1
	지극히 극심한 충격				
21	315	4	3	3	2
22	330	2			
23	345	1	1		1
24	360	1	1		
	위험: 심각한 충격				
25	375	1		1	
26	390				
27	405				
28	420				
	XXX				
29	435				
30	450	26	25	16	12
	최고 전기충격 단계의 평균	27.0	24.53	20.80	17.88
	복종한 피험자의 백분율	65.0%	62.5%	40.0%	30.0%

*실험 1에서 피험자 5명이 최고 300볼트의 전기충격을 가했다.

그림 6 실험 1, 2, 3, 4에서 최고 전기충격치들의 평균

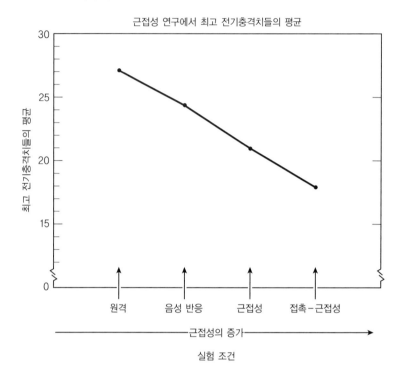

을 전기충격판 위에 강제로 올려놓으라고 명령했다. 따라서 이 조건에서 복종하려면 피험자는 150볼트 이상에서 희생자를 처벌하기 위해 그와 신체적 접촉을 해야 했다.

성인 피험자 40명이 각 실험 조건에 참여했다. 표 2의 결과에서 보듯이, 피험자에게 희생자가 더욱 생생하게 존재할 때 복종은 현저하게 감소했다. 각 조건에서 최고 전기충격치들의 평균이 그림 6에 제시되어 있다.

원격 조건에서는 피험자들 중 35퍼센트가 실험자에게 저항했으며,

음성 반응 조건에서는 37.5퍼센트, 근접성 조건에서는 60퍼센트, 접촉-근접성 조건에서는 70퍼센트의 피험자가 실험자에게 저항했다.

희생자와 더 가까울수록 복종행동이 감소하는 현상을 어떻게 설명할 수 있을까? 몇 가지 요인이 작용할 수 있다.

1. 공감 단서

원격 조건에서 희생자의 고통은 피험자에게는 비현실적이고 거리가 멀어 보인다. 이러한 특성은 그 정도는 덜하지만 음성 반응 조건에서도 마찬가지다. 피험자는 자신의 행동이 다른 사람에게 고통을 주었다는 사실을 인식한다. 그러나 그런 사실을 이해할 뿐 느끼는 것은 아니다. 이런 현상은 매우 흔하다. 한 폭격수는 '자신의 무기가 타인에게 고통과 죽음을 가져다줄 것'이라는 사실을 충분히 생각할 수 있다. 그러나 정서가 결여된 이러한 지식은 그 폭격수를 자신의 행동으로 말미암은 고통에 대해 정서적으로 반응하도록 만들지는 못한다.

희생자의 고통과 관련된 시각적 단서들은 피험자의 공감 반응을 불러일으키고, 그리하여 피험자는 희생자의 경험을 좀더 완전히 이해하게 된다. 또한 공감 반응은 그 자체가 불편하기 때문에, 피험자는 정서적 흥분을 야기하는 이러한 상황을 종결하고자 하는 욕구를 갖는다. 따라서 잇따른 실험 조건에서 공감 단서들을 보강함으로써 복종행동이 감소했을 수 있다.

2. 부정과 제한된 인지 영역

원격 조건(실험 1)에서는 인지 영역이 협소해짐으로써 희생자가 마음에

그림 7

접촉-근접성 조건 실험의 일반적 배치

접촉-근접성 조건에서 복종하는 피험자

강하게 와 닿지 않을 수 있다. 그러나 희생자가 가까이 있으면, 그에 대한 생각을 배제하기가 어렵다. 희생자가 계속해서 눈에 보이기 때문에, 불가피하게 피험자의 의식에 늘 그가 떠오르게 된다. 첫 번째와 두 번째 조건에서 희생자의 존재와 반응은 전기충격이 가해진 후에나 알려지고, 희생자의 음성 반응도 우발적이며 비연속적이다. 근접성 상황에서는 희생자가 바로 보이기 때문에 피험자에게 계속적으로 뚜렷한 요인으로 작용하게 된다. 그러면 부정이라는 메커니즘은 더 이상 작동할 수가 없다. 원격 조건 실험에 참가했던 한 피험자는 이렇게 말했다. "그의 목소리가 들리는데도 어떻게 거기에 사람이 있다는 걸 잊어버릴 수 있는지 참 어이가 없네요. 단지 나는 계속해서 단어를 읽고 스위치를 누르는 일에만 집중했어요."

3. 서로 공유한 영역

근접성 조건에서 피험자가 희생자를 더 잘 관찰할 수 있게 되었다면, 그 반대 역시 사실이다. 즉 희생자도 이제 피험자의 행동을 면밀히 살펴볼 수 있다. 아마도 우리의 행동을 상대방이 볼 수 있을 때보다 그럴 수 없을 때, 우리는 그 상대방에게 더 쉽게 해를 가할 수 있다. 희생자가 자신의 행동을 예의주시할 때 피험자는 수치심이나 죄의식을 느끼고, 이것이 공격행동을 감소시키는 데 기여할 수 있다. 많은 언어적 표현들을 보면 얼굴을 맞대고 공격할 때 불편함을 느끼거나 억제하게 된다. 흔히 어떤 사람을 직접 대면하기보다는 '등 뒤에서' 비판하기가 더 쉽다고들 말한다. 또한 누군가에게 거짓말을 하려고 할 때, '그의 눈을 쳐다보기'는 분명히 어렵다. 우리는 '수치심을 느끼거나 난처할 때' 얼굴을 돌리는데, 이러한 행동이 불편함을 감소시키는 데 도움이 된다. 총살당하는 희생자의 눈을 가리는 표면상의 이유가 그의 스트레스를 경감시키는 것이지만, 집행자의 스트레스를 감소시키는 잠재적인 기능도 한다. 요약하면, 근접성 상황에서 피험자는 희생자를 점점 더 뚜렷한 자극으로 지각하게 된다. 그리하여 그는 자의식이 더욱 강해지고 난처해하며 희생자에 대한 처벌을 더 억제하게 된다.

4. 행위에 관한 경험의 통일성
원격 조건에서 피험자는 자신의 행동과 그러한 행동이 희생자에게 미친 결과 사이의 연관성을 파악하기가 어렵다. 행위와 그에 따른 결과가 물리적으로 분리되어 있기 때문이다. 특정한 방에 있는 피험자가 레버를 누르고, 또 다른 방에서 항의하고 울부짖는 소리가 들려온다. 이 두 사건은 서로 관련되어 있지만, 강력한 통일성이 결여되어 있다. 반면에 고통을 야기하는 행위와 그 희생자를 좀더 가까이 있도록 하는 근접성 조건에서는 좀더 완벽한 통일성이 확보된다. 통일성은 접촉-근접성 조건에서 완벽해진다.

5. 초기의 집단 형성
희생자를 다른 방에 배치하는 조건은 그를 피험자에게서 더 멀리 떨어뜨려 놓을 뿐만 아니라, 피험자와 실험자를 상대적으로 더 가깝게 있도록 만든다. 실험 초기에, 희생자는 배제된 채 실험자와 피험자가 하나의 집단을 형성한다. 희생자와 나머지 사람들 사이에 놓인 벽 때문에, 실험자와 피험자가 느낄 수 있는 친밀감을 희생자는 박탈당한다.

원격 조건에서 희생자는 진정한 아웃사이더로서, 물리적으로나 심리적으로 혼자이다.

피험자와 좀더 가까이 있을 때, 희생자는 그와 동맹을 맺어 실험자에게 맞서기가 더 쉬워진다. 피험자는 더 이상 혼자서 실험자를 직면하지 않아도 된다. 협력해서 실험자에게 저항하기를 갈망하는 동맹군이 피험자와 가까이 있게 된다. 따라서 몇몇 실험 조건에서 공간적 상태의 변화는 잠정적으로 동맹 관계를 변화시킨다.

6. 획득한 행동 경향성

우리 속의 실험용 쥐는 다른 동료 쥐들과 거의 싸우지 않는 것을 볼 수 있다. 스콧(Scott, 1958)은 이를 수동적 억제로 설명했다. 그는 다음과 같이 썼다. "……어떤 상황에서 아무것도 하지 않음으로써, 동물은 아무것도 하지 않는 법을 배운다. 이를 수동적 억제라 한다. ……이 원리는 사람들에게 싸우지 않는 법을 가르치는 데 매우 유용하다. 그것은 단순히 싸우지 않음으로써 싸우지 않는 법을 배울 수 있음을 의미하기 때문이다." 비슷하게, 우리는 일상에서 타인들을 해치지 않음으로써 그들을 해치지 않는 법을 배울 수 있다. 그러나 이러한 학습은 타인과 인접해 있을 때에만 가능하며, 타인이 우리와 물리적으로 멀리 떨어져 있는 상황에까지 일반화되지는 않는다. 한편 물리적으로 가까이 있는 타인에게 저지른 과거의 공격행동이 보복성 처벌을 초래함으로써 원래 형태의 반응을 없앨 수도 있다. 이와는 반대로, 멀리 떨어져 있는 타인을 공격하는 행동이 보복을 유발하는 경우는 매우 드물다.

장소 이동: 우리의 공간적 관계는 한 상황에서 다음 상황으로 이동한다. 우리가 가깝거나 멀리 떨어져 있다는 사실은 우리가 타인에게 어떻게 할지를 결정하는 심리적 과정에 강력한 영향을 미친다. 이러한 실험에서 전기충격을 가하라는 명령을 받은 사람이 그 전기충격의 희생자와 점점 가까워질수록, 복종을 거부하면서 실험을 중단한 사람의 수도 증가했다. 희생자가 눈에 보이고 근접한 곳에 구체적으로 존재하는 것이 실험자의 권력에 대항하여 불복종하는 데 매우 결정적인 구실을 했다. 복종에 관한 어떠한 이론적 모형도 이러한 사실을 고려해야 할 것이다.

예상하지 못한 행동

모두 네 개의 변형된 실험에서 전반적으로 나타난 복종 수준에 대해서 언급할 필요가 있다. 피험자들은 자신의 의지에 반해 타인을 해치는 것이 기본적인 도덕적 품행에 위배된다는 것을 어려서부터 배워왔다. 그러나 피험자의 약 절반은 강제할 만한 특별한 권한이 없는 권위자의 명령에 따르면서 이러한 도덕적 신념을 포기했다. 불복종이 어떤 물질적 손실이나 처벌을 야기하지는 않았다. 희생자를 처벌하면서 때때로 자신의 가치에 위배되는 행동을 했다는 많은 피험자들의 말과 행동에서도 이런 점이 분명하게 드러났다. 때로 피험자들은 희생자의 항의에 직면하여 더 이상 그에게 전기충격을 가하지 않았고, 또 다른 피험자들은 이런 행동을 어리석고 터무니없는 행동이라며 비난했다. 그러나 많은 사람들은 실험에서 명령을 따랐다.

실험 결과는 앞에서 서술한 질문지에서 얻은 예상과는 매우 달랐다. (그러나 질문지에 응답한 사람들은 실험의 실제 상황과는 매우 동떨어져 있었고, 실험의 구체적인 세부사항을 그들에게 전달하기 어려웠기 때문에, 복종에 대한 심각한 과소평가가 나타났을 수 있다.) 하지만 이는 일방경(one-way mirror)을 통해 실험을 관찰한 사람들조차 예상하지 못한 결과였다. 관찰자들은 피험자가 희생자에게 점점 더 강한 전기충격을 가하는 것을 보면서 때때로 못 믿겠다는 표정을 보이기도 했다. 심지어 실험 상황의 세세한 부분까지 완벽하게 알고 있는 사람들조차 피험자들이 보일 복종의 정도를 일관되게 과소평가했다.

두 번째 뜻밖의 결과는 진행 중에 긴장을 했다는 점이다. 피험자들이 양심에 따라 실험을 중단하거나 아니면 계속할 것이라고 예상할 수 있다. 이러한 예상은 사실과 전혀 달랐다. 몇몇 피험자는 엄청난 정서적 긴장을 드러냈다.

실험 뒤 가진 인터뷰에서 피험자들에게 자신이 최고로 긴장했을 때 그 정도를 14점 척도상에 표시하도록 했다(그림 8). 그 범위는 '전혀 긴장하지 않았다'에서부터 '극도로 긴장했다'까지였다. 이런 종류의 자기보고는 정확성이 떨어지고, 기껏해야 피험자의 정서적 반응에 대한 대략적인 지표만을 제공해준다. 그럼에도 이런 보고가 어떤 가치를 갖는다면, 그것은 피험자들의 응답이 전 범위에 분포하고 대다수 피험자가 보통 이상에 집중되어 있다는 것이다. 좀더 분석해보면, 저항한 피험자보다 복종한 피험자들이 더 긴장하고 초조해했음을 알 수 있다.

이렇게 긴장한다는 것을 어떻게 해석할 수 있을까? 첫째, 이는 갈등이 존재한다는 증거이다. 이 상황에서 작동하는 유일한 심리적 동인이

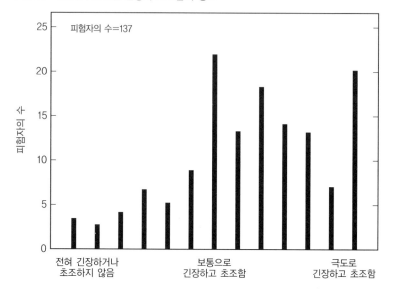

그림 8 피험자가 보고한 긴장과 초조함의 정도

권위에 순종하려는 성향이라면, 모든 피험자가 끝까지 계속했을 테고 긴장하지도 않았을 것이다. 따라서 긴장은 두 가지 또는 그 이상의 모순된 반응 성향이 동시에 존재함으로써 생긴다고 가정할 수 있다(Miller, 1944). 희생자에 대한 연민이 유일한 심리적 동인이었다면, 모든 피험자가 실험자에게 차분히 대항했을 것이다. 그러나 복종과 반항이 모두 존재함으로써 극도의 긴장 상태가 수반되었다. 타인을 괴롭히지 않는다는 타고난 성향과 권위자에게 복종하려는, 마찬가지로 강력한 경향성 사이에서 갈등이 생긴다. 피험자는 빠르게 딜레마에 빠지게 되고, 극도의 긴장 상태는 상당한 강도의 상반되는 힘들이 존재한다는 것을 말해준다.

게다가 긴장은 피험자가 피할 수 없는 강한 혐오 상태에 있음을 말해준다. 사람들은 불편하고 긴장하거나 스트레스를 받으면, 그러한 불편한 상황에서 벗어나기 위해 어떤 조치를 취하고자 한다. 따라서 긴장은 원치 않는 행동을 회피하게 만드는 동기와도 같다. 그러나 심지어 극도로 긴장한 실험 상황에서조차 많은 피험자들은 (불복종과 같이) 긴장을 줄이는 어떠한 행동도 할 수가 없다. 따라서 불복종 반응의 활성화를 차단하는 어떤 경쟁적인 동기, 성향 또는 억제가 있음이 틀림없다. 이러한 억제 요인의 강도는 경험한 스트레스의 강도나 실험을 중단하는 행동의 발생 강도보다 훨씬 더 클 것이다. 극단적 긴장이 존재한다는 것은 피험자를 그 상황에 붙들어두는 강력한 힘이 동시에 존재한다는 것을 보여준다.

마지막으로, 긴장한다는 것은 그 상황이 피험자에게 꾸며진 것이 아니라 진짜 현실이라는 증거이다. 심각하고 사실로 느껴지는 어려움에 처하지 않으면, 보통의 피험자들은 식은땀을 흘리거나 떨지 않는다.

05 권위에 직면한 사람들

우리는 실험에 참가한 각각의 사람들에게서 '그가 복종했는지 복종하지 않았는지'에 대한 하나의 본질적인 사실을 이끌어낸다. 그러나 피험자를 오로지 이런 방식으로만 보는 것은 어리석다. 실험실에 오는 사람들은 감정과 태도, 개인의 스타일이 너무나 다양하기 때문이다. 실제로 실험실을 거쳐 간 사람들은 기질과 태도 면에서 너무나 변화무쌍하기 때문에, 어떤 규칙성을 찾아낸다는 것은 기적일지도 모른다. 이를테면 발음이 불분명한 한 벽돌공은 연구자가 있는 자리에서 자신 없어 하며 어색하게 스스로를 낮추었다. 뒤이어 들어온 자칭 한 사업가는 자신의 주장을 강조하려는 듯 실험자에게 담배를 쑥 내밀었다.

　우리는 연구에 참가한 개인들에게 초점을 맞출 필요가 있다. 왜냐하면 이를 통해 실험에 영향을 미치는 개인적 차원의 요인을 알 수 있을 뿐만 아니라 각 개인의 경험을 통해 복종하는 과정의 본질을 밝힐 수 있기 때문이다.

그러한 상황을 구축할 때, 우리는 참가자 개인의 말과 주장에 크게 의지할 것이다. 동시에, 그들의 말과 주장을 경계하기도 할 것이다. 피험자들이 말하는 모든 것을 매우 진지하게 받아들여야 하지만, 그들이 자기 행동에 대한 원인을 완전하게 이해하고 있다고 생각할 필요는 없다. 피험자의 이야기를 주의 깊게 듣는 것과 그 이야기를 전부라고 잘못 생각하는 것 사이에는 선을 그어야 한다. 피험자는 그 상황에서 자신이 인식할 수 없는 많은 힘의 통제를 받는다. 그러니까 그는 암묵적 구조의 통제를 받으면서 그러한 사실을 알지는 못한다. 그리고 우리는 피험자에 비해 한 가지 엄청나게 유리한 점을 가지고 있다. 즉 각 조건에서 피험자들이 직면하는 환경의 본질을 조금씩 변화시켰기 때문에, 우리는 각 요인의 중요성을 알 수 있다. 그리고 피험자는 홀로 그 곤란한 상황을 경험했지만, 전체적인 관점에서 그 상황을 이해할 수는 없다.

　　정보의 원천으로서 먼저 우리는 실험을 수행하는 피험자를 관찰할 수 있고, 특히 피험자와 실험자 사이에 오가는 대화를 엿들을 수 있다. 게다가 모든 피험자가 실험 후 인터뷰에서 자신들의 배경 정보를 제공해주었다(우리는 그들의 이름을 가명으로 처리했다). 마지막으로, 많은 피험자가 예일대학교 정신의학부의 한 학생이 이끄는 개인면담과 집단토론에 참가했다.

브루노 바터, 용접공: 실험 4

바터는 30세의 용접공이다. 그는 뉴헤이번에서 태어났고, 그의 부모는 이탈리아 출신이다. 그는 눈에 띄게 민첩함이 떨어지는 투박한 인상이었다. 전체적으로 다소 야만스러워 보였다. 한 관찰자는 그를 '확실히 지적 수준이 떨어지는 원시 괴물' 같다고 묘사했다. 그러나 이러한 묘사가 완벽히 맞지는 않았다. 그는 실험자에게 순종적이고 공손했다.

그는 실험 절차를 완전히 익히는 데 다소 어려움을 겪어서, 실험자가 몇 번씩 바로잡아 주어야 했다. 그는 실험자의 도움에 감사를 표했으며, 우리가 요구하는 것을 기꺼이 수행하려 했다. 그가 참가한 실험은 접촉-근접성 조건이었다. 150볼트 이상에서 학습자가 전기충격판을 만지려 하지 않았기 때문에, 바터는 강제로 그의 손을 판 위에 올려놓아야만 했다.

학습자가 처음으로 항의했을 때, 바터는 그에게 어떠한 주의도 기울이지 않았다. 마치 학습자의 고통스러워하는 반응과 자신은 아무런 상관이 없다는 듯 그의 얼굴은 무감각해 보였다. 실험자가 학습자의 손을 강제로 전기충격판 위에 올려놓으라고 지시했을 때, 그는 엄격하게 기계적인 절차에 따랐다. 전기충격기의 스위치를 시험해보고는 스위치가 작동하지 않자 즉시 강제로 학습자의 손을 전기충격판 위에 올려놓았다. 실험 내내 그는 딱딱한 얼굴을 하고 있었다. 바터와 나란히 앉은 학습자가 그에게 중단할 것을 부탁했지만, 그는 여전히 로봇처럼 무감각하게 계속해서 과제를 수행했다. 특이한 점은 그가 학습자에게 전적으로 무관심해 보였다는 것이다. 그는 학습자를 거의 인간으로 보지 않았다. 반면, 실험자에게는 순종적이면서 정중했다.

330볼트에서 학습자는 전기충격판을 접촉하는 것뿐만 아니라 대답하는 것조차 거부했다. 짜증이 난 바터는 그에게로 몸을 돌려 그를 비난했다. "어서 대답하고 끝내는 게 좋아요. 여기서 밤을 샐 순 없잖아요." 실험을 진행하는 동안, 그가 학습자에게 한 유일한 말이었다. 그리고 다시는 학습자에게 말을 건네지 않았다. 비명을 지르는 학습자를 제압하여 전기충격을 가할 때 바터의 굳고 무감각한 얼굴은 그에게 전적으로 무관심하다는 것을 보여주었다. 잔인하고 우울한 장면이었다. 바터는 자신의 행동 그 자체 때문에 즐거워하지는 않았지만, 제 일을 제대로 하는 것에 대해서 은근히 만족을 느끼는 것 같았다.

450볼트를 가할 때, 그는 실험자를 보면서 "교수님, 다음에는 무엇을 해야 하나요?"라고 물었다. 학습자에게 완고했던 것과는 달리, 실험자를 대하는 그의 목소리는 공손했고, 기꺼이 협조적인 피험자가 되겠다는 뜻을 보여주었다.

실험 후 인터뷰에서 그는 실험에 대해 서툴게 설명했다. 실험자는 그에게 실험의 목적이 무엇이라고 생각하는지 물었다. 그는 어떤 특별한 논리 없이 이 질문을 이용해 학습자를 모욕했다. "글쎄요, 좀 고집센 사람(학습자)이 있잖아요. 그가 실험을 이해했다면 처벌을 받지 않고 과제를 수행했을 거예요." 그가 보기에 학습자는 스스로에게 벌을 준 셈이었다.

실험자는 그에게 실험 중에 긴장이나 초조한 기분을 느꼈는지 물었다. 학습자에 대한 자신의 감정을 표현하기 위해 그는 또다시 이 질문을 이용했다. "딱 한번 약간. 초조했던 것은 아니고요. 그가 과제에 협조하지 않을 땐 넌더리가 났어요." 실험자는 그에게 책임이라는 문제에 관해 물어보기가 굉장히 어려웠다. 그는 그 개념을 파악하지 못하는 것처럼 보였다. 그래서 질문을 단순화했다. 결국 피험자는 주요한 책임을 실험자에게 돌렸다. "난 돈을 받고 이 일을 했을 뿐이므로 당신 잘못이라고 생각해요. 나는 명령을 따라야만 했습니다. 그렇게 이해했어요."

그러고는 모든 주도권을 실험자에게 위임하면서 그는 이렇게 말했다. "지금 당신은 이렇게 말할 수도 있어요. '이봐요, 돈을 돌려주고 이 일을 모두 없던 걸로 합시다.' 그러면 우리는 그렇게 할 수 있죠."

많은 피험자들이 받은 돈을 되돌려주는 것이 실험을 취소하는 고상한 방법이라고 생각한 반면, 바터는 권위자가 주도한 행동에 대해서만 생각할 수 있었다. 실험자가 대답했다. "무슨 일이 있어도 그 돈은 여기에 온 대가라고 말하지 않았던가요?"

"맞아요."

인터뷰 말미에 그는 실험자에게 실험을 도울 수 있어 영광이었다고 말하고는, 곧 뉘우치며 이렇게 말했다. "선생님, 완벽한 실험을 하지 못해 죄송합니다."

바터는 솔직히 그가 할 수 있는 최선을 다했다. 실험자를 전적으로 만족시키지 못한 것은 학습자가 항의했기 때문이다.

몇 달 후 바터가 보내온 질문지를 보면, 그는 실험자의 지시를 끝까지 따랐고, 학습자가 고통스런 전기충격을 받고 있었다고 굳게 믿고 있었으며, 실험은 그를 전혀 괴롭히지 않았음을 알 수 있었다. 그는 이런 종류의 실험을 더 수행해야 한다고 믿었다. 어떤 개인적 가치에 대해 깨달은 바가 있느냐는 질문에 그는 "그렇다"고 응답했지만 그것이 무엇인지는 알려주지 않았다.

신학과 교수: 실험 3

다소 수척해 보이는 금욕주의자인 이 피험자는 뉴잉글랜드에 거주하는 목사로, 신학대학에서 구약성서 기도서를 가르쳤다. 근접성 조건에서 전기충격을 가하는 동안, 그는 학습자를 보기 위해 의자를 고쳐 앉았다. 그는 단어 쌍을 읽을 때 지나치게 정확하게 발음하려 했으며, "맞습니다"라고 말할 때는 퉁명스럽고 무뚝뚝해 보였다. 학습자가 틀리면 몹시 비난하는 것처럼 보이기도 했다. 매번 전기충격을 가할 때마다, 그는 입을 벌려 이를 드러냈다. 그의 모든 행동에는 지나치게 결벽증적인 특징이 있었다. 150볼트를 가한 후, 그는 더 해야 할지 망설였다. 실험자가 학습자의 항의를 무시하고 실험을 계속하라고 지시했다.

> 실험자: 우리는 반드시 실험을 계속해야 합니다.
>
> 피험자: 무슨 말인지 이해해요. 그렇지만 왜 실험이 이 사람의 생명보다 우선하는지 이해가 되지 않습니다.
>
> 실험자: 이 전기충격은 세포 조직에 영구적인 손상을 입히지는 않습니다.
>
> 피험자: 음, 그건 당신의 생각이죠. 그가 계속하기를 원치 않는다면, 나는 그의 말을 따르겠어요.
>
> 실험자: 당신은 다른 선택권이 없습니다. 계속해야만 합니다.
>
> 피험자: 이건 러시아에서는 가능할지 모르지만 미국에선 아니에요.
>
> (실험은 종료되었다.)

실험자와 가진 토론에서 피험자는 실험자의 지위에 위축되지 않았고, 오히려 그를 자신이 하는 일의 전체적인 의미를 모르는 우둔한 기술자로 대했다. 실험자가 피험자에게 전기충격기의 안전성을 보장하자, 그는 다소 격분한 목소리로 학습자의 생리적인 영향보다 정서적인 영향에 대해 문제를 제기했다.

피험자(즉석에서): 당신은 이 실험의 윤리성을 반드시 고려해야 합니다. (매우 흥분해서) 여기 있는 저 사람은 계속하고 싶어하지 않아요. 그런데도 당신은 이 실험이 더 중요하다고 생각하나요? 저 사람을 검사해보셨나요? 저 사람의 신체적 상태를 알고 있나요? 저 사람은 심장이 약하다고 했어요(떨리는 목소리로).

실험자: 선생님, 우리는 이 기계를 잘 알고 있습니다.

피험자: 그렇지만 당신이 실험하는 저 사람에 대해선 모르잖아요. …… 이건 매우 위험해요(침을 꿀꺽 삼키며 떨리는 모습으로). 저 사람이 느끼는 두려움에 대해서는 어떻습니까? 이 기계가 저 사람에게 미칠 영향을 당신이 결정할 수는 없어요. ……저 사람 자체에서 생겨나는 두려움 …… 당신은 내게 계속 질문하죠. 그렇지만 나는 여기에 질문하러 온 게 아니잖아요.

그는 더 이상 질문하지 않으려 했다. 그 첫 번째 이유는 자신이 질문할 권리가 없다고 생각해서이고, 둘째는 실험자가 너무 융통성이 없고 한계를 가진 기술자이기 때문에 지적인 대화를 나눌 수 없다고 생각해서이다. 윤리에 대한 거침 없는 언급은 설교조였으며 종교학 교수라는 지위에서 비롯된 것으로 보인다. 마지막으로, 흥미로운 점은 그가 실험 중단을 불복종이 아니라 희생자의 요구를 받아들인 것이라고 정당화했다는 것이다.

따라서 그는 실험자의 명령과 학습자의 명령이 대등하다는 것이고, 자신이 불복종하는 것이 아니라 자신에게 명령하는 사람을 실험자에서 학습자로 바꾼 것이다.

이 실험의 진짜 목적을 설명한 후에 실험자는 피험자에게 이렇게 물었다. "선생님은 무자비한 권위에 맞서는 힘을 강화시킬 수 있는 가장 효율적인 방법이 무엇이라고 생각합니까?"

피험자가 대답했다. "어떤 사람이 신과 같은 궁극적인 권위를 가지고 있다면, 그것은 인간의 권위를 사소한 것으로 만들 것입니다."

이 피험자의 대답은 권위를 부정한 것이 아니라 악한 권위를 선한, 즉 신성한 권위로 대체하는 것이었다.

잭 워싱턴, 드릴 프레스 기사 : 실험 2

잭 워싱턴은 사우스캐롤라이나에서 태어난 35세의 흑인 피험자로 드릴 프레스(drill press)기사였다. 그는 고등학교를 끝마치지 못했는데, 중퇴한 것이 아니라 졸업하기 전에 군대에 징병되었기 때문이라는 점을 강조했다. 그는 부드러운 사람으로, 몸집이 좀 크고 머리가 벗겨져 실제보다 나이가 더 들어 보였다. 전반적으로 반응이 매우 느렸으며 태도는 침착했다. 말투는 남부 흑인의 악센트가 강했다.

희생자가 처음 항의했을 때, 그는 슬픈 눈으로 실험자를 쳐다보다가 곧 단어 쌍을 계속해서 읽었다. 그렇기 때문에 실험자는 계속하라고 말할 필요가 없었다. 실험 내내 그는 감정을 거의 드러내지 않았고 몸도 별로 움직이지 않았다. 그는 실험자가 지시한 것을 천천히 꾸준하게 수행했으며, 그런 모습은 귀에 거슬리는 희생자의 비명소리와 크게 대조를 이뤄 두드러졌다. 실험 내내 슬프고 풀죽은 얼굴 표정을 하고 있었다. 그는 450볼트에 이를 때까지 계속했으며, 이 시점에서 어떻게 해야 할지 실험자에게 물었다. 그는 명령에 따라 450볼트의 전기충격을 두 번 더 가했고 그것으로 실험이 종료되었다.

인터뷰에서 그는 전기충격이 극도로 고통스러울 것이라고 느끼면서도 영구적인 손상을 입히지 않는다는 실험자의 말을 믿었다고 말했다. 실험 종료 거의 1년 후 이루어진 설문에서도 그러한 신념을 여전히 유지하고 있었다. 희생자의 고통에 관한 책임에 대해서는 실험자에게 가장 큰 책임이 있으며, 그 다음은 희생자, 마지막으로 자신을 꼽았다. 학습자에 대해 그는 다음과 같이 말했다. "학습자는 실험에 동의했어요. 그렇기 때문에 그도 당연히 책임이 있죠. 실험자는 가장 큰 책임이 있어요. 나는 단지 명령을 따랐을 뿐이에요. ……나는 계속하라는 말을 들었고, 중단하라는 어떤 암시도 받지 못했어요."

그는 틀에 박힌 생각에 매몰되어 이런 말을 되풀이했다. 실험자에게서 어떤 암시를 받았다면 전기충격을 중단했을 것이라고 설명했다. 이 말은 실험자가 요구하면 그것이 무엇이든 따르겠다는 뜻이다. 그가 이 상황에서 생각할 수 있는 실험 포기의 유일한 방법은 실험자에게 복종하지 않는 것이다.

그는 느리면서도 일관된 태도로 다음과 같이 설명했다. "어느 정도 전기충격으로는 죽지 않아요. 내가 거의 쓰러질 정도의 전기충격을 받아봤거든요. ……내 손 전체가 마비되었죠. 그렇지만 그 충격 때문에 죽지는 않았어요."

따라서 그는 전기충격이 고통스러울 수는 있어도 위험하지는 않다는 실험자의 말을 받아들였다. 그는 모든 측면에서 실험자를 전적으로 신뢰했고, 실제로 실험자의 권위를 다른 많은 피험자들보다 더 쉽게, 그리고 내적 갈등 없이 받아들였다.

얀 렌잘리아, 산업기술자: 실험 2

이 피험자는 32세의 산업기술자로, 짧은 금발에 근육질의 몸매였다. 그는 말이 없고, 말할 때는 외국인 악센트의 흔적이 있었다. 깔끔한 차림이었다. 인터뷰에서 그는 제2차 세계대전 이후에 네덜란드에서 이주해왔으며 네덜란드 개혁교회(Dutch Reformed Church)의 신도라고 말했다. 그는 부드러운 태도와 지성을 갖추고 있었다. 희생자가 150볼트에서 처음으로 반항하자, 그는 실험자를 보면서 다음과 같이 물었다. "이제 어떻게 해야 하나요?"

실험자가 계속하라고 말했다.

그 기술자는 손으로 머리를 감싸쥐고 검사를 진행했다. 그는 실험자를 더 자주 흘끗 쳐다보았다. 255볼트에서는 의자를 전기충격기에서 멀리 밀어버리고는 실험자 쪽으로 몸을 돌렸다.

렌잘리아: 이건 자발적 프로그램이고, 저 사람이 계속하길 원하지 않으면, 나도 이런 식으로 계속할 수 없어요.

실험자: 계속해주세요.

(오랜 침묵.)

렌잘리아: 아니요. 난 할 수 없어요. 죄송합니다.

실험자: 당신이 계속해줘야 해요.

렌잘리아: 저 사람이 부상을 당한 것 같아요.

실험자: 세포 조직에 영구적인 손상을 입히지는 않습니다.

렌잘리아: 그래요. 그렇지만 전기충격이 어떤 영향을 미치는지 나는 알아요. 나는 전기기술자이고, 전기충격을 받아본 적이 있습니다. ⋯⋯사람들은 전기충격을 받으면 정말로 동요하게 되고, 특히 다음번 전기충격이 기다리고 있다는 걸 알고 있을 때 그렇습니다. 정말 미안합니다.

실험자: 당신은 정말로 계속해야 합니다.

렌잘리아: 음, 나가겠다고 소리치는 저 남자와 계속하지는 않을 거예요.

실험자: 당신에게는 선택의 여지가 없습니다.

렌잘리아: 나는 선택할 수 있어요. (의심하는 듯하고 분개하면서) 왜 내게 선택권이 없죠? 나는 여기에 내 자유의지로 왔어요. 나는 연구 프로젝트를 도와줄 수 있다고 생각했어요. 하지만 연구를 돕기 위해 누군가를 다치게 한다면 또는 내가 그런 처지에 있다면, 나는 여기에 있지 않을 거예요. 나는 계속할 수 없어요. 정말 미안합니다. 아마도 난 이미 너무 멀리 와버린 것 같군요.

제 의지와 달리 학습자에게 전기충격을 가하는 것이 누구의 책임인지를 물었다. 그는 "전적으로 내게 있습니다"라고 대답했다.

그는 학습자나 실험자에게 책임을 전혀 부과하지 않았다.

"그가 처음으로 불평을 할 때, 나는 중단했어야만 합니다. 그 당시에 정말 그만두고 싶었습니다. 나는 뒤돌아 당신을 봤습니다. 당신이 이렇게 부르길 원한다면, 나는 이것이 권위의 문제라고 생각합니다. 내가 원하지 않는데도 그 일을 계속해야 하는 것이 내게 인상적이었어요. 이를테면 군 복무 중에 당신은 하기 싫지만 상사가 하라고 말한 것을 해야만 했습니다. 그런 종류의 일이죠. 제 말을 이해하시겠어요?"

"제가 생각하기에 아주 비겁한 일 가운데 하나는 제 책임을 다른 누군가에게 떠넘기는 것입니다. 보세요, 만일 내가 돌아서서 '이건 당신 잘못이지 내 잘못이 아닙니다' 하고 말한다면, 난 비겁한 겁니다."

이 피험자는 255볼트에서 실험자에게 저항했음에도, 희생자의 첫 항의 이후에도 전기충격을 가한 것에 여전히 책임을 느끼고 있었다. 그는 괴로워했지만 책임에서 벗어나기 위해 권위 구조를 이용하려 들지 않았다.

렌잘리아는 복종에 대한 정신과 의사들의 과소평가에 대해 놀라움을 표시했다. 그는 나치가 점령했던 유럽의 경험을 근거로, 자신은 명령에 대한 높은 수준의 복종을 예상했을 것이라고 말했다. "독일이나 다른 나라에서 똑같은 실험을 해보면 정말 흥미롭겠습니다"라고 덧붙였다.[3]

실험자는 이 피험자에게 깊은 인상을 받았다. 실험에 참가한 후, 그는 장문의 조심스런 편지를 연구진에게 보내왔는데, 우리와 함께 일할 수 있는지를 물었다.

"저는 …… 기술자로 일하고 있지만, 사회과학 특히 심리학이 오늘날 훨씬 더 중요하다고 확신하게 되었습니다."

모리스 브레이버먼, 사회복지사: 실험 2

모리스 브레이버먼은 39세의 사회복지사다. 그는 대머리와 진지한 태도 때문에 실제보다 더 나이가 들어 보였다. 세상의 모든 짐을 다 짊어진 것처럼 그의 이마에는 주름이 새겨져 있었다. 그는 지적이면서도 근심이 많아 보였다. 지나치게 통제적이고 억압되고 심각한 인상이었으며, 세밀하게 다듬어진 목소리는 정서적인 삶과는 거리가 멀어 보였다. 그의 말은 인상적이지만 허세가 느껴졌다. 실험을 진행하면서, 그의 웃음 때문에 실험이 방해를 받았다. 처음에는 조용히 키득거렸지만, 점점 더 눈에 띄게 분명하고 신경쓰이게 웃었다. 그는 학습자의 비명 때문에 웃는 것 같았다.

학습자는 응답을 거부하고 실험자는 무응답을 틀린 답으로 간주하라고 지시하는 상황에서, 그는 실험자의 지시를 전적으로 수용했다.

315볼트를 실행하기 전, 그는 희생자에게 "월리스 씨, 대답하지 않으면 틀린 답으로 간주합니다"라고 주제넘게 말하고는 전기충격을 가했다. 그는 건성으로 학습자와 자리를 바꾸자고 제안하면서, "제가 이런 지시를 곧이곧대로 따라야 합니까?"라고 실험자에게 물었다. 그래야 한다는 실험자의 대답에 그는 만족했다. 그의 세련되고 권위적인 말씨는 숨이 넘어갈 듯한 웃음소리 때문에 점점 더 자주 중단되었다.

마지막 몇 번 전기충격을 가할 때의 브레이버먼에 대해 실험자는 다음과 같이 기록했다.

전기충격을 가할 때마다 배꼽을 뺀다. 웃음을 숨기려고 얼굴을 손으로 문지른다.

곁눈질하며 손으로는 얼굴을 가리려 애쓰면서 여전히 웃고 있다.

이 시점에서는 무엇을 하든 자신의 웃음을 통제할 수 없다.

주먹을 움켜쥔 채 테이블 위의 레버를 누르고 있다.

인터뷰에서 브레이버먼은 매우 유창하고 지적으로 실험을 요약했다. 그가 생각하기에 이 실험은, '본질적으로 가학적인 역할이 선생에게 미치는 영향과, 권위적이고 엄격하며 처벌적인 학습 상황에 대한 학습자의 반응'을 연구하기 위한 것이었다. 마지막 몇몇 단계의 전기충격 때 학습자가 얼마나 고통스러웠을지를 묻자, 그는 충격의 단계상 가장 극단적 범주(극도로 고통스러운)로도 충분하지 않다며 단계를 넘어서 가장 끝에 화살표로 표시했다.

인터뷰 때 그가 편안하고 차분한 상태에서 대화하는 것은 불가능해 보였다. 겨우 진정되었을 때, 그는 극도로 긴장한 내적 상태에 대해서 말했다.

실험자: 당신은 언제 가장 긴장하거나 초조했습니까?

브레이버먼: 음, 그 사람이 처음 고통으로 소리치기 시작했을 때요. 그리고 내가 그에게 상처를 주고 있다는 걸 알았을 때요. 그가 대답을 거부했을 때는 더 그랬어요. 다른 사람을 해치고 이런 미친 상황에 사로잡혀 있는 사람이 나였지요. 하지만 난 좋은 사람이에요. ……과학을 위해서 누군가는 이런 일을 겪어야 해요. 어떤 시점에서는 이런 종류의 학습 상황을 거부하고 싶은 충동을 느꼈어요.

실험자: 그 시점이 언제였나요?

브레이버먼: 두 번 정도 학습자가 계속해서 대답을 거부하고 침묵한 이후에요. 제가 학습 방법을 선택할 수 있는지 당신에게 물었을 때죠. 그때 저에게는 그를 변호하고 그와 이야기하며, 그를 북돋아주고 서로 마음을 합쳐서 이 일을 수행함으로써, 함께 일을 끝내고 그를 해치지 않아도 된다는 생각이 강하게 들었어요.

브레이버먼은 "그만두겠다"는 말을 불복종이 아니라 희생자를 가르치는 학습 방법의 수정을 의미하는 것으로 생각했다고 언급했다.

면접자가 긴장에 대한 전반적인 질문을 들고 나왔을 때, 브레이버먼은 자신의 웃음에 대해 거침 없이 말하기 시작했다.

"저의 반응은 정말 특이했어요. 당신이 저를 보고 있었는지 모르겠지만, 저는 낄낄대면서도 웃음을 참으려고 노력했어요. 평소에는 그러지 않아요. 이건 전적으로 불가능한 상황에 대한 순전한 반작용이었어요. 저의 반작용은 누군가를 해쳐야만 하는 상황에 대한 거였죠. 그리고 완전히 무기력한 상태에서 벗어날 수도 없고 도울 수도 없는 일련의 상황에 붙잡혀 있는 처지에 관한 거였죠. 그래서 웃을 수밖에 없었어요."

실험에 참가한 지 1년 후, 설문에서 그는 실험에 참가한 덕에 개인적으로 중요한 뭔가를 분명히 배웠다고 확신했다. 그리고 이렇게 덧붙였다. "저를 오싹하게 만든 것은 제가 하나의 주된 생각에 복종하고 순응할 수 있다는 거였어요. 예를 들면 기억 실험의 가치를 고수하는 것이 다른 가치들, 이를테면 앞으로 무기력하거나 내게 해를 가하지 않는 사람을 해쳐서는 안 된다는 가치의 희생에 따른 것이라는 사실을 알면서도 그 실험의 가치에 순응하고 복종할 수 있다는 것이죠. 제 아내가 그러더군요. '당신은 스스로를 아이히만이라고 불러도 되겠어요.' 앞으로 제가 맞닥뜨릴 가치들 간의 갈등을 더 효율적으로 해결할 수 있으면 좋겠어요."

06 ╱╲────────────────────

또 다른 변형과 통제들

실험 5 새로운 기준선 조건

근접성 시리즈가 끝난 후, 실험은 우아하게 보이는 예일대학교 상호작용 실험실에서 나와서 같은 건물 지하의 수수해 보이는 다른 방으로 이동했다. 새로운 실험실은 기능적이었으나 다소 조야했다. 천장을 따라 난방 파이프가 그대로 드러나고, 이전 실험실의 우아한 융단이나 깔개 대신 콘크리트 바닥이었다. 인상적이지 못한 실험실이 복종의 수준을 떨어뜨릴 것이라고 생각했다. 어쨌든, 새로운 기준선 조건을 구축해야 할 필요가 있었다. 이 조건은 음성 반응 조건을 약간 변형한 것이었다. 학습자는 고통스런 비명을 지를 뿐만 아니라 심장에 대한 문제도 언급했다. 아마도 이런 새로운 요인들이 불복종을 더 정당화해줄 것이고, 불복종이 더욱 설득력 있고 필요해 보이도록 만들 것이다.

나는 학습자가 실험에 참가할 수 없을 만큼 '심장의 문제'를 심각하게 만들고 싶지는 않았고, 다만 그러한 문제를 제기하는 수준으로 했다. 희생자를 전기의자에 끈으로 묶을 때, 그 희생자가 이런 언급을 하도록 한 것이다. 실험자와 (학습자를 의자에 묶는 것을 도와준) 피험자가 학습자 곁을 떠나 통제실로 돌아오기 전에 실험자가 학습자에게 "질문 있어요?"라고 기계적으로 묻는다. 그는 조금 머뭇거리며, "몇 년 전 웨스트헤이번(Westhaven V. A.) 병원에 입원했을 때, 심장이 좀 약하다고 들었어요. 심각한 건 아니지만, 이 전기충격은 위험한가요?"라고 되묻는다.

이에 실험자는 충격이 고통스러울 수는 있지만 세포 조직에 영구적인 손상을 가져오지는 않는다고 자신만만하고 별것 아니라는 듯 대답한다.

일련의 새로운 항의들은 처음과 같으며 예외적으로 150, 195 그리고 330볼트에서 학습자가 심장 상태를 언급하도록 했다. 이러한 항의는 이후의 모든 실험에서 하나의 표준이 되었다. 정확한 항의 목록은 다음과 같다.

실험 5: 새로운 기준선 조건에서 학습자의 항의 목록

75볼트	악!
90볼트	악!
105볼트	악! (더 크게)
120볼트	악! 이봐요, 정말 아파요.
135볼트	악!!
150볼트	악!!! 실험자! 더 이상은 못 하겠어요. 여기서 나가게 해줘요. 내게 심장병이 있다고 말했잖아요. 심장에 문제가 생기기 시작했어요.

제발 여기서 나가게 해줘요. 심장에 문제가 생기기 시작했다고요. 더 이상 하지 않을 거예요. 나가게 해줘요.

165볼트 악! 나가게 해달라고요! (소리 지르면서)

180볼트 악! 고통을 참을 수가 없어요. 여기서 나가게 해줘요! (소리 지르면서)

195볼트 악! 여기서 나가게 해줘요, 여기서 나가게 해달라고요. 심장에 문제가 생겼어요. 여기서 나가게 해줘요! 당신들은 여기에 날 가둬둘 권리가 없어요. 나가게 해줘요! 나가게 해줘요! 여기서 나가게 해줘요! 심장이 고통스러워요. 나가게 해달라고요, 나가게 해줘요!

210볼트 악!! 실험자! 여기서 나가게 해줘요. 이 정도면 충분해요. 더 이상 실험에 참가하고 싶지 않아요.

225볼트 악!

240볼트 악!

255볼트 악! 여기서 나가게 해줘요.

270볼트 (괴로운 비명을 지르며) 여기서 나가게 해줘요. 여기서 나가게 해주세요. 나가게 해주세요. 나가게 해줘요. 내 말 들려요? 여기서 나가게 해주세요.

285볼트 (괴로운 비명을 지름.)

300볼트 (괴로운 비명을 지르며) 절대로 더 이상 대답하지 않을 거예요. 여기서 나가게 해줘요. 당신은 더 이상 여기에 나를 가둬둘 수 없어요. 나가게 해줘요. 여기서 나가게 해달라고요.

315볼트 (강하게 괴로운 비명을 지르며) 대답하지 않겠다고 말했어요. 나는 더 이상 이 실험의 일부가 아니에요.

330볼트   (강하게 오랫동안 괴로운 비명을 지르며) 여기서 나가게 해줘요. 여기서 나가게 해줘요. 심장이 너무 아파요. 나가게 해달라고 말하잖아요. (히스테리를 부리며) 여기서 나가게 해달라고 했잖아요. 나가게 해달라고요. 당신은 여기에 나를 가둬둘 권리가 없어요. 나가게 해줘! 나가게 해달라고! 나가게 해줘요! 나가게 해줘! 나가게 해줘! 나가게 해줘!

조야한 실험실과 심장에 관한 언급, 어느 것도 불복종을 증가시키지는 못했다. 피험자 40명 중 26명이 이 조건에서 끝까지 전기충격을 가했다. 음성 반응 조건에서 40명 중 25명이 끝까지 한 것과 비교해볼 때, 그 차이는 우연에 불과할 정도로 미미했다. 중단 시점의 분포가 표 3에 나타나 있다.

희생자가 무슨 말을 하더라도 그것이 불복종을 항상 유발하지는 못할 것이다. 선생의 행동이 희생자의 통제를 받는 것이 아니기 때문이다.

실험 후 인터뷰에서 피험자들에게 "당신이 기꺼이 감수할 수 있는 최고의 샘플 전기충격은 몇 볼트였나요?"라고 물었다. 이 조건에서 피험자 39명이 응답했는데, 그 자료가 그림 9에 제시되어 있다. 저항한 피험자 3명은 희생자에게 가한 것보다 더 큰 전기충격을 받을 수 있다고 응답했다. 복종한 피험자 26명 중 7명은 자신이 가한 450볼트까지 감수할 수 있다고 응답한 반면, 19명은 그럴 수 없다고 했다. 대부분의 경우, 피험자들이 가한 전기충격과 그들이 기꺼이 감수할 수 있다고 응답한 전기충격 사이에는 큰 불일치가 있었다. 따라서 그래프 맨 오른쪽 가장 아래에 찍혀 있는 세 개의 점은 450볼트를 가했으면서 45볼트 이상을 감수할 수 없다는 피험자들을 나타낸다. 모든 실험 조

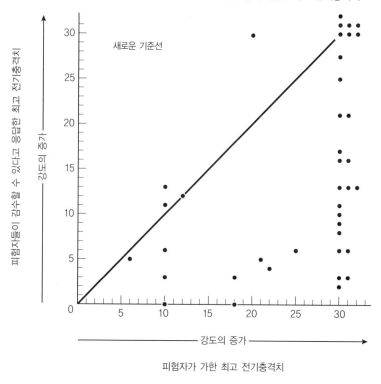

그림 9 피험자가 가한 최고 전기충격치와 그들이 감수할 수 있는 최고 전기충격치

피험자가 가한 최고 전기충격치

건에서 피험자에게 이런 질문을 하면, 유사하거나 또는 심지어 더 극단적인 결과들이 나타났다.

실험 6 실험 팀의 교체

피험자가 실험자와 희생자의 성격에 반응할 수도 있을까? 우연히 실험자가 희생자보다 더 힘 있는 사람으로 보일 수 있었고, 그래서 피험자는 더 강한 사람과 한편이 되었을 수 있다. 다음에 서술하는 비교 실험은 우연히 하게 되었지만, 이러한 점을 어느 정도 밝혀줄 수 있다. 실험의 진행을 빨리하기 위해서 우리는 새로운 실험자와 희생자로 구성된 두 번째 팀을 구성했다. 첫 번째 팀에서 실험자는 다소 냉담하고 딱딱하면서 기계적인 인상을 주는 남자였다. 이와는 반대로 희생자는 부드럽고 자상하며 거슬리지 않는 인상이었다. 이러한 개인적인 특징이 두 번째 팀에서는 정반대였다. 새로운 실험자는 꽤 부드럽고 비공격적이었다. 반대로, 새로운 희생자는 주걱턱에 뼈대가 굵은 얼굴하며 싸움을 잘할 것처럼 보이는 사람이었다. 그러나 표 3에서 보듯이, 사람이 바뀌어도 복종 수준에 미치는 영향은 미미했다. 실험자와 희생자의 개인적인 성향이 결정적으로 중요한 요인은 아닌 것이다.

실험 7 권위자와의 근접성

우리는 근접성 실험에서 피험자와 희생자의 공간적 관계가 복종 수준에 영향을 미친다는 것을 알았다. 그렇다면 피험자와 실험자의 관계 역시 영향을 미칠까?

실험실에 도착한 피험자들은 처음부터 희생자보다는 실험자 편에 있다고 생각할 만한 이유가 있다. 그들은 실험자(희생자가 아닌)가 제공하는 구조에 맞춰진 실험실에 왔다. 그리고 전기충격을 가하는 행동을 이해하기보다는 유능한 연구자에게 그러한 행동을 보이기 위해 온 것이고, 그 연구자의 목적에 부합하도록 행동했다. 대부분 피험자들은 실험자에게 자신이 어떻게 보이는지에 매우 신경을 쓰는 것 같았다. 피험자가 이처럼 상대적으로 새롭고 낯선 상황에 몰두함으로써, 그 사회적 상황이 본질적으로 삼각 관계라는 사실에 다소 둔감했다고 주장할 수 있다. 실험자에게 보이는 자신들의 모습을 너무 걱정한 나머지, 피험자들은 그 사회적 상황에 존재하는 또 다른 사람의 영향을 중시하지 않았다. 이처럼 실험자에 대한 강력한 편향 때문에 희생자에게 상대적으로 둔감했다고 설명할 수 있고, 그렇기 때문에 피험자와 실험자의 관계를 변화시키면 복종에도 중요한 변화가 생길 것이라고 확신할 수 있다.

또 다른 일련의 실험에서 우리는 실험자의 물리적 근접성과 그의 감시 수준을 변화시켰다. 실험 5에서 실험자는 피험자에게서 몇 걸음 떨어지지 않은 곳에 앉아 있었고, 실험 7에서는 처음 지시를 한 후 실험실에서 나와 전화로 명령했다.

실험자가 실험실에서 나와 물리적으로 떨어져 있을 때 복종은 급격하게 떨어졌다. 첫 번째 조건에서 복종한 피험자의 수(26명)는 전화로 명령을 받은 두 번째 조건에서 복종한 피험자의 수(9명)보다 거의 세 배나 더 많았다. 실험자를 직접 대면할 필요가 없을 때, 피험자는 실험자에게 훨씬 더 쉽게 저항하는 것 같았다.

게다가 실험자가 부재중이었을 때 피험자는 실험자의 감시하에서는 보이지 않던 매우 흥미로운 행동을 했다. 실험을 계속하면서도 몇몇 피험자는 요구보다 낮은 전기충격을 가했으며, 정확한 실험 절차에서 벗어나고도 실험자에게 전혀 통보하지 않았다. 실제로 몇몇 피험자는 지시받은 대로 전기충격의 수준을 높이고 있다고 실험자를 구체적으로 안심시켰지만, 사실은 전기충격기에서 가장 낮은 수준을 반복적으로 사용했다. 이러한 형태의 행동은 특히 흥미롭다. 비록 실험의 공공연한 목적을 분명히 훼손했지만, 이들은 실험자의 권위에 공개적으

표 3 실험 5~11에서 가한 최고 전기충격

전기충격 단계	언어적 표기와 전압 수준	실험 5 새로운 기준선 (n=40)	실험 6 실험 팀의 교체 (n=40)	실험 7 실험자의 부재 (n=40)
	약한 충격			
1	15			
2	30			
3	45			
4	60			
	중간 충격			
5	75			
6	90	1		1
7	105			1
8	120		2	
	강한 충격			
9	135			1
10	150	6	4	7
11	165		1	3
12	180	1	3	1
	매우 강한 충격			
13	195		1	5
14	210		2	
15	225			1
16	240			
	극심한 충격			
17	255			
18	270	2	2	3
19	285			
20	300	1	1	3
	지극히 극심한 충격			
21	315	1	2	
22	330	1	1	1
23	345			
24	360		1	2
	위험: 심각한 충격			
25	375	1		
26	390			
27	405			1
28	420			1
	XXX			
29	435			
30	450	26	20	9
	최고 전기충격 단계의 평균	24.55	22.20	18.15
	복종한 피험자의 백분율	65.0%	50.0%	22.5%

전기충격 단계	언어적 표기와 전압 수준	실험 8 여성 피험자 (n=40)	실험 9 희생자가 전제 조건을 제시함 (n=40)	실험 10 브리지포트의 빌딩 사무실 (n=40)	실험 11 피험자가 충격 단계를 선택함‡ (n=40)
	약한 충격			2*	
1	15				3
2	30				6
3	45				7
4	60				7
	중간 충격				
5	75				5
6	90				4
7	105			1	1
8	120				1
	강한 충격				
9	135		1		3
10	150	4	7	7	1
11	165	1	2		
12	180	2	1	1	
	매우 강한 충격				
13	195		1	3	
14	210	1			
15	225				
16	240		1		
	극심한 충격				
17	255		1	1	
18	270	2	2		
19	285				
20	300	1	1	4	
	지극히 극심한 충격				
21	315	2	3	1	
22	330	1		1	
23	345		1		
24	360		1		
	위험: 심각한 충격				
25	375		1		1
26	390		1		
27	405				
28	420				
	XXX				
29	435				
30	450	26	16	19	1
	최고 전기충격 단계의 평균	24.73	21.40	20.95	5.50
	복종한 피험자의 백분율	65.0%	40.0%	47.5%	2.5%‡

*브리지포트 피험자 2명은 가장 약한 수준의 전기충격조차 거부했다.

‡시기에 상관없이 피험자가 선택한 최고 전기충격치를 나타낸다.

‡전기충격기의 가장 높은 수준을 사용한 피험자의 백분율. 스스로 선택한 것이기 때문에 복종 정도를 나타내는 것은 아니다.

로 저항하기보다는 이런 식으로 갈등을 다루는 것이 훨씬 쉽다는 것을 알게 되었다.

또 다른 조건에서도 실험이 이루어졌다. 실험자가 실험 초반에 자리를 비웠으나 전화상으로 높은 수준의 전기충격을 가하라는 명령을 피험자가 거부한 직후, 실험실에 다시 나타났다. 전화상으로 실험자는 권위를 상실했지만, 실험실로 다시 돌아왔을 때에는 복종을 더 강력히 요구할 수 있었다.

이런 일련의 실험은 권위자의 물리적인 존재가 피험자의 복종과 반항에 중요한 영향을 미친다는 것을 보여주었다. 파괴적인 명령에 대한 복종은 권위자와 피험자의 근접성에 어느 정도 영향을 받았다. 복종 이론은 이러한 사실을 고려해야 한다.[4]

실험 8 여성 피험자

지금까지 서술한 실험에서는 피험자가 성인 남성이었지만, 여성 40명도 연구대상이었다. 이들이 이론적으로 특히 관심을 끄는 이유는 사회심리학에서 발견한 두 가지 일반적인 사실 때문이다. 첫째, 대부분의 순종 실험에서 여성이 남성보다 더 고분고분하다(Weiss, 1969; Feinberg, 등사판 인쇄물). 따라서 이 연구에서도 여성이 더 복종적일 것이라고 예상했다. 다른 한편, 여성이 남성보다 덜 공격적이고 더 공감적이라고 생각한다. 그러므로 희생자에게 전기충격을 가하는 데서도 더 크게 저항할 것이다. 원론적으로는 이 두 요인이 서로 반대 방향으로 작용해야 한다. 그 결과가 표 3에 제시되어 있다. 복종의 수준은 남성과 실질적으로 동일했다.[5] 그러나 여성이 경험한 갈등의 수준은 남성 피험자들이 느낀 것보다 전체적으로 더 높았다.[6]

갈등을 다루는 과정에서 여러 가지 여성 특유의 방식이 드러났다. 실험 후 인터뷰에서 남성들보다 여성들은 자신의 경험을 자녀 양육의 문제와 훨씬 더 자주 관련지었다.

연구에서 여성들은 선생의 역할만을 했다. 그들을 다른 역할로 바꾸어보는 것도 흥미로울 것이다. 희생자가 여성이면 더 많은 불복종을 불러일으킬 것이다. 남성보다 여성을 해치는 것을 훨씬 더 비판하는 문화적 규범이 작용하기 때문이다(마찬가지로 어린이가 희생자의 역할을 하는 경우, 불복종은 훨씬 더 클 것이다).

여성이 권위자의 역할을 하는 경우는 더욱 흥미로울 것이다. 남성 피험자들과 또 다른 여성들이 이 여성 권위자에게 어떻게 반응할지 불분명하다. 여성을 상사로 두는 일은 드물다. 다른 한편, 많은 남성들은 감정을 드러내지 않은 채 여성 실험자의 냉정한 명령을 수행함으로써, 그녀 앞에서 자신의 강인함을 보여주고 싶어한다. 7장에서 여성 피험자 세 명에 대해 설명하겠다.

실험 9 희생자의 계약상 한계

어떤 피험자는 암묵적인 사회적 계약에 의존해서 자신의 복종을 설명한다. 그들의 추론에 따르면, 자신들은 지식의 발전이라는 통상적으로 인정받는 가치를 추구하고자 자유의 일부를 포기하기로 실험자와 계약했다는 것이다. 더욱이 그들은 하나의 이중동의(double consent) 체계가 작동하고 있다고 생각했다. 즉 희생자는 실험상의 권위자와 계약을 맺었고, 따라서 자신의 의무를 일방적으로 그만둘 자유가 없다는 것이다. 게다가 희생자는 자신이 어떤 대우를 받아야 하는지 아무런 전제 조건도 두지 않은 채 실험자의 권위 체계에 들어갔다고 그들은 주장했다. 따라서 희생자는 자신의 자유로운 결정에 대한 결과를 받아들여야 한다. 그 경험이 희생자에게 아무리 불쾌하더라도, 그는 계약상의 의무를 존중해야 한다. 사회는 이런 전제 위에 성립한다.

이러한 주장은 경험적으로 검증이 필요할 만큼 충분히 자주 제기되었다. 이런 사고는 희생자가 실험에 임하는 방식을 바꾸는 것이기 때문에, 그는 자신의 의지에 반해서 전기충격을 받는 것에 함축적으로 또는 다른 방법으로 동의하지 않았다.

절차를 약간만 바꿈으로써 이런 목적을 달성할 수 있었다. 학습자를 전기의자에 묶기 전에 그리고 첫 번째 전기충격을 가하기 전에, 표면 상으로는 두 명인 피험자들에게 학습 실험의 본질을 알려주었다. 그다음, 피험자들은 다음과 같은 내용의 일반적인 양도 양식에 서명했다. "나는 자유의지에 따라 참가한 이 실험 연구에서 발생하는 모든 법적 권리를 예일대학교와 그 고용인들에게 양도하는 바이다."

전형적으로 이러한 양도는 관례적인 문제로 다루어지지만, 이 실험에서는 양도 양식을 만들고 실험을 개괄적으로 설명한 후 학습자가 난색을 표한다. 펜을 손에 쥔 채 양도 양식에 서명하기를 주저하면서 심장병 때문에 자신이 요구할 때 실험을 중단한다는 조건에서만 참가하겠노라고 말한다. "제가 요구할 때에는 언제든지 저를 내보내준다는 조건에서만 실험 참여에 동의합니다. 이것이 저의 유일한 조건입니다." 진짜 피험자뿐만 아니라 실험자도 이 전제조건을 분명히 들었고, 실험자는 다소 긍정적인 태도로 투덜거린다. 학습자는 그 양식에 서명한 후 전기의자에 묶인다. 그는 자신의 협조 범위를 미리 정한 것이다. 실험이 진행된다.

학습자가 150볼트에서 항의할 때, 실험자는 그를 무시하고, 이전의 모든 조건에서 한 것처럼 피험자에게 계속하라고 지시한다. 배신과 명백한 권리 침해의 요소가 도입되었다. 실험상의 문제는 이것이 중요한지의 여부이다. 또는 '계약' 논쟁이 그런 상황에서 작용하는 실제 힘과는 거리가 먼 단지 철학적인 문제인가 하는 것이다.

저항한 피험자 중 약 4분의 1이 희생자가 참가 조건을 제시했다는 점을 제기했으며, 이 점을 불복종을 위한 논거로 사용했다.

피험자: 그가 말했잖아요, 어떤 문제가 있다면 풀어달라고. ……당신이 세포 조직의 손상에 대해 뭐라 말하든 나는 더 이상 아무 말도 듣지 않을 겁니다. (18단계에서 불복종.)

피험자: 그가 원하는 것을 존중해야 합니다. 그가 나가기를 원하므로 우리는 그렇게 해야 해요. 그가 원할 때 내보내주겠다고 당신은 말했습니다. 내가 나가길 원할 때 내가 정말 그러길 원한다는 걸 나는 알고 있습니다. (10단계에서 불복종.)

피험자: 저는 계속하고 싶지 않아요. 이 일을 계속할 수 없어요. 누군가에게 고통을 주는 것은 제 성격에 맞지 않아요. 제 생각에는 이 남자가

치명적인 손상을 입을 수도 있어요. ……이런 것도 있는 것 같아요. 그러니까 그 남자는 그만두는 것이 허용되는 한해서 동의했고, 그런 이해 속에서 서명했죠. 그렇기 때문에, 계속하지 않는 것이 그에게 공평하다고 생각합니다……. (12단계에서 불복종.)

그러나 반항적인 피험자의 상당수가 자신들이 알고 있는 실험의 '합법성'을 크게 걱정하는 빛이 역력했지만, 그 계약을 명백하게 언급하지는 않았다. 36세의 판매원인 한 피험자의 말을 생각해보자.

피험자(195볼트 실행): 아니요. 잠깐만요. 여기에 어떤 책임이 따르죠? 법적 책임 말입니다. 그가 원치 않는다면, 그를 계속하게 할 권리가 당신에겐 없다고 생각합니다.

실험자: 그 전기충격이 고통스러울 수는 있지만, 영구적인 조직의 손상은 없습니다.

피험자: 그 말이 아닙니다. 그 남자가 계속하길 원하지 않는다면, 그건 그의 문제입니다.

실험자: 실험상 계속해주셔야 합니다.

피험자: 실험을 법적 시각이나 그의 관점이 아닌 예일대학교의 관점에서 보면 그렇죠. 그리고 이 경우에는 그에게 어떠한 손상이라도 발생하게 되면 당신만큼이나 내게도 법적 책임이 있어요…….

피험자(270볼트 실행): 아니오, 더 이상은 못 하겠어요. ……당신이 하려는 것이 무엇인지 이해하지만, 그의 권리도 이해합니다.

(피험자가 실험을 중단함.)

이러한 비판들이 표 3에 드러난 총체적인 실험 결과를 모호하게 해서는 안 된다.

이 결과는 사회 계약설이 행동 결정에 미치는 힘이 미약하다는 것을 보여준다. 피험자 40명 중 16명은 계약상 실험 참가에 추가한 희생자의 제한 조건을 무시하고 실험자에게 복종해 전기충격기를 끝까지 작동했다. 이것을 실험 6에서 복종한 피험자 20명과 비교할 필요가 있다. 불복종이 약간 증가했지만, 우연한 차이임을 쉽게 알 수 있다. 피험자들은 희생자에 대한 불공정한 대우를 알고 있었지만, 실험자가 적합하다고 생각하는 방식으로 문제를 처리했다.

실험 10 실험실 맥락

측정을 위한 기계가 적합하고 그것을 유능하게 작동시킬 수 있다면, 정신 물리학, 동물 학습, 그 밖의 심리학 분야에서 특정 기계를 이용해 측정했다는 사실이 그 측정치에 대한 해석과는 무관하다.

그러나 이것이 지금의 이 연구에도 적용된다고 가정할 수는 없다. 실험자의 명령이 갖는 효과가 그 명령을 내린 곳이 대학이라는 관습적인 정황에 의존할 수도 있다. 지금까지 서술한 실험들은 대부분의 피험자가 존경해 마지않는, 때로는 경외하는 조직인 예일대학교에서 이루어졌다. 실험 후 인터뷰에서 여러 참가자들은 실험의 장소와 후원이 실험자의 인격과 능력, 선의의 목적에 대한 신뢰감을 주었다고 말했다. 실험이 다른 장소에서 이루어졌다면 학습자에게 전기충격을 가하지 않았을 것이라고 많은 피험자들이 지적했다.

권위의 배경에 관한 논쟁은 지금까지 얻은 결과를 해석하는 데 고려되어야 한다. 더욱이 그것은 인간의 복종에 관한 모든 이론과도 관련이 깊다. 일상 활동에서 다른 사람의 명령에 순종하는 것이 특정 시설 및 장소와 얼마나 밀접하게 관련되어 있는지 생각해보라.

이발소에서 면도기를 갖고 있는 남자가 요청하면 우리는 그에게 목을 내밀지만, 신발 가게에서는 그렇게 하지 않는다. 후자의 상황에서는 양말을 신은 발로 서 있으라는 점원의 요청에 기꺼이 따르겠지만, 은행에서는 그 명령에 응하지 않을 것이다. 훌륭한 대학 실험실에서 피험자들은 다른 곳이었다면 저항했을 일련의 명령에 순응할 수도 있다. 한 사람의 복종과 그 상황에 대한 그의 인식 간의 관계를 늘 의문시해봐야 한다.

이 문제를 알아보기 위해 우리는 장비를 인근의 산업 도시 브리지포트의 한 사무실용 빌딩으로 옮겨, 시각적으로 대학과 전혀 다른 상황에서 이전의 실험들을 동일하게 반복했다.

발신인, 주소, 연락처 등을 적절히 변경한 것 외에는 예일대학교 연구 때와 비슷한 내용의 편지를 보내 브리지포트 피험자들을 모집했다. 이전의 연구에서처럼, 피험자들은 실험실에 온 대가로 4.5달러를 받았다. 그들은 연령과 직업에서 예일대학교 연구에서와 동일한 분포를 보였으며, 동일한 직원을 써서 실험을 진행했다.

브리지포트로 실험실을 옮긴 목적은 예일대학교에서 이뤄진 실험과의 단절을 확실히 하기 위한 것이었고, 이러한 점에서 우리는 완벽하게 성공했다. 전혀 알려지지 않은 단체인 브리지포트 연구회(Research Associations of Bridgeport)(이 연구를 위해 꾸민 가명임)가 이 연구를 실시하는

그림 10

브리지포트 실험 장소(오스틴의 왼쪽에 있는 건물)

브리지포트 실험실(실내)

것처럼 보였다.

실험은 세 개의 방이 있는 사무실에서 이루어졌는데, 이곳은 도심의 쇼핑 지역에 위치한 다소 허름한 상가 건물에 있었다. 실험실은 깨끗하고 외관상으로는 그럴듯해 보였지만 가구도 제대로 갖추지 못했다. 피험자들이 전문적으로 하는 일을 물었을 때, 산업을 연구하는 개인 회사라고만 알려주었다.

몇몇 피험자는 브리지포트 실험자의 동기에 대해 회의적인 반응을 보였다. 한 남자는 제어반에서 자신이 느낀 생각을 글로 써서 우리에게 주었다.

……이 망할 실험을 그만둬야 할까? 혹시 그가 기절했나? 이 계약에서 우리가 확인하지 않은 것이 뭐였지? 이 사람들이 합법적인지 우리가 어떻게 알아? 가구도 없고, 벽에 걸려 있는 것도 별로 없고, 전화도 없다. 경찰이나 거래개선협회(Better Business Bureau)에 전화를 할 수도 있다. 오늘밤 교훈을 얻었다. 윌리엄스(실험자)가 진실을 말하고 있는지 어떻게 알 수 있을까? ……사람이 의식을 잃기 전까지 몇 볼트나 견딜 수 있는지 알고 있다면 좋으련만…….

또 다른 피험자는 다음과 같이 진술했다.

나는 도착하자마자 내 판단에 따라 여기까지 온 건지 의문스러웠어요. 이런 실험의 합법성과 참가의 결과에 대해 의심이 생겼습니다. 인간에게 기억력이나 학습 과정을 실험하는 것은 냉혹하고, 의사의 참석 없이 그렇게 하는 것은 위험하다고 생각했어요.

브리지포트 피험자들의 긴장이 눈에 띌 만큼 감소하지는 않았다. 희생자가 느낄 고통의 정도에 대한 피험자들의 추정치는 예일대학교 피험자들보다 약간 높았지만 의미 있는 차이는 아니었다.

브리지포트에서 완벽한 복종을 이끌어내지 못한 것은 뉴헤이번 피험자에게서 발견한 극단적 복종이 예일대학교라는 권위의 배경과 밀접한 관계가 있음을 보여준다. 만약 상당 비율의 피험자들이 여전히 전적으로 복종했다면, 매우 다른 결론을 내려야 했을 것이다.

밝혀진 바와 같이, 브리지포트에서 얻은 복종의 수준은 예일대학교에서 얻은 결과보다 다소 낮기는 했지만 두드러지는 정도는 아니었다. 표 3에 나타난 바와 같이, 브리지포트 피험자의 상당 비율이 실험자의 명령에 완전히 복종했다. (브리지포트 피험자의 48퍼센트가 최대 전기충격을 가했고, 그에 상응하는 조건에서 예일대학교에서는 65퍼센트였다.)

이 결과들을 어떻게 해석해야 할까? 잠정적으로 유해하거나 파괴적인 종류의 명령이 마치 합법적인 것으로 보이려면, 그러한 명령은 일종의 제도적인 구조 안에서 이루어져야만 한다. 그러나 이 연구를 통해 볼 때 분명한 점은 명령의 장소가 특별히 평판이 좋거나 유명한 기관일 필요가 없다는 것이다. 브리지포트 실험은 어떤 신용증명서도 없는 잘 모르는 회사에 의해 수행되었다. 실험실은 건물명세서에 실린 인정받는 사무실용 건물에 설치되었고, 따라서 달리 선의나 자격을 증명해 보이지 않아도 되었다. 질적인 수준보다는 전문적인 기능에 따라 판단되는 그런 부류의 시설이기 때문에 사람들을 순종하게끔 만들 수도 있다. 안전성 차이에 크게 신경쓰지 않고 사람들은 품위 있는 은행뿐만 아니라 허름해 보이는 은행에도 돈을 맡긴다. 마찬가지로 과학적인 실험실인 이상, 피험자들은 그 실험실을 다른 실험실만큼 경쟁력이 있다고 생각할 수도 있다.

실험에 미치는 기관의 영향을 제거하는 데 브리지포트 연구보다 한 발 더 나아간 맥락에서 연구를 수행하는 것도 가치가 있다. 특정 시점 이상에서는 복종이 완전히 사라질 수도 있다. 그러나 그러한 시점은 브리지포트 사무실에서는 나타나지 않았다. 피험자들 중 거의 절반이 실험자에게 완전히 복종했기 때문이다.

실험 11 전기충격 단계에 대한 피험자의 자유로운 선택

지금까지 서술한 실험에서 피험자는 명령에 반응하는 식으로 행동했는데, 우리는 그런 명령이 그의 행동을 유발하는 효과적인 원인이라고 가정했다. 그러나 철저하게 통제된 실험을 하기 전까지는 이 결론을 보장할 수 없다. 그런 명령이 불필요할 수도 있다. 즉 피험자가 스스로 하고자 한 것과 단순히 일치했을 뿐일 수도 있는 것이다.

실제로 그런 행동에 대한 하나의 이론적 해석에 따르면, 사람들이 깊은 내면에 공격적인 본능을 품고 있으면서 그 표현을 억제하고 있는데, 이 실험이 그런 충동의 표출을 제도적으로 정당화한다는 것이다. 이런 견해에 따라 다른 사람을 힘으로 완전히 제압할 수 있는 상황에서 원하는 만큼 그를 처벌할 수 있다면, 사람들의 가학적이고 야만적인 모든 것이 밖으로 나올 것이다. 희생자에게 전기충격을 가하고 싶은 충동은 잠재된 공격적 성향에 기인하는 것으로 보이는데, 이는 개인의 삶을 구성하는 동기의 일부분이다. 이때 실험은 그런 성향을 표출할 수 있는 문을 열어주는 것뿐이다. 실험이 그러한 표현을 사회적으로 합법화시켜주기 때문이다.

그래서 명령을 받을 때와 스스로 전기충격의 수준을 선택할 수 있을 때 피험자들의 수행을 비교하는 것이 결정적으로 중요하다.

언제든 전기충격 단계를 자유롭게 선택할 수 있다고 선생에게 말한 것을 제외한 모든 절차는 실험 5와 동일했다(실험자는 선생에게 전기충격기의 가장 높은 단계, 가장 낮은 단계, 그 사이 또는 이들의 조합 등을 사용할 수 있다고 지적해주었다). 각 피험자에게 30회씩 결정적 시행(학습자가 틀려서 전기충격을 받는 경우)을 실시했다. 학습자의 항의는 표준적인 전기충격 단계에 맞춰졌는데, 첫 번째 불평은 5단계에서, 격렬한 불평은 10단계에서 나타났다. 이 실험의 결과가 표 3에 제시되어 있다.

30회의 결정적 시행 전반에 걸친 전기충격의 평균이 그림 11에 제시되어 있는데, 전체 평균이 3.6단계였다(전기충격 5단계까지는 희생자가 아무런 불쾌함도 표시하지 않았음을 상기해야 한다). 각 피험자가 가한 최고 전기충격치도 고려해볼 수 있다(비록 수행 중 어느 시점에서든 단 한 번만 이용했다 하더라도). 피험자 3명은 전기충격을 가장 낮은 수준으로 제한했고, 28명은 희생자가 첫 번째 불쾌함을 표시한 이후 더 이상 높이지 않았으며, 38명은 학습자가 격렬하게 항의한 수준(전기충격 10단계) 이상을 넘지 않았다. 2명은 이례적으로 25단계와 30단계의 전기충격을 가했다. 그러나 전체적인 결과는 선택권이 주어졌을 때 대다수의 피험자들이 희생자에게 매우 낮은 수준의 충격을 가했다는 것이다.

그림 11 피험자가 자유롭게 선택한 전기충격 평균

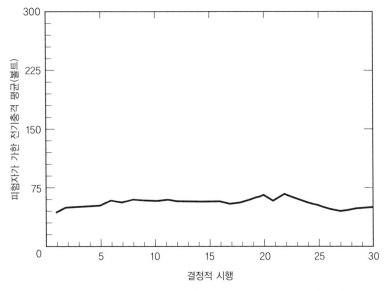

(결정적 시행이란 학습자가 틀려서 전기충격을 받는 각 경우를 뜻한다. 실험 동안 30회의 결정적 시행이 있었다.)

우리는 여러 실험의 의미를 해석할 때 이 결과를 늘 명심해야 한다. 실험 상황이 피험자에게 다른 사람을 해치는 것을 허용했다고 말하는 것만으로는 불충분하다. 실험 상황은 이번 실험에서도 동일했지만, 대체로 피험자들은 희생자에게 고통을 주지 않으려 했다. 이 실험이 인간 본성에 관해 무언가를 얘기하는 한, 자신의 의지대로 행동할 때 사람들이 다른 사람들에게 어떻게 행동하는지를 이 결과가 보여준다. 희생자에게 가장 높은 단계의 전기충격을 가하도록 만드는 것이 무엇이든 그것을 자발적인 공격성으로 설명할 수는 없지만, 명령에 대한 복종을 통해 발생한 특정 행동으로 설명할 필요는 있다.

07 권위에 직면한 사람들 2

이제 앞에서 서술한 바 있는 변형된 실험에 참가한 몇몇 피험자들의 수행을 살펴보자.

프레드 프로치, 실업자: 실험 5

이 피험자는 50세가량으로, 양복저고리를 입었지만 넥타이는 하지 않았다. 그는 약간 무절제한 듯했으나 성품은 좋아 보였다. 노동자 계급의 말투였으며 평범한 일반인이라는 인상을 주었다.

침착하게 실험을 시작한 그는 실험이 진행됨에 따라 점점 더 긴장했다. 180볼트의 전기충격을 가한 후에는 머리를 가로저으며 의자 주변을 맴돌면서 흥분한 어조로 실험자에게 말했다.

피험자: 더 이상 못 참겠어요. 그 사람을 저기에서 죽게 할 수는 없어요.

그가 외치는 소리를 들으셨죠?

실험자: 전에도 말씀드렸듯이 충격은 고통스러울 수는 있지만……

피험자: 그렇지만 그가 소리 지르고 있잖아요. 그는 더 이상 못 참아요.

그 사람한테 무슨 일이 생기고 있나요?

실험자(안내하는 목소리로, 사무적으로): 실험을 계속해주셔야 합니다, 선생.

피험자: 아, 그렇지만, 어, 저는 저 사람이 아프도록 내버려두지 않을 거

예요. ……제 말 무슨 뜻인지 아시죠?

실험자: 학습자가 좋아하든 그렇지 않든 상관없이, 우리는 모든 단어 쌍

을 다해야 합니다.

피험자: 저는 책임지고 싶지 않아요. 그가 저기에서 소리 지르고 있어요!

실험자: 당신이 계속하는 것이 절대적으로 필요합니다, 선생.

피험자(새로운 질문을 하면서): 아직도 너무 많이 남았어요. 제 말은 그가

혹시 잘못되면 어떻게 하냐고요. 아직도 이렇게 많이 남았는데. 만

약 그 신사분에게 무슨 일이라도 생긴다면 누가 책임지죠?

실험자: 그에게 일어나는 모든 일은 제가 책임집니다. 계속해주십시오.

피험자: 좋습니다. (단어 목록을 살펴며) 다음 단어는 '느린―걷기, 트럭,

춤, 음악'입니다. 대답해주세요. (버저 소리는 학습자가 대답했다는 신

호이다.) 틀렸습니다. 195볼트. 답은 '춤'입니다.

학습자(소리 지르며): 여기에서 내보내주세요. 심장이 이상해요! (선생이

실험자를 쳐다본다.)

실험자: 계속해주십시오.

학습자(절규하며): 여기에서 내보내주세요. 당신은 저를 여기에 계속 묶

어둘 권리가 없어요. 저를 내보내줘요. 심장이 이상해요. 내보내줘

요! (피험자가 머리를 가로저으면서 초조하게 테이블을 두드린다.)

피험자: 보셨죠, 그가 소리 지르고 있어요. 들리시죠? 이런, 나도 모르겠
어요.

실험자: 실험상······.

피험자(중간에 끼어들며): 그래야 한다는 것은 알아요. 그렇지만 내 말
은······ 휴! 그는 무엇 때문에 이런 고통을 겪어야 하는지 모른다는
겁니다. 이미 195볼트나 되었잖아요! (실험은 210볼트, 225볼트, 240볼
트, 255볼트, 270볼트까지 계속되었는데, 각 전압에서 선생은 확실히 진정한
후에 단어 쌍 문제를 낸다.)

실험자: 학습자가 모든 단어를 정확히 배울 때까지 그 페이지의 처음으
로 돌아가 다시 끝까지 해야 합니다.

피험자: 오, 안 돼요. 그 남자를 죽일 수는 없어요. 제가 그 기준대로 계속
해야 한다는 말인가요? 안 돼요. 그가 소리를 지르고 있어요. 그에
게 450볼트를 가할 수는 없어요.

실험자: 실험상 계속해주셔야 합니다.

피험자: 그래야 한다는 건 알아요. 그렇지만 그 남자가 소리 지르고 있잖
아요.

실험자(똑같이 사무적인 어조로): 전에도 말했듯이, 비록 충격이 고통스러
울지는 몰라도······.

피험자(중간에 끼어들며): 오오, 그-그-그가 저기에서 소리를 지르고 있
어요.

실험자: 그 페이지의 맨 위에 있는 '파랑'부터 시작하세요. 계속해주십시
오, 선생. 그냥 계속하세요.

피험자(마치 다른 모든 것에는 눈을 감은 듯 앞에 있는 단어 목록만을 뚫어져라 쳐다보며): '파랑―소년, 소녀, 잔디, 모자.' (버저는 대답을 의미한다.) 맞았습니다. '밤―낮, 하늘, 일, 의자.' (버저) 틀렸습니다. 답은 '낮' 입니다. 285볼트.

학습자: 오으으으!

실험자: 계속해주십시오.

피험자: '살진―남자, 숙녀, 통, 목.' 답을 말씀해주세요. (버저) 틀렸습니다. 답은 '목'입니다. 300볼트.

학습자: 오. 더 이상 절대로 대답하지 않을 거예요. (이제는 절박하게 소리를 지르며) 여기에서 내보내주세요. 저를 여기 계속 묶어둘 수는 없어요. 저 좀 내보내주세요. 내-보-내-주-세-요.

실험자: 계속하십시오. 다음 단어는 '초록'입니다.

피험자: '초록―잔디, 모자, 잉크, 사과.' (아무 일도 일어나지 않는다. 응답 버저도 울리지 않는다. 음울한 고요만이 흐른다.)

피험자: 그가 대답하지 않을 것 같아요.

실험자: 만약 학습자가 적당한 시간, 즉 4~5초 내에 대답하지 않는다면 틀린 것으로 간주합니다. 대답이 틀렸을 때와 똑같은 절차를 따르면 됩니다. "틀렸습니다"라고 말하고, 벌로 가할 전압을 얘기해주세요. 그리고 그를 처벌한 다음, 옳은 답을 읽어주세요. 계속해주십시오.

피험자: '초록―잔디, 모자, 잉크, 사과.' 대답해주십시오. (더 고요하다. 피험자는 그냥 자리에 앉아 있다.)

실험자: 절차대로 계속해주십시오, 선생.

피험자: 315볼트. 답은 '잉크'입니다.

학습자: 오. 오오.

피험자(반응을 듣고 안심이 됨): 다음은…….

학습자: 절대로 대답하지 않을 겁니다.

피험자: 대답해야 합니다. 대답하지 않으면 전기충격을 받을 거예요. (대답을 거부하는 학습자를 데리고 실험을 계속한다. 그리고 마침내 툴툴거리는 소리나 신음소리조차 사라진다. 375볼트에서 피험자가 일어선다.)

피험자: 아무래도 그 사람에게 무슨 일이 생긴 것 같아요. 아무 대답도 들리지 않아요. 더 낮은 전압에서는 소리를 질렀잖아요. 들어가서 그가 괜찮은지 확인 좀 해보지 않으실래요?

실험자(똑같이 초연하고 차분하게): 일단 시작하고 나면 그럴 수 없습니다. 계속해주십시오, 선생.

피험자(한숨을 깊게 쉬며 자리에 앉는다.): '시원한—낮, 그늘, 물, 페인트.' 대답해주세요. 그 안에 괜찮으세요? 괜찮으시죠?

실험자: 계속해주십시오, 선생. 계속하세요. (피험자가 레버를 누른다.)

피험자(의자 주변을 돌며): 저 안에 뭔가 문제가 생긴 것 같아요. (뒤로 돌아서며) 다음 단어는 '낮은—달러, 목걸이, 달, 페인트.' (다시 돌아서며) 안에서 뭔가 문제가 생긴 것 같아요. 당신이 들어가서 점검해보는 게 좋겠어요. 그는 대답도 않고 아무것도 안 할 거예요.

실험자: 계속하세요. 계속해주십시오.

피험자: 당신이 모두 책임지겠습니까?

실험자: 책임은 제가 집니다, 틀림없이. 계속해주십시오. (피험자는 목록으로 돌아가서 최대한 빠르게 단어들을 읽기 시작해 450볼트에까지 이르렀다.)

피험자: 이상으로 끝입니다.

실험자: 틀린 대답엔 450볼트 스위치를 이용해 계속하세요. 계속해주십시오.

피험자: 그렇지만 아무런 대답도 듣지 못했어요!

실험자: 계속해주세요. 다음 단어는 '흰색'입니다.

피험자: 당신이 그를 좀 살펴봐야 하지 않을까요?

실험자: 일단 실험을 시작하면 그럴 수 없습니다.

피험자: 그렇지만, 그에게 무슨 일이라도 생기면 어쩌죠?

실험자: 실험상 당신은 계속해주셔야 합니다. 계속하십시오.

피험자: 그 사람의 건강엔 아무 문제 없겠죠?

실험자: 학습자가 좋아하든 그렇지 않든…….

피험자: 저기에서 그가 죽으면 어떡합니까? (전기의자가 있는 방을 가리키며) 제 말은 그가 더 이상 전기충격을 견딜 수 없다고 말하잖아요. 무례를 범할 생각은 없지만, 당신이 들어가서 그를 좀 살펴봐야 한다고 생각해요. 그냥 문 안을 들여다보기만 하면 돼요. 아무런 대답도, 아무런 소리도 들리지 않잖아요. 그 신사분에게 뭔가 문제가 생긴 게 분명해요.

실험자: 계속하셔야 합니다. 계속해주십시오.

피험자: 그에게 얼마나 더 충격을 가하란 말입니까? 이제 그가 받을 충격이 450볼트인가요?

실험자: 맞습니다. 계속하십시오. 다음 단어는 '흰색'입니다.

피험자(이제 맹렬한 속도로): '흰색―구름, 말, 바위, 집.' 대답하십시오. 답은 '말'입니다. 450볼트. (전기충격을 가한다.) 다음 단어는 '가방―페인트, 음악, 왕관, 소녀.' 답은 '페인트'입니다. 450볼트. (전기충격을

가한다.) 다음 단어는 '짧은—문장, 영화…….'

실험자: 실례합니다, 선생. 실험을 중단하겠습니다.

이 피험자의 수행은 매우 자명하지만, 몇 가지 점에 주목할 수 있다. 첫째, 그는 수없이 흥분한 어조로 거부하고 지속적이고 완강하게 이의를 제기했지만, 결국은 실험자가 명령하는 대로 계속해서 전기충격을 가했다. 따라서 말과 행동이 분리되어 있었다. 둘째, 아무리 생각해봐도 이 남자는 학습자에게 전기충격을 가하고 싶지 않았다. 반대로, 실험자와의 관계 때문에 한 행동이 그에게는 고통이었다. 셋째, 피험자에게 '책임'은 중요한 문제였으며 실험자가 본인의 책임이라고 분명하게 언급한 후에 피험자는 몇 초간 머뭇거리다가 실험을 계속했다는 점에 주목해야 한다. 마지막으로, 그 피험자가 사용한 언어가 정보를 제공하고 있다. 그 상황의 엄청난 긴장감에도 불구하고, 정중하고 공손한 말투를 세심하게 유지했다. 피험자의 이의제기는 그가 관여하고 있는 사건에 비추어볼 때 지나치게 약하고 불충분하다는 인상을 준다. 그는 자신이 누군가를 죽이고 있다고 생각했지만 차를 마시는 테이블에서나 오가는 정도의 언어만을 사용했다.

캐런 돈츠, 간호사: 실험 8

캐런 돈츠는 지난 6년 동안 시간제 간호사로 일해온 40세의 주부라고 스스로를 밝혔다. 남편은 배관공이었다. 천주교 신자이며, 그녀의 어머니는 체코슬로바키아 태생이었다. 그녀는 유난히 태평하고 말이 느렸으며 어조는 늘 겸손했다. 그래서 그녀의 모든 주장은 마치 감성적인 의미를 담고 있는 듯했다. "저는 극히 평범한 사람이에요. 제게 많은 것을 기대하지 마세요." 실제로 그녀는 영화 〈사랑하는 시바여 돌아오라(Come Back, Little Sheba)〉의 셜리 부스(Shirley Booth)를 닮았다.

실험 내내 그녀는 신경이 곤두서 있었다.

225볼트에서 그녀는 실험자를 쳐다보고 그의 기분을 상하지 않게 하려고 매우 자신 없는 목소리로 "이것을 누르기가 망설여집니다"라고 말했다. 실험자가 그녀에게 절차를 따르도록 지시하자, 그녀는 더 이상 군말없이 그렇게 했다. 그러나 345볼트의 전기충격을 가하기 전에, 그녀는 전기충격기 위에 적혀 있는 '위험'이라는 라벨을 가리켰다.

실험자는 비록 충격이 고통스럽긴 하지만 영구적인 세포 조직의 손상을 초래하지는 않는다고 말했다. 그녀는 실험자의 말을 받아들여 "위험하지 않다면 계속할게요"라고 말했다. 그녀는 초조한 듯 의자의 끝에 걸터앉았지만, 단어 쌍을 읽을 때의 목소리는 평상시 그대로였다. 학습자가 아무런 대답도 하지 않자, 그녀가 말했다. "끝까지 계속 진행하나요? 그에게 별일이 없길 바랍니다."

그녀는 혼잣말로 중얼거리기 시작했다. 실험자가 450볼트 스위치를 사용해서 계속할 것을 지시하자, 그녀는 걱정하면서도 대단히 겸손하게 "그가 잘못되면 어쩌죠?"라고 말했다.

그러나 그녀는 계속 진행했다.

인터뷰에서 그녀의 반응은 매우 느렸고, 심지어 학습자가 아무런 충격도 받지 않았다고 말해준 후에도 그녀는 여전히 처벌이 학습에 미치는 영향을 실험한 것으로 생각했다. 그녀는 실험자가 자신에게 지시한 대로 했다는 점을 강조했고 자신의 순종에 만족해하는 듯했다. 그녀는 가정용 전류가 210볼트이고 '이 전압에서 대부분의 사람이 감전사할 수도 있다'는 사실을 알기에 매우 초조했다고 말했다. 그녀는 '병원에서는 내 권리를 알지만 여기서는 모르기' 때문에, 병원에서보다 더 긴장했음을 강조했다.

면접자: 한 번이라도 중단해야겠다는 생각을 했나요?

돈츠(생각에 잠긴 듯한 어조로): 그가 "계속하십시오"라고 말했고 저는 그렇게 했어요. 그에게 "더 이상 계속해서는 안 될 것 같다"고 말했지만 그는 "실험을 계속하십시오"라고 말했어요.

면접자: 당신이 실험을 중단하도록 윌리스(학습자) 씨가 말할 수 있는 게 없나요?

돈츠: 없을 것 같아요.

병원에서는 의사의 명령이 환자에게 해로울 것 같은 경우 간호사가 문제를 제기할 권리가 있다는 점을 돈츠는 지적했다.[7]

"내가 약의 복용량에 대해 의문을 가지면, 의사에게 세 번 물어볼 수 있어요. '이 지시가 맞습니까? 이 지시가 맞습니까?' 그리고 그가 '지시대로 하세요'라고 말하고 내가 알기에 그 복용량이 평균 이상인 경우, 너무 많다는 사실을 그에게 상기시켜줄 수도 있습니다. 그보다 더 잘 알지는 못하지만, '그녀에게 이만큼 복용하게 하려고요, 의사선생님' 하고 말할 수 있고 이를 반복할 수도 있죠. 그런 다음에도 상사에게 이 문제를 제기할 권리가 여전히 있습니다."

실험 중 그녀는 전압 수준에 대해 '질문'을 했지만, 실험자가 제공한 대답에 충분히 만족했다. 의사의 권위에 대한 그녀의 가장 극단적인 반응이 상사에게 그 문제를 언급하는 것이라는 점에 주목하자. 더욱이 돈츠는 자신의 개인적 성향을 서술하기보다는 병원에서 규칙으로 정한 절차를 기계적으로 반복하고 있었다.

면접자: 병원에서 그런 경우가 있었나요?

돈츠: 예, 있었습니다.

면접자: 자주요?

돈츠: 아니요. 아주 드물죠. 사실 전 이 일을 한 지 6년 되었어요. 복용량에 대해 질문한 건 한 번뿐인 거 같아요.

면접자: 절규소리를 들을 때 어떠셨어요? 그들이 정말로 소리를 질렀나요?

돈츠: 오, 그럼요! 거기에 있는 남자가 정말로 걱정되었지요. 혹시 심장마비에 걸리지 않을까 염려했어요. 그는 심장이 좋지 않다고 말했거든요. 예, 그럴 수도 있다는 걸 알아요.

돈츠는 우호적인 성격의 겸손한 사람으로 집안일에 지친 그런 주부였다. 그녀는 언쟁하지 않았다. 병원 임무를 책임감 있게 소란을 피우지 않으면서 수행했고, 환자와 의사에게 도움이 되도록 부드러운 태도를 취했다. 그녀와 권위자의 관계는 문제가 없었다. 그녀가 병원이라는 남을 돌보는 환경에서 일을 선택한 것은 친절한 성품과 권위자의 요구가 맞아떨어졌기 때문이다.

인터뷰가 끝날 무렵, 돈츠는 으쓱해서 이렇게 물었다. "뭐 좀 여쭤봐도 될까요? 남자들 중 450볼트까지 간 사람이 있나요?"

면접자는 이 문제에 대한 그녀의 의견에 관심이 있다고 말했다. 그녀는 "아니요, 남자들은 순응하지 않을 거라고 생각해서요"라고 대답했다.

엘러너 로젠블럼, 주부: 실험 8

로젠블럼은 자신의 배경을 설명하는 걸 즐겼다. 그녀는 20여 년 전에 위스콘신대학교를 졸업했고, 영화 유통업자인 남편은 다트머스대학교를 다녔다. 일주일에 한 번씩 비행 청소년들과 함께 자원봉사를 하며, 지역 걸스카우트 단체와 학부모회에서 활동하고 있었다. 그녀는 자신이 이룬 사회적 성취에 대해 유창하면서도 장황하게 말했으며, 자기 생각을 강하게 펼쳤다. 지나치게 말이 많았지만 유쾌한 매력을 발산하는 사람이었다.

실험 초반에 그녀는 전기에 대해 아무것도 모른다고 말하며 샘플 전기충격을 경계했다. 임무를 수행하면서 그녀는 유능하고 사회적으로 우아한 이미지를 내비치려고 노력했지만 곧 실험에 따른 갈등에 휩싸였다. 학습자에게 단어 쌍을 읽어줄 때, 그녀는 우쭐대듯 정확하고 거의 권위적인 어조를 유지했다. 이와는 대조적으로, 실험자에게 말할 때는 약하고 소녀 같은 말투였다. 전압을 올리면서, 그녀는 점점 더 걱정스러운 표정을 지었다. 270볼트에서는 정답을 강조해서 읽음으로써 학습자에게 신호를 보냈다.

겉으로 보기에는 힘차게 단어 쌍을 계속 읽어나갔지만, 그녀는 무력한 어조로 실험자에게 투덜거렸다. "계속해야 하나요? 오, 그가 걱정돼요. (전기충격기의 가장 높은 쪽을 가리키며) 여기까지 해야 하는 거죠? 그만할 수 없을까요? 너무 떨려요. 너무 떨려요. 거기까지 정말 해야 되나요?"

그녀는 일시적으로 차분함을 되찾았지만 규칙적으로 찾아오는 고민을 막을 수는 없었다. 혼잣말로 "너무 떨려요"라고 중얼거리면서도 학습자와의 의사소통에서는 사무적인 어조 그대로였다. 마치 그녀는 두 사람인 것처럼, 즉 공식적인 임무를 수행하는 유능한 여자와 걱정스런 발언을 억제하지 못하는 내성적이고 괴로워하는 여자의 모습을 동시에 보여주었다.

그녀는 제어반 끝까지 계속해 450볼트의 전기충격을 세 번이나 가했다. 인터뷰에서 그녀는 학습자에게 전기충격을 가하는 것이 극도로 고통스러웠다고 말했다. 실험자가 그녀에게 "샘플로 받아본다면 가장 높은 전기충격을 몇 볼트로 하시겠습니까?"라고 물었을 때, 그녀는 "15볼트요. 그것도 반드시 필요한 것은 아니라고 생각해요. 꼭 그래야 한다면 15볼트라는 말이죠. 나는 그럴 필요가 없다고 생각해요"라고 분개하며 대답했다.

면접자: 긴장되거나 초조하셨나요?
로젠블럼: 극도로 그랬어요.
면접자: 가장 긴장되거나 초조했던 때가 언제인지 기억하시나요?
로젠블럼: 그가 "나를 여기서 내보내줘요"라고 소리 지르기 시작했을 때

요. 그런 사람에게 어떻게 처벌을 할 수 있겠어요? 벌벌 떨고 있었죠. 내가 무엇을 읽고 있는지도 몰랐어요. 지금도 떨려요. 그에게 고통을 주었기 때문에 지금도 초조해요.

그녀가 초조해한 이유는 그 남자가 고통을 받았기 때문이 아니라 본인이 그런 행동을 했기 때문이다. 마찬가지로 그녀는 전기충격을 가하는 동안 자신이 고통스럽기 때문에 실험을 중단해야 한다고 주장했다. 자기중심적인 성격이 그녀의 말에 배어 있었다.

그녀는 자신의 자원봉사 일에 대해 자발적으로 얘기를 했는데, 대단한 열성으로 상세히 설명했다.

로젠블럼: 중퇴한 학생들과 패럴고등학교에서 일해요. 그들은 모두 좀 노는 아이들이죠. 내 아이들이에요. 그들이 학교에 남을 수 있도록 가르치고, 나아가 공부도 가르칩니다. ……그렇지만 처벌로 그들을 가르치지는 않아요. 저는 관심과 사랑으로 가르치죠. 사실 지금 그들은 저와 함께하는 것을 특권으로 생각해요. 그렇지만 처음에는 그저 학교를 벗어날 수 있고 담배를 피울 수 있다는 생각에 그 일을 했지요. 하지만 더 이상 그렇지 않아요. 사랑과 애정을 통해 그들에게서 모든 것을 얻었습니다. 결코 처벌을 통해서가 아니에요.

면접자: 그들에게 무엇을 가르치나요?

로젠블럼: 글쎄요, 무엇보다도 먼저 예절을 가르칩니다. 그게 가장 먼저 가르치는 것이에요. 사람을 존중하고, 노인을 공경하고, 또래 소녀들을 배려하고, 사회를 존중하는 것을 가르칩니다. 이것이 다른 어

떤 것을 가르치기 전에 가르쳐야 할 첫 번째 것이죠. 그다음에 스스로 무언가를 해서 이른바 만족을 구하라고 가르칠 수 있는 거죠.

그녀가 사회에 대한 존중을 중요하게 생각하는 것이 실험과 관련된 그녀의 복종적인 태도와 무관하지 않았다. 그리고 전통적인 견해가 그녀의 사고 속에 배어 있었다.

그녀의 대화는 여성적인 내용으로 가득했다.

저는 사랑을 통해 너무나 많은 것을 얻었고, 정말 훌륭한 딸도 있습니다. 그 애는 열다섯 살이고 전국우등생협회(NHS: National Honor Society) 회원이에요. 똑똑한 애지요. 그리고 정말 훌륭한 아이예요. 모든 것이 처벌이 아닌 사랑을 통한 거죠. 오, 하느님, 처벌은 절대로 안 돼요.

가장 나쁜 것이 …… 처벌로 하는 것입니다. 처벌이 좋은 시기는 유아기뿐이에요.

면접자: 이 실험을 어떻게 생각하나요?

로젠블럼(그녀는 자신의 이전 사고방식을 바꾸는 질문을 허락하지 않는다): 처벌을 통해서는 아무것도 얻지 못합니다. 아직 생각이 없는 유아에게만 가능하죠. 내 딸이 어렸을 때, 세 가지를 위해 그 애를 처벌했어요. 사실은 그 애 스스로 벌을 주도록 한 거죠. 뜨거운 난로를 만지도록 내버려두었어요. 그 애는 손을 데었고 다시는 난로를 만지지 않았어요.

면접자: 실험에 대해서 얘기를 좀 하겠습니다. 먼저, 윌리스 씨는 아무런

전기충격도 받지 않았습니다.

로젠블럼: 농담하시는 거죠! 전기충격을 받지 않았다니. (비명을 지르며) 믿을 수 없군요. 이 모든 게 그의 의도였다는 거지요!

실험자: 아, 아닙니다. 그는 예일대학교에 고용된 연기자입니다.

로벤블럼: 매번 저는 버튼을 눌렀어요. 죽는 줄 알았어요. 내가 떨고 있는 거 보셨죠? 그 불쌍한 남자에게 전기충격을 가하고 있다는 생각에 죽을 것만 같았어요.

(학습자가 안으로 들어온다. 그녀가 그를 바라본다.)

로젠블럼: 당신은 연기자군요. 이런, 정말 대단해요! 오, 맙소사. 그가 (실험자) 내게 어떻게 했는데. 전 완전히 녹초가 되었어요. 나는 계속하길 원하지 않았어요. 내가 여기에서 어떤 일을 겪었는지 당신은 모를 거예요. 나 같은 사람이 당신을 해치다니, 오, 맙소사. 당신에게 그러고 싶지 않았어요. 용서해주세요. 이 일을 잊지 못할 거예요. 내 얼굴이 빨개지네요. 난 날파리도 해치지 않아요. 나는 아이들과 일하면서 그들에게 가르침을 주려고 노력하고 있고, 처벌 없이도 그렇게 훌륭한 결과를 얻었어요. 시작할 때 나는 처벌로 얻을 수 있는 건 아무것도 없다고 스스로에게 말했어요.

그러나 그녀가 왜 딸에게 뜨거운 난로를 만지도록 내버려두었는지를 상기하면서, 우리는 그녀가 처벌 자체가 아니라 처벌을 가한 자신의 행동에 반대한다는 것을 알았다. 그것이 '우연히 발생한' 것이라면, 그럴 수도 있다.

그녀는 학습자에게, "사실은 스위치를 아주 살짝만 누르려고 노력했어요. 제가 강조하는 단어를 들으셨나요? 당신이 제 말을 듣기를 원했어요"라고 털어놓았다.

면접자: 이것은 의사가 간호사에게 주사를 놓으라고 지시할 때 간호사가
　　　그렇게 해야 하는 것과 비슷하지 않은가요?
로젠블럼: 저는 위급할 때 가장 초연한 사람입니다. 누구를 고통스럽게
　　　하든 개의치 않고, 나는 해야 하는 일은 무엇이든 할 거예요. 그리고
　　　떨지도 않고요. 아무 생각 않고 할 거예요. 주저하지도 않을 겁니다.

이런 행동은 실험실에서 그녀가 한 행동과 다소 흡사하다.

로젠블럼: "왜 내가 이 불쌍한 사람에게 고통을 주는가"라고 계속 말했
　　　어요.
면접자: 왜 계속했습니까?
로젠블럼: 실험이잖아요. 이유가 있어서 제가 온 거니까요. 그러니까 저
　　　는 그것을 해야만 했죠. 당신도 그렇게 말했잖아요. 저는 원하지 않
　　　았지만. 저는 이 …… 이 프로젝트 전체에 무척 관심이 많아요. 뭐 좀
　　　여쭤봐도 될까요? 시간이 괜찮으세요? 다른 사람들은 어떻게 반응
　　　하던가요?
실험자: 당신 생각은 어때요?
로젠블럼: 글쎄요, 당신이 저에게 말했잖아요. 이 일을 실행하는 여자로
　　　서 저를 선택한 것은 …… 확실히 잘 하셨어요. 자원봉사 하는 곳에
　　　서는 제가 하는 일을 하려는 여자들이 많지 않아요. ……저는 특이

해요. 마음이 여리고 약하거든요. 다른 여자들과 관계에서 어떻게 견뎌내고 있는지 모르겠어요. 그들은 저보다 좀더 강해요. 그다지 신경쓰지 않을 거예요.

저는 정말 실험을 멈추고 이렇게 말하고 싶었어요. "보세요, 더 이상 못 하겠어요. 미안합니다. 더 이상은 못 해요." 저는 스스로에게 계속해서 "미안해, 난 정말 더 이상 못 하겠어"라고 말했지요. 그리고 그는 계속 조용히 있었어요. 그래서 저는 그가 쇼크 상태에 있다고 생각했어요. 그는 심장병이 있다고 말했거든요. 그렇지만 저는 당신이 그에게 아무 일도 일어나지 않게 하리라는 걸 알고 있었어요. 그래서 내 의지와는 크게 어긋났지만 그걸 계속할 수 있었죠. 지옥을 통과하는 기분이었어요. ……다른 사람들은 저만큼 불안해하지는 않았을 거 같아요. ……크게 걱정하지는 않을 거예요. 그들이 자기 아이에게 하는 것만큼 다른 사람도 정말로 그렇게 걱정하지는 않을 거예요.

"나는 희생자를 걱정했기 때문에 초조했다"처럼, 그녀는 자신이 보인 긴장을 순전히 미덕의 표시라고 해석했다. 그녀는 계속해서 자신에 대해 말했다. 실험자는 참을성 있게 경청했다.

로젠블럼: 저는 가끔 제 자신에게 "평판이 안 좋은 그런 노는 아이들과 함께 일하는 대신에, 여성의회(Woman's Assembly)의 회장직을 맡아 환호와 영광도 받고 신문에도 나오고 특권도 누리는 게 어때?"라고 말합니다. 일주일에 한 번씩은 그래요. 이건 제 인생 이야기입니다.

저는 5년 동안 스카우트의 보호자 역할을 했습니다. 제 대원으로 있던 소녀들이 많게는 30명이나 되었죠. 모두 제 대원이 되게 해달라고 애원하지만 한계가 있기 때문에 그렇게 할 수 없었어요. 지금은 훨씬 편해요. 저는 과학을 위한 사람입니다. 어쨌든, 저는 그걸 공부하길 원해요. 제 딸에게 그걸 시키려고 노력하고 있어요. 이 일을 해냈다는 게 정말 기뻐요. 제가 지금 얼마나 편안한지 아시겠죠?

로젠블럼이 실험실에서 나갈 수 있을 만큼 충분히 차분해질 때까지 인터뷰는 계속되었다.

로젠블럼은 정신적 삶의 통합이 결여된 사람이다. 그녀는 존경과 성공에 관한 자신의 요구와 일치하는 삶의 목적을 찾지 못했다. 그녀의 목표, 사고, 감정은 조각조각 분리되어 있었다. 그녀는 숭고한 신념을 겉으로 드러내면서 실험상 선생이라는 제 역할을 수행하는 동시에, 실험자에게 온순하고 순종적으로 행동하는 또 다른 면을 보여주었다.

그녀가 학습자에 대한 연민을 불복종행동으로 전환하는 데 필요한 심리적 자원을 활용하지 못한 것은 놀라운 일이 아니다. 그녀의 감정, 목적, 사고는 너무나 다양하고 분열되어 있었다.

모든 증거들로 볼 때, 그녀는 전기충격을 가하는 순간 학습자가 전기충격을 받고 있다고 믿었다. 그러나 히스테리적인 성향의 여성이 자신의 생각을 긍정적인 자아상에 맞게 조정하는 것은 어렵지 않다. 몇 개월 후 우리에게 도착한 질문지에서 그녀는, 실험 기간 동안 자신의 '성숙하고 교양 있는 머리'는 그 학습자가 전기충격을 받지 않았다고 믿었다고 했다. 사고에 대한 사후 조정을 통해, 그녀는 자신이 소중히 생각하는 (비현실적이더라도) 자신의 본질을 보호했다.

그레첸 브란트, 의료기술자: 실험 8

이 피험자는 대학교 의학부에서 일하는 31세의 매력적인 의료기술자였다. 그녀는 5년 전 독일에서 이주해와서 강한 독일 악센트로 말했다.

몇 차례나 학습자가 불평을 하자 그녀는 냉정하게 실험자를 바라보며 "계속할까요?"라고 물었다. 실험자가 그렇게 할 것을 요구하자, 즉시 원래의 임무로 돌아갔다. 210볼트에서 그녀는 실험자를 보고 단호하게 말했다. "이런, 죄송합니다. 계속해야 한다고 생각지 않습니다."

실험자: 그가 모든 단어 쌍을 정확하게 배울 때까지 실험을 계속해야 합니다.

그레첸: 죄송하지만, 그는 심장병이 있습니다. 미리 당신에게 말했습니다.

실험자: 전기충격이 고통스러울 수는 있지만 위험하지는 않습니다.

그레첸: 글쎄요. 죄송합니다만, 전기충격이 지금처럼 계속된다면 위험할 겁니다. 그가 나오길 원하는지 물어보시죠. 그건 그의 자유의지입니다.

실험자: 우리는 무조건 계속해야 합니다…….

그레첸: 당신이 그에게 물어보는 게 좋겠어요. 우리는 자유의지로 이곳에 왔습니다. 만약 그가 계속하기를 원한다면 저도 진행할 것입니다. 그는 심장병이 있다고 말했습니다. 미안합니다. 그에게 발생하는 어떤 일에도 전 책임지고 싶지 않아요. 저도 좋아하지 않을 거예요.

실험자: 당신은 다른 선택의 여지가 없습니다.

그레첸: 우리는 각자 자유의지로 이곳에 왔습니다. 그가 심장병을 앓게 되거나 그에게 무슨 일이 생기더라도 전 책임지고 싶지 않습니다. 이점을 이해해주시기 바랍니다.

그녀는 더 이상 진행하기를 거부했고 실험은 종료되었다.

이 여성은 내내 단호하고 의연했다. 인터뷰에서 그녀는 전혀 긴장하거나 초조하지 않았다고 말했는데, 이것은 시종일관 절제된 그녀의 모습과 일치한다. 그녀는 자신이 학습자에게 가한 마지막 전기충격이 극도로 고통스러웠을 것으로 생각했으며, "그가 입은 어떠한 상해에 대해서도 책임지고 싶지 않다"고 반복해서 말했다. 그녀는 실험자의 설명을 흥미롭게 경청하고는, 학습자가 충격을 받지 않았다는 사실에 놀라움을 표시했고, 최대 샘플 충격으로 45볼트를 수용하겠다고 말했다.

이 여성이 실험 상황에서 보인 직설적이고 예의바른 행동, 긴장하지 않음, 그리고 자신의 행동에 대한 전체적인 통제는 불복종을 단순하고 합리적인 행위로 만드는 것처럼 보인다. 그녀의 행동은 내가 처음에 거의 모든 피험자에게 나타나리라 생각했던 그런 행동을 구현한 것이었다.

역설적이게도, 그레첸 브란트는 청소년기를 히틀러가 지배한 독일에서 보냈고, 젊은 시절의 상당 기간을 나치 선전을 접하면서 살았다. 경험이 영향을 미쳤을 가능성에 대해 묻자 그녀는 천천히 대답했다. "우리는 너무나 많은 고통을 마주했던 것 같아요."

파스콸 지노, 수질검사원: 실험 7

파스콸 지노는 이탈리아인 부모 밑에서 미국에서 태어난 43세의 수질 검사원이었다. 그가 참가한 변형된 실험에서는 실험자가 피험자와 희생자에게 지시한 후, 실험실을 떠나면서 전화번호를 남겨놓았다. 그래서 실험실에는 피험자와 희생자만 남게 되었지만, 문제가 생길 경우 피험자는 언제든지 실험자에게 전화를 걸 수 있었다. 지노는 실험자에게 여러 차례 전화를 했다. 150볼트 전기충격을 가한 후 그는 전화를 걸어 이렇게 말했다. "교수님, 이 신사분이 불평하고 있습니다. 그는 나가기를 원해요. 더 이상 이 실험을 하고 싶어하지 않습니다. …… 150볼트를 가했을 뿐인데 그가 '그만하세요!'라고 말했어요."

실험자는 피험자에게 계속할 것을 전화로 지시했고, 지노는 그렇게 했다.

그는 실험실에 홀로 남아 충실하게 지시를 따랐다. 한편, 희생자는 격렬하게 항의했다. 300볼트에서 희생자가 대답을 거부하자, 지노는 실험자에게 다시 전화를 걸었다. 실험자는 대답하지 않으면 틀린 것으로 간주하고 그에게 계속할 것을 다시 한번 말했다.

"제어반의 끝까지 죽 하라는 거죠? 음, 끝에 도달하면 어떻게 해야 합니까?"

330볼트 후, 희생자에게서는 더 이상 아무런 말이나 항의, 고통의 소리도 들리지 않았다. 걱정스런 지노는 다시 전화를 걸었다. "교수님, 이제 아무런 소리도 들리지 않아요. 330볼트까지 실시했습니다. 투덜 거림이나 어떤 소리도 들리지 않아요. 좀 이상합니다. 그 신사에게 무슨 일이 생긴 게 아닐까요?"

실험자는 전기충격이 고통스러울 수는 있지만 영구적인 조직 손상은 없다고 주장했다. 피험자는 다시 자신의 임무로 돌아가 실험실에 홀로 남겨졌다. 450볼트를 실시한 후, 그는 실험자에게 전화를 걸어 아무런 소리도 나지 않음을 다시 한번 상기시켰다.

잠시 후, 실험자가 실험실로 돌아와 학습자가 다치지 않았음을 알려주었다. 인터뷰에서 얼마나 긴장했는지를 물었을 때 그는 이렇게 대답했다. "저보다는 그 신사분이 더 걱정됐어요. ……그 사람이 더 걱정됐어요. 당신이 여기 없어서 불안했어요. 만약 당신이 여기 있었다면, 전혀 불안하지 않았을 거예요. 제 말은 제가 가한 전기충격 때문에 그 남자가 기절할 수도 있다는 얘기예요. 글쎄요, 전기충격을 가한 제게 책임이 있다고 느꼈어요."

그가 책임을 수용한 것은 보편적인 철학적 방식에 따른 것이 아니었다. 그는 단지 학습자와 자기만 남아 있었기 때문에, 그 상황에서 자신에게 책임이 있는 것으로 느꼈다. 그는 계속해서 다음과 같이 말했다. "(만약 당신이 여기 있었다면) '그만합시다' 또는 '계속합시다' 아니면 다른 무슨 말이라도 했겠지요. 저보다 더 잘 아시니까요. 당신은 교수잖아요. 저는 아니고. ……그렇지만 다른 한편, 제가 알기에 그에게 마지막으로 가한 것이 255볼트 근처였는데, 그때 그가 마지막으로 불평을 했다는 것을 말씀드려야겠어요." (그런 다음, 피험자는 학습자의 불평을 흉내 냈다.)

실험에 참가한 지 몇 개월 후, 지노는 자신의 경험에 대한 집단토론에 참석했다. 그는 그 실험을 '훌륭했다'고 회고했다. "저는 그 실험에 매료되었어요. ……그날 밤 파티에 갔어요. 간호사인 형수가 둘 있는

데, 그들 역시 그 실험을 정말 좋아했죠. 평생 잊지 못할 거예요."

수개월이 지났는데도, 그는 실험에서 전기충격을 계속 가하라는 지시에 자신이 복종하지 말았어야 했는지의 문제를 고려하지 않았다.

"……저는 약 8단계까지 더 올렸는데, 그(학습자)는 정말로 신경질적이었고 경찰을 부르려고 했어요. 그래서 교수님께 세 번이나 전화를 했지요. 세 번째 통화에서 그는 '그냥 계속하세요'라고 말했고 그래서 저는 다음 단계의 전기충격을 가했습니다. 그러고는 더 이상 아무런 대답도, 투덜거리는 소리나 다른 어떤 소리도 들리지 않았어요. 저는 '맙소사, 그가 죽었네. 우리가 그를 죽였어'라고 말했어요. 그리고 450볼트까지 그냥 계속했어요."

지노는 지시를 내리는 사람과 함께 실험실에 있었다면 더 편안했을 거라고 말했지만, 명령을 받아들이는 것에 반대하지 않았다. 전기충격을 가하는 것 때문에 괴롭거나 걱정했는지 물었을 때, 그는 이렇게 말했다. "아니요. ……저는 이것이 실험이라는 것을 알고 있었어요. 예일대학교는 무슨 일이 생길지 알고 있고, 그래서 그들이 문제없다고 생각한다면 제게도 문제가 되지 않아요. 그들은 저보다 더 잘 아니까요. ……제게 하라고 말한 모든 걸 저는 할 거예요……." 그러고는 다음과 같이 설명했다.

"이것은 모두 한 사람의 삶의 원칙과 그가 자란 방식, 그리고 그가 인생에서 세운 목표에 기초하고 있습니다. 군대에 있을 때, '언덕을 올라가라, 우리는 공격한다'는 말을 들으면 우리는 공격합니다. 상관이 '사격 연습장으로 간다. 배를 깔고 기어간다'고 말하면 우리는 배를 깔고 기어갈 것입니다. 나는 많은 동료들이 우연히 살무사를 만났을 때를 목격했는데, 그때 그들은 일어나지 말라는 얘기를 들었음에도 일어났습니다. 그리고 그들은 죽었습니다. 그래서 이 모두는 그가 자란 배경에 근거한다고 생각합니다."

그의 이야기에 따르면 비록 살무사가 정말로 위험해서 군인들을 본능적으로 일어서도록 했지만, 그렇게 하는 것은 땅에 엎드리라는 상관의 명령을 어겼다는 것이다. 그리고 명령에 불복종한 사람들은 결국 죽었다. 힘든 상황이라고 하더라도, 복종은 생존을 가장 확실하게 보장한다. 토론의 말미에 지노는 자신의 수행에 대한 반응을 이렇게 정리했다.

"글쎄요. 저는 문을 열기 전까지는 그 남자가 죽었다고 정말로 믿었어요. 그를 보았을 때, '대단해, 정말 대단해'라고 말했죠. 하지만 지시대로 하는 것이 괴롭지는 않았어요. 비록 그가 죽은 채 발견되었다 하더라도 말이에요. 저는 제 임무를 다했으니까요."

실험이 끝난 지 몇 개월 후, 그는 실험 때문에 힘들지는 않았지만 의문스러운 점이 있다고 했다. 마지막 보고서를 받고 그가 아내에게 한 말을 들려주었다. "저는 복종적으로 행동했고, 늘 그런 것처럼 지시에 따랐습니다. 그래서 아내에게 이렇게 말했죠. '다해냈어. 난 잘했다고 생각해.' 그러자 아내가 '그 남자가 죽었으면 어떡해요?'라고 물었습니다."

지노는 "그래서 그는 죽었어. 나는 내 일을 한 거야!"라고 대답했다.

08 역할 바꾸기

지금까지는 기본 구조는 그대로 유지한 채 거의 기계적으로 변형한 상황에서 피험자의 반응을 관찰했다. 확실히, 피험자와 희생자 사이의 거리 변화는 중요한 심리적 영향을 미쳤다. 그러나 이러한 사회적 행동의 뿌리를 조사하기 위해서는 그 상황을 좀더 깊이 파헤칠 필요가 있다. 그러기 위해서는 희생자를 실험실의 이쪽에서 저쪽으로 이동시키는 것뿐만 아니라, 상황의 필수적인 구성요소를 분석한 후 그것을 재조합함으로써 상황 변화를 모색해야 한다.

　실험 상황에는 지위(position), 신분(status), 행위(action)라는 세 가지 요소가 존재한다. 지위란 그 사람이 전기충격을 지시하는지, 실행하는지 아니면 받는지를 의미한다. 알게 되겠지만, 이것은 실험자 또는 피험자의 역할과는 개념적으로 다르다. 이 연구에서 신분은 그 사람이 권위자인지 아니면 일반인인지 두 경우를 의미한다. 행위란 세 가지 지위에 있는 각 사람들의 행동을 뜻한다. 좀더 구체적으로 말해, 희생자

그림 12 역할 바꾸기

	사람 1	사람 2	사람 3
지위	전기충격을 명령하는 사람	제어반에 있는 사람	전기충격을 받는 사람
신분	권위자	일반인	일반인
행위	전기충격의 실행을 옹호	중간	전기충격에 반대
구체적인 명칭	'실험자'	선생	학습자
개념적인 명칭	권위자	피험자	희생자

에게 전기충격을 가하는 것을 옹호하는지 아니면 반대하는지를 의미한다.

지금까지 보고한 실험에서, 이 요소들 사이의 모든 관계는 달라지지 않았다. 예를 들면, 행위는 늘 특정한 신분과 연결되어 있었다. 그래서 전기충격을 받는 사람은 항상 일반인(권위자에 반대되는 사람)이었고, 그의 행동은 변함없이 전기충격에 항의했다.

지위, 행위, 신분 사이의 관계를 그대로 유지하는 한, 우리는 어떤 근본적인 질문들에 답할 수 없다. 이를테면 이런 것이다. 피험자는 전기충격을 가하라는 명령의 내용에 주로 반응하는가, 아니면 명령을 내린 사람의 신분에 주로 반응하는가? 그의 행동을 주로 결정하는 것이 그가 들은 것인가, 아니면 누가 말하느냐인가?

실험 12 전기충격을 요구하는 학습자

실험자와 희생자의 임무를 서로 바꾸는 것부터 시작하도록 하자.

지금까지는 실험자가 늘 피험자에게 전기충격을 계속 가하라고 말했고 학습자는 항상 항의했다. 첫 번째 역할 바꾸기에서 이것을 반대로 할 것이다. 즉 학습자가 전기충격을 요구하고, 실험자가 전기충격을 금지하는 것이다.

이러한 변형은 다음과 같이 이루어졌다. 전기충격을 받고는 학습자가 고통으로 울부짖었다. 그러면서도 그는 기꺼이 계속하려 했다. 150볼트의 충격이 가해진 후, 실험자는 학습자의 반응이 너무 심각할뿐더러 그의 심장 상태로 봐서 더 이상 전기충격을 가해서는 안 된다면서 실

그림 13 학습자가 전기충격을 요구한다

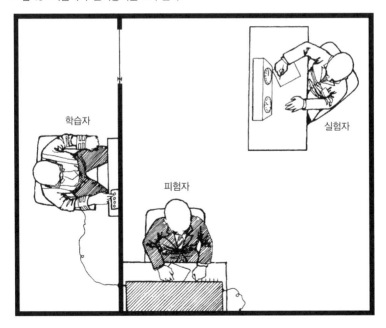

험을 중단시켰다.

그때 학습자가 실험을 계속하고 싶다고 소리쳤으며, 최근에 자신의 친구가 이 실험에 참가해서 끝까지 마쳤는데 지금 실험을 중단하는 것은 자신의 남자다움을 모욕하는 것이라고 울부짖었다. 실험자는 실험을 계속하는 것이 가치 있는 일이지만 학습자의 고통스런 반응 때문에 더 이상 전기충격을 가할 수 없다고 대답했다. 학습자는 '주어진 일을 다하기 위해' 실험실에 왔고, 이 일을 할 의사가 있다고 말하면서 실험을 계속하자고 주장했다. 그는 선생에게 절차에 따라 계속할 것을 고집했다. 그래서 피험자는 전기충격을 요구하는 학습자와 그것을 금지하는 실험자를 직면하게 되었다.

이 실험의 결과가 표 4에 나타나 있다. 단 한 명의 피험자도 학습자의 요구에 응하지 않았다. 모든 피험자가 실험자의 명령에 따라 전기충격을 중단했다.

피험자들은 권위자가 요구하면 학습자에게 기꺼이 전기충격을 가했지만, 학습자가 요구할 때는 그렇지 않았다. 이런 의미에서, 그들은 학습자에 대한 권리를 학습자 본인보다 권위자가 더 많이 가지고 있는 것으로 판단했다. 학습자는 권위자가 통제하는 전체 체계의 미약한 일부분에 지나지 않았다. 결정적으로 중요한 것은 명령의 내용이 아니라 권위자라는 명령의 출처이다. 기본 실험에서 실험자가 "165볼트를 실행하십시오"라고 말하면, 대부분의 피험자는 학습자의 항의에도 불구하고 그렇게 했다. 그러나 학습자가 "165볼트를 실행하십시오"라고 말하면, 단 한 명도 그렇게 하려고 하지 않았다. 물론 권위자가 정한 목적 안에서 그렇게 하는 것은 의미가 없다. 이러한 결과는 단지 권위자의 목적이 전체 상황을 얼마나 완벽하게 지배하는가를 보여줄 뿐이다. 학습자는 남자다움을 보여주기 위해 일련의 전기충격을 받고자 했지만, 피험자가 권위자의 관점을 완전히 받아들이는 상황에서 이런 개인적인 바람은 전혀 소용이 없었다.

학습자에게 전기충격을 가하겠다는 결정은 그 학습자의 바람이나 피험자의 우호적 또는 적대적 충동에 달려 있는 것이 아니라, 오히려 피험자가 권위 체계에 구속되어 있는 정도에 달려 있다.

희생자와 실험자의 임무를 서로 바꾼 것은 표준 상황을 극단적으로 변경한 것이다. 전적으로 놀라운 효과는 아니라 하더라도, 이러한 변경은 분명한 영향을 미쳤다. 그러나 평소 상황과 너무 많은 것들이 달라져서, 그 영향의 정확한 원인을 파악할 수 없다. 영향이 좀 덜 강력하더라도, 그 근원을 좀더 정밀하게 밝히기 위해서는 적절히 바꾼 상황을 연구해야 한다.

실험 13 일반인 실험자의 명령

가장 중요한 질문은 피험자가 희생자에게 전기충격을 가하도록 만드는 실험자의 힘이 어디에서 나오느냐 하는 것이다. 명령의 내용 그 자체인가, 아니면 명령을 내린 사람의 권위에서 나오는가?

지적했듯이, 실험자의 역할은 신분상의 요소와 희생자에게 전기충격을 가하는 특별한 임무로 되어 있다. 이제 그의 임무는 유지하면서 그의 신분상의 요소만 제거할 수 있다. 그 가장 간단한 방법은 실험자의 명령권을 일반인에게 주는 것이다.[8]

표 4 역할 바꾸기 실험에서 가한 최고 전기충격치

전기충격 단계	언어적 표기와 전압 수준	실험 12 전기충격을 요구하는 학습자 (n=20)	실험 13 일반인 실험자의 명령 (n=20)	실험 13a 방관자로서 피험자 (n=16)
	약한 충격			
1	15			
2	30			
3	45			
4	60			
	중간 충격			
5	75			
6	90			
7	105		1	
8	120			
	강한 충격			
9	135			
10	150	20	7	3
11	165		1	1
12	180			
	매우 강한 충격			
13	195		3	
14	210			
15	225			
16	240			
	극심한 충격			
17	255		1	
18	270		1	
19	285			
20	300		1	
	지극히 극심한 충격			
21	315			
22	330			
23	345		1	
24	360			
	위험: 심각한 충격			
25	375			
26	390			
27	405			
28	420			1
	XXX			
29	435			
30	450		4	11
	최고 전기충격 단계의 평균	10.0	16.25	24.9
	복종한 피험자의 백분율	0.0%	20.0%	68.75%*

*일반인에 반항한 피험자 16명 중에서 그 일반인이 최대 전기충격을 가할 때 이를 제지하지 않은 피험자의 백분율. 본문 참조.

전기충격 단계	언어적 표기와 전압 수준	실험 14 희생자가 된 권위자 (n=20)	실험 15 두 명의 권위자와 상반되는 명령 (n=20)	실험 16 두 명의 권위자 중 한 명이 희생자 (n=20)
	약한 충격			
1	15			
2	30			
3	45			
4	60			
	중간 충격			
5	75			
6	90			
7	105			
8	120			
	강한 충격			
9	135		1	
10	150	20	18	6
11	165		1	
12	180			
	매우 강한 충격			
13	195			
14	210			
15	225			
16	240			
	극심한 충격			
17	255			
18	270			
19	285			
20	300			1
	지극히 극심한 충격			
21	315			
22	330			
23	345			
24	360			
	위험: 심각한 충격			
25	375			
26	390			
27	405			
28	420			
	XXX			
29	435			
30	450			13
	최고 전기충격 단계의 평균	10.0	10.0	23.5
	복종한 피험자의 백분율	0.0%:	0.0%	65.0%

:이 수치의 의미는 152쪽의 본문 참조.

이러한 절차상의 변형 속에서 피험자와 비슷한 일반인이 특정 수준의 전기충격을 가하라는 명령을 내린다. 피험자 세 명(그중 두 명은 실험협조자)이 실험실에 도착한 후, 미리 짜놓은 제비뽑기를 통해 평소의 실험협조자가 희생자의 역할을 맡는다. 두 번째 실험협조자는 실험자의 책상에 있는 시계를 보며 시간을 기록하는 임무를 맡는다. 원래의 피험자는 제비뽑기를 통해 단어 쌍을 읽고 학습자에게 전기충격을 가하는 일을 맡게 된다. 실험자는 평소대로 지시를 하고, 희생자를 전기의자에 묶고, 샘플 충격을 실시한다. 그러나 실험 내내 실험자는 가할 전기충격의 단계를 정해주지 않는다. 미리 계획한 전화를 받고 실험자가 밖으로 나간다. 좀 당황스러워하면서도 실험을 마치기 위해 실험실을 떠나기 전 실험자는 모든 학습 정보가 자동으로 기록될 것이라고 말하고, 학습자가 모든 단어 쌍을 완벽하게 배울 때까지 피험자는 실험을 계속해야 한다고 지시한다(다시 말하지만, 이용해야 할 전기충격의 수준에 대해서는 언급하지 않았다).

실험자가 떠난 후, 좀 의욕적인 실험협조자는 전기충격을 이용할 좋은 방식, 구체적으로 말해서 학습자가 틀릴 때마다 전기충격의 수준을 한 단계씩 높이는 방법이 막 생각났다고 말한다. 그는 이 절차를 따라야 한다고 실험 내내 주장한다.

그리하여 피험자는 실험상의 권위자가 규정한 전반적인 상황과 권위자의 신분을 갖지 못한 고집스런 일반인이 특정 수준의 전기충격을 가하라는 명령, 이 두 가지에 직면하게 된다.

결과에 대해 토론하기에 앞서서 몇 가지 전체적인 상황을 살펴볼 필요가 있다. 첫째, 필요에 따라 실험의 상황을 좀더 변형시켰다. 실험자

그림 14 일반인이 명령을 내린다

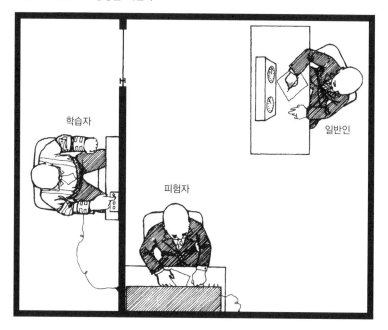

가 실험실에서 철수하는 것은 매우 의아스러운 일로, 그 상황의 신빙성을 어느 정도 손상시켰다. 둘째, 비록 실험의 목적이 권위자의 명령권을 제거하는 것이었지만, 완벽하게 그렇게 하는 것은 거의 불가능했다. 실험자가 없을 때조차 권위의 흔적들이 많이 남아 있었다. 전기충격을 가한다는 아이디어뿐만 아니라 전체적인 상황을 권위자가 규정했다. 일반인이 할 수 있는 일은 전기충격의 정확한 수준을 정하는 것뿐이었다. 배후에서 권위자가 피험자들이 처한 기본적인 상황을 결정했다.

그럼에도 불구하고 순응은 급격히 하락했다. 실험을 계속해야 한다는 그 일반인의 설득력 있는 주장의 집중포화에도 피험자 20명 가운데

16명이 그의 주장을 따르지 않았다. 그 수치들이 표 4에 나타나 있다. 피험자의 5분의 1만이 그 실험자를 따랐다.

　이런 결과의 중요성을 논의하기 전에, 이 실험을 확장한 또 다른 실험을 진행해보자.

실험 13a 방관자로서 피험자

피험자가 일반인의 지시를 거부했을 때, 새로운 상황을 하나 도입했다. 그러한 거절에 언짢아하면서 피험자가 그렇게 하지 않겠다면 실험 협조자가 직접 전기충격을 가하겠다고 나섰다. 그러고는 피험자에게 전기충격의 지속 시간을 기록하도록 요청하고 전기충격기 앞으로 자리를 옮겼다. 그래서 피험자는 학습자에게 전기충격을 가하지 않아도 되었지만, 함께 참가한 그 공격적인 사람이 전기충격의 강도를 계획대로 한 단계씩 높여가는 무시무시한 장면을 목격해야만 했다. 이런 상황에 놓인 피험자 16명 중 (실제로 모든 피험자가 그 공동참가자의 행동에 항의했다) 5명이 전기충격을 가하지 못하도록 하기 위해 그 사람이나 전기충격기에 물리적인 행동을 취했다. (여러 사람이 전기충격기의 전원을 차단하려고 노력했다. 4명은 그 공동참가자를 물리적으로 제지했다.) 몸집이 큰 한 사람은 전기충격에 열광하는 그를 의자에서 들어 올려 실험실 구석으로 내던지고, 더 이상 충격을 가하지 않겠다고 약속할 때까지 그를 움직이지 못하게 했다. 피험자들이 권위 앞에 아무리 수동적이라 하더라도, 이 상황에서는 그들 중 5명이 희생자를 보호하기 위해 용맹스럽게 일어났다. 그들은 거리낌 없이 그 일반인을 위협했고 그의 판단을 비판하거나 그를 개인적으로 비난했다. 이런 태도는 다른 실험에서 권위자가 명령권을 가졌을 때 피험자들이 변함없이 보이던 정중하고 공손한 태도와는 매우 대조적이었다. 그 실험에서는 복종하지 않을 때조차 권위자에게 예의바르고 심지어 공손한 모습을 보였다. 중단 시점이 표 4에 나타나 있다.

공동참가자가 직접 전기충격을 실행하겠다고 제안했을 때, 피험자가 말한 내용이다.

일반인: 내가 대신할까요?

피험자: 그대로 앉아 계세요. 제가 하는 어떤 것도 당신에게 맡기지 않을 거예요. (피험자가 희생자를 그 방에서 내보내려고 노력하지만 문이 잠겨 있다. 그 일반인은 더 높은 전기충격을 가하라고 다시 말한다.)

피험자: 아니요, 더 이상은 안 돼요. (일반인에게 소리치며) 안 된다고 말했습니다! 안 된다고요! 당신은 그 사람에게 고통을 주고 있어요. 그리고 …… 그 사람은 나가길 원해요. 실험자를 부르겠어요. 한 번만 더 그를 고통스럽게 하면 가만두지 않겠어요.

일반인에게 동조하기를 거부하면서, 대부분의 피험자들은 실험자도 그러길 원할 것이라고 생각했다. 그리고 일반인에 대한 인상을 물었을 때 그들은 다음과 같이 말했다.

"실험실에서 저와 반대편에 있지 않는 한, 그는 하루 종일 스위치를 당길 수 있는 그런 녀석입니다. 중세 시대에 살았다면, 아마도 고문대를 작동시키는 사내였을 거예요."

"너무 끈질겨요. 그 사람의 자식이 아닌 게 다행이죠. 그는 '자, 계속합시다. 계속해……'라며 계속 강요했어요. 그는 끝까지 갔어요. 그러면서 '저도 성질 있거든요'라고 말했습니다. 저는 그게 너무 난폭하다고 생각했어요."

"나는 그가 너무 잔인하다고 생각했어요. 심지어 아무 대답이 없을 때에도 전기충격을 가했어요."

그러나 그 일반인의 채근에 실험을 끝까지 계속한 4명 중 1명은 그에 대해 이렇게 말했다. "저는 그가 강한 교사라고 생각했어요. 능력 있는 교사요. 그는 강하기 때문에 빈둥거리지 않았어요. 그는 마음속에 계획안을 가지고 있었고 그것을 제대로 실행해야 하니까 그런 태도를 취한 것이죠. 그가 그런 태도를 취한 것은 칭찬받을 만하다고 생각합니다. 그의 능력이 닿는 한, 우리가 그 계획안을 어떻게 실행하느냐에 대해서는 의문의 여지가 없었죠. 그가 자신의 계획안을 매우 잘 수행한 것처럼 보여요."

실험 14 희생자가 된 권위자와 명령하는 일반인

지금까지는 전기충격을 지시한 사람의 신분을 살펴보았다. 이제 전기충격을 받는 사람의 신분을 살펴보자.

지위나 신분을 최대한 크게 바꾸고자 한다면, 논리적으로 볼 때 이러한 변경이 필수적이다. 우리는 권위자를 희생자로 다룰 때의 효과에 주목할 필요가 있다. 즉 실험자의 신분을 희생자의 지위에 놓는 것이다. 그러나 누가 전기충격을 지시할 것인가? 권위자, 아니면 일반인? 이 두 가지 상황을 모두 서술하겠지만, 먼저 일반인이 권위자에게 전기충격을 가하도록 지시하는 상황을 살펴보자.

일반인의 지시에 따라 권위자가 전기충격을 받는 상황을 만들기 위해 다음과 같은 절차를 밟았다. 두 사람이 실험실에 와서는 선생과 학습자의 역할을 맡기 위해 제비뽑기를 한다. 평소처럼, 실험자는 학습자에게 그가 받을 처벌을 설명한다. 이 시점에서 학습자가 전기충격이 무섭다면서 하고 싶지 않다고 고집한다. 하지만 다른 사람, 이를테면 실험자가 자신이 해야 할 역할을 먼저 보여준다면, 실험을 계속할 의향이 있다고 말한다. 자신은 피험자가 절실히 필요한데 전기충격을 받겠다는 지원자를 구하기가 어렵다고 이미 밝힌 실험자는 자신이 학습자의 역할을 하겠다고 말한다. 하지만 자신이 학습자 역할을 하는 조건으로 그 사람이 곧이어 학습자의 역할을 해야 한다고 말한다. 그다음 실험자는 의자에 묶이고, 전극봉을 붙일 곳에 연고가 발라진다. 실험이 진행되면서 피험자는 실험자에게 전기충격을 가하고, 실험협조자(희생자 역할을 하는 마치 씨)는 실험자의 책상에 앉아 있다.

150볼트에서 실험자가 나가게 해달라고 요구하지만, 실험협조자는 약속대로 계속해야 한다고 강하게 밀어붙인다. 그래서 자신이 희생자라면 받을 전기충격을 실험자에게 똑같이 가하라고 이 일반인이 요구하는 동안, 피험자는 나가게 해달라는 실험자에게 전기충격을 가한다.

그림 15 희생자가 된 권위자와 명령하는 일반인

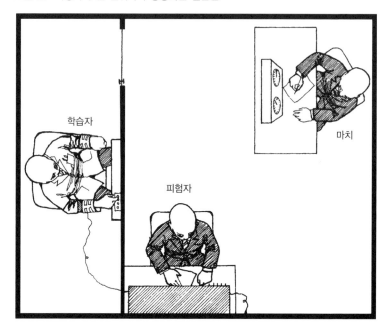

실험이 좀 특이하다는 점을 고려할 때, 실험협조자의 훌륭한 연기력 덕분에 이러한 절차가 매우 효과적이었고 놀라울 정도로 그럴듯했다. 다음은 수행 과정 중 녹취한 내용이다.

그들이 막 제비뽑기를 했다. 아무것도 모르는 피험자는 선생이 되고, 실험협조자 마치(Mr. March)는 학습자가 된다.

실험자: 먼저 할 일은 학습자가 처벌을 받을 상황을 구축하는 것입니다. 옆방으로 나를 따라오세요.

마치: 무슨 처벌이죠?

실험자: 음, 이 장비는 전기충격기예요. 그러니까 우리가 사용하는 처벌

은 전기충격입니다.

마치: 제가 전기충격을 받는다고요?

실험자: 만약 문제를 틀리면 선생이 전기충격을 가할 겁니다.

마치: 15볼트 또는 30볼트를 말하는 건가요?

실험자: 네.

마치: (더 낮은 전기충격 수준을 가리키며) 이 단계에 머물러 있으며 좋겠네요.

실험자: 글쎄요, 당신한테 달린 거죠. 당신이 얼마나 잘 익히느냐에 달려 있습니다.

마치: 혹시 75볼트까지도 전기충격을 가할 수 있나요?

실험자: 네, 그럼요. 틀린 횟수에 달려 있으니까요.

마치: 120볼트도 가능한가요?

실험자: 그럼요, 가능하지요.

마치: 그럼 제가 받을 수 있는 최고 전기충격은 얼마인가요?

실험자: 음, 다시 말하지만 그건 당신이 얼마나 잘 익히느냐에 달려 있어요.

마치: 제가 제대로 못 하면 어느 정도의 전기충격을 받을 수 있나요?

실험자: 음, 실험상 필요하다면 제어반 맨 끝까지도 갈 수 있어요. 하지만 그건 전적으로 당신이 문제를 얼마나 잘 해결하느냐에 달려 있습니다.

마치: 그렇게 강한 전기충격은 받고 싶지 않아요. (좀더 낮은 수준의 전기충격을 가리키며) 여기 15볼트 이하라면 기꺼이 하지요.

실험자: 솔직히 전기충격 때문에 이 특별한 실험에 자원자를 충분히 확보하기가 어려워요.

마치: 알 것 같아요.

실험자: 너무 어렵기 때문에, 나 역시 한 번쯤은 학습자가 되고 싶었어요. 그리고 솔직히 오늘 저녁까지 이 실험을 마쳐야 해서 시간이 별로 없어요. 어느 한 사람이라도 우리에게 협조하지 않아서 실험을 진행할 수 없다면, 이 실험을 저녁까지 끝마치지 못해요. 당신이 이 실험에 협조해주면 정말 감사하겠어요.

마치: 어느 정도 안심할 수 있다면 그렇게 하지요. 예를 들어 당신이 먼저 해보고, 그러니까 전기충격을 받는 모습을 보여주면 저도 분명히 하겠습니다. 누군가가 이런 전기충격을 받을 수 있다는 걸 보여주면요.

실험자: 마치 씨, 이건 어떤가요? 내가 먼저 실험에서 학습자 역할을 하면, 그다음 실험에서는 당신이 학습자 역할을 맡는 건요?

마치: 당신이 그렇게 하고 나면, 저도 그렇게 해야 하나요? 전기충격을 비롯해서 모든 걸?

실험자: 네, 전부 다요.

마치: 그러면 당신이 실험을 마치고 두 발로 걸어 나오는 걸 본다면, 나도 하지요.

실험자: 좋아요. 그렇게 하죠. 그러는 게 도움이 되겠네요. 실험은 한 번이 아니라 두 번이고, 밤쯤에 끝날 것 같네요. 자, 이제 그렇게 합시다. 먼저 내가 실험에 참가할 겁니다. 그리고 내가 실험을 끝마치는 대로 당신이 학습자가 되는 겁니다. 알겠죠?

마치: 네.

실험자: 네, 좋아요.

마치: 당신이 실험에 참가해서 전기충격을 받는다면, 나도 할 수 있어요.

또한 실험자는 피험자에게 전기충격기 자리에 앉으라고 지시한다. 그러고 나서 피험자는 실험자를 전기의자에 끈으로 묶고 전극봉을 붙일 자리에 연고 바르는 일을 도와준다. 실험자가 나가게 해달라고 요청한 시점부터 녹취한 내용이다.

(150볼트가 주어진다.)

실험자(소리치며): 신사양반, 이것으로 충분합니다.

피험자: 당신이 그렇게 말할 만도 해요.

마치: 아니, 계속해요. 자 빨리, 전부 다해야 한다고요. 자, 그러니까 어서 계속해요.

피험자(실험자에게): 뭐라고요?

마치(끼어들면서): 저 사람이 나한테 450볼트까지 전기충격을 가해도 괜찮다고 했다니까요. 그가 견딜 수 있는지 알고 싶어요.

피험자: 하지만 사람이라면 못 견딜 거에요. 그렇게까지 하는 게 말이 안 되잖아요. 당신도 내 말 무슨 뜻인지 알잖아요.

마치: 아니, 몰라요.

피험자(마치에게): 그럼 당신이 원하면 언제든지 실험을 그만둘 수 있게 해줄게요. 어때요? 됐나요?

마치: 저 사람은 우리에게 완벽하게 학습해야 한다고 말했단 말이에요.

피험자: 이제 나는 저 남자에게 고통을 주고 싶지 않아요. 보세요, 너무 많이 높였잖아요. 지금 165볼트까지 올라갔어요.

마치: 당신한테도 완벽하게 학습해야 한다고 했잖아요. 끝까지 올리라고 했단 말이에요.

피험자: 나는 이제 그의 결정에 따를 거예요. 그가 계속하기를 원하지 않으면, 우리는 멈춰야 해요.

실험자: 제발 이제 그만합시다.

피험자: 네, 알겠어요.

(피험자는 즉시 실험자가 있는 방으로 가서 의자에 묶인 그를 풀어준다. 마치는 실험을 계속해야 한다고 주장한다.)

마치: 당신이 내게 말하지 않았나요?

실험자: 내가 말한 건 상관없어요. 난 그만하고 싶어요.

피험자(실험자를 풀어줄 때처럼 온화하게): 정말 대단해요. 내가 그 전기충격을 느낀단 말이에요, 버튼을 누를 때마다. 당신은 계속 높이려고 했죠. 당신도 제게 가한 샘플 충격이 고통스럽다는 걸 알잖아요. 뭐, 75? 그러고선 160까지 올렸잖아요.

표 4에서 보듯, 실험자에게 전기충격을 가하라는 마치의 지시는 전적으로 무시되었다. 전기충격을 받은 실험자가 처음 항의할 때 모든 피험자는 그 시점에서 단 한 단계도 나아가지 않고 실험을 중단했다. 다른 어떤 반응도 없었다. 게다가 많은 피험자가 실험자를 돕기 위해 벌떡 일어나서는 그가 묶여 있는 옆방으로 뛰어갔다. 피험자들은 실험자에게 때때로 공감을 표시했지만, 자신에게 지시한 그 일반인은 멀리하며 마치 미친 사람 대하듯 했다.

많은 피험자들이 자신의 즉각적 반응을 인간성에 근거해 설명하면서 상황의 권위적 측면을 인식하지 못했다. 단지 상사의 명령에 복종한 것이 아니라, 자신의 친절한 성품에서 비롯되었다고 보는 것이 피험자에게는 더 만족스러울 것이다.

일반인에게 전기충격을 가한다면 어떻게 하겠느냐는 질문에, 이 피험자들은 희생자가 항의하는 단계 이상으로 계속 전기충격을 가할 것이라는 점을 완강히 부인했다. 그들은 권위자가 자신들의 결정에 미치는 영향을 제대로 평가하지 못했다. 마찬가지로 사람들이 일상 속에서 하는 많은 행동들이 그들에게는 내적 도덕성에서 비롯된 것으로 보이지만 실제로는 권위에 의해 유발된다.

세 차례에 걸친 실험에서 우리는 전기충격을 지시하는 사람을 권위자가 아닌 일반인으로 바꾸었다. 첫 번째 학습자는 남자다움을 증명하기 위해 실험을 계속하라고 요구했지만, 실험자가 실험을 중단시켰다. 전기충격을 더 가하라는 학습자의 요구를 따른 피험자는 단 한 사람도 없었다. 두 번째 실험에서는 실험자는 자리에 없지만, 그의 전권을 위임받은 일반인이 희생자의 항의에도 다른 참가자에게 전기충격의 강도를 높이라고 지시했다. 20명 중 16명이 그 지시를 따르지 않았다. 세 번째 실험에서는 일반인이 권위자에게 전기충격을 가하라고 피험자에게 지시했다. 그 권위자가 실험 중단을 요구하자 곧 모든 피험자가 중단함으로써 그 일반인의 냉정한 지시를 전적으로 무시했다.

이러한 연구들은 본질적인 사실을 확인해주었다. 즉 결정적인 사실은 피험자들이 전기충격을 가하라는 특정 명령보다 권위자에 반응한다는 것이다. 권위자가 아닌 일반인의 명령은 모든 힘을 상실한다. 다른 사람을 해치라는 명령을 받으면 공격 동기 또는 가학 본능이 나온다고 주장하는 사람들은, 이런 실험에서 피험자가 계속할 것을 강력하게 거부했다는 사실을 고려해야 한다. 즉 중요한 것은 피험자가 한 행동이 아니라 누구를 위해 그러한 행동을 하느냐이다.

두 명의 권위자

지금까지는 핵심 갈등이 일반인과 권위자 사이에 존재했다. 이제 권위 그 자체가 갈등 상황에 놓여 있을 때, 어떤 일이 일어나는지 알아보자. 실제 삶에서 우리는 이따금 권위자들 중에서 선택을 해야 하기 때문에, 실험을 통해 이러한 현상을 고찰할 필요가 있다. 두 권위자가 상반되는 행동을 동시에 요구할 때, 사람들은 자신의 주요 가치에 따라 어떤 권위자를 따를지 결정할 수 있다. 또는 상충하는 두 권위자 사이에서 궁극적으로 절충할 수도 있다. 이러한 상황은 피험자에게 더 큰 갈등을 유발하는데, 희생자에게 전기충격을 가할 것이냐 말 것이냐 뿐만 아니라 어떤 권위자를 따를지도 결정해야 하기 때문이다. 또한 우리는 권위를 효율적으로 행사할 수 있는 상황과 그럴 수 없는 상황을 알 수 있다.

실험 15 두 명의 권위자와 상반되는 명령

이처럼 변형된 실험에서, 실험실에 도착한 피험자는 실험자 두 명을 만났다. 그들은 전문가용 회색 웃옷을 입고 있었으며, 번갈아 가며 지시를 내렸다. 둘은 나이와 키가 비슷했지만, 1번 실험자가 2번 실험자보다 좀더 부드러워 보였다. 이 실험에서도 희생자는 여느 때와 마찬가지로 둥근 얼굴형의 회계사였고, 당연히 그를 의자에 묶었다. 모든 과정은 일반 실험에서와 같았다. 실험자 두 명 모두 책상 앞에 앉아 적극적으로 반응을 기록했다. 의견을 같이하던 두 사람이 150볼트에서 갑자기 충돌했다(희생자가 처음으로 격렬하게 항의하는 때가 바로 이 시점이라는 점을 상기할 필요가 있다). 한 실험자는 평소대로 실험을 계속하라고 지시했고, 다른 실험자는 이와 정반대로 지시했다.

악의적인 권위자가 행사하는 압력은 다른 조건들에서와 비교해 결코 약하지 않았다. 이 권위자는 피험자에게 다른 선택의 여지가 없다면서 계속할 것을 종용했다. 그러나 그의 이러한 명령은 정반대로 지시하는 두 번째 권위자에 의해 훼손되었다.

최종 효과는 우리가 기대한 것만큼 강하지 않았다. 권위자인 두 실험자는 서로 의견이 갈렸으며, 저마다 옳다고 확신했다. 그러나 그들은 서로 논쟁하기보다 피험자에게 지시하는 데 집중했다. 그리하여 피험자는 동등한 두 권위자의 상반되는 명령에 직면하게 되었다.

다음은 그들이 나눈 대화를 녹취한 한 예다.

실험자 1: 그만해야 돼요.

실험자 2: 실험을 계속할 필요가 있어요. 그러니 계속합시다.

피험자: 오, 이런.

실험자 1: 피험자가 고통스러워하잖아요. 실험을 계속할 수 없어요.

실험자 2: 여러분, 다른 선택의 여지가 없어요. 이 실험을 계속해야 합니다. 계속합시다.

실험자 1: 그만해요. 이 실험을 계속할 수는 없다니까요.

실험자 2: 윌리엄스 씨, 실험을 계속해야 합니다.

그림 16 두 명의 권위자와 상반되는 명령

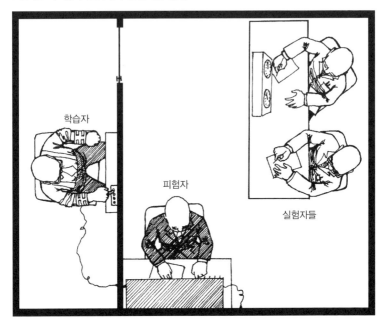

학습자

피험자

실험자들

피험자: 두 분 다 마음을 정리하시죠.

(멈춤.)

피험자: 잠깐만요. 이제 어떻게 하죠? 한 분은 하지 말라고 하고, 또 한 분은 계속하라고 하시니, 어떻게 하죠?

피험자는 어떻게 행동해야 할지 각각의 권위자가 지시하는 상반되는 두 가지 명령에 직면해 있다. 표 4에 나와 있는 실험의 결과는 분명하다. 피험자 20명 중 한 명은 실험자들 사이에 의견 충돌이 있기 전에 그만두었고, 18명은 의견 충돌이 처음으로 일어난 시점에 그만두었다. 나머지 한 명은 이 시점에서 한 단계 더 나아간 후 그만두었다. 확실히 두 권위자의 의견 차이는 어떻게 행동해야 할지 전혀 갈피를 잡지 못하게 만들었다. 계속하라는 지시를 따른 피험자는 단 한 명도 없었다. 즉 악의적인 권위자의 위엄 있는 지시를 이용하여 자신의 공격 동기를 표출한 피험자는 한 명도 없었다. 오히려 그 과정에서 행동을 완전히 중단했다.

반대로, 또 다른 변형된 실험에서는 희생자의 어떤 행동도—애원, 비명, 전기충격에 대한 다른 모든 반응들—그것이 곧바로 분명한 효과를 내지는 못했다는 점에 주목할 필요가 있다. 행동이란 사회적 위계 구조상 위에서 아래로 흘러가기 때문이다. 즉 피험자는 자기보다 높은 수준에서 내려오는 신호에는 반응하지만, 아래에서 올라오는 신호에는 무관심하다. 상부에서 내려오는 신호가 '오염되면', 위계 체계가 무너져 행동을 효과적으로 통제할 수 없다.

이 실험에서 흥미로운 현상이 나타났다. 어떤 피험자는 의미 있는 위계 구조를 재구성하고자 계속 노력했다. 그러한 노력은 두 실험자 중 누가 더 권위 있는지를 확인하려는 형태로 나타났다. 누가 더 권위자인지 알지 못할 때, 피험자는 불안해하며 때로는 누가 더 권위자인지를 결정하기 위해 미친 듯이 노력했다.

실험 16 두 권위자 중 한 명이 희생자

앞서 서술한 변형 실험에서, 두 실험자의 권위가 동등하게 보이도록 만들기 위해 모든 노력을 다했다. 이를테면 그들은 똑같은 옷을 입고 같은 장소에 앉아 있었으며, 피험자에게 내리는 지시도 동일하게 배분

했다. 그래서 그 상황 구조 안에서 각자의 신분뿐만 아니라 지위도 가능한 동등하게 보이도록 만들었다. 그러나 이 실험에서 하나의 흥미로운 의문이 생긴다. 즉 실험의 효과가 단지 권위자라는 명목상의 동일한 호칭 때문인가 아니면 구체적으로 지위가 동일하기 때문인가? 권위는 단지 신분에 대한 호칭에만 국한되어 있는가 아니면 상황 속 행위의 구조 안에서 개인이 실질적으로 차지하는 지위에 상당 부분 달려 있는가?

예를 들면, 왕은 왕위에 있는 동안은 엄청난 권위를 가지지만, 감옥에 갇히게 되면 아무런 명령을 내릴 수 없다. 그의 권력은 복장과 더불어 부분적으로는 권위자로서 실질적인 직능에 달려 있다. 게다가 상충하는 여러 권위자가 위계 구조에서 유사한 지위를 가질 수 없다는 사실로 볼 때, 상황이 누구에게 유리한지 알게 되면 사람들은 쉽게 마음을 바꿔 그에게 충성하게 된다. 그럼 사변적인 논의는 그만하고, 이 문제를 실험을 통해 계속 점검해보자.

피험자가 외모나 권위 면에서 비슷한 두 실험자를 직면한다는 점에서, 이번 변형 실험도 앞서 서술한 실험과 전반적으로 유사한 구조이다. 하지만 두 실험자와 피험자가 네 번째 실험참가자를 기다리는 동안, 실험실에 전화 한 통이 걸려온다. 네 번째 참가자가 약속을 취소한 것이다. 실험자들은 실망감을 내비치면서 그날 저녁까지 자료를 모두 얻어야 한다고 말한다. 좋은 대안은 아니지만 실험 할당량을 맞추기 위해 한 실험자가 피험자 역할을 하는 것이 어떻겠느냐고 한 사람이 제안한다. 실험자 중 누가 그 역할을 할지 동전을 던져 결정한 다음, 진 실험자는 다시 피험자와 제비뽑기를 해서 누가 선생을 하고 누가

그림 17 두 권위자 중 한 명이 희생자

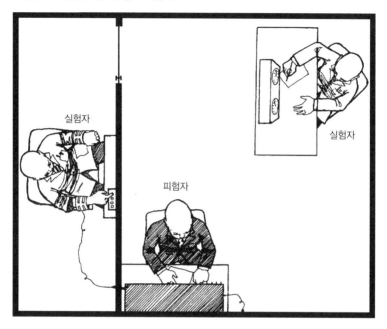

학습자가 될지를 결정한다. 미리 조작한 제비뽑기를 통해 실험자는 학습자가 되어 의자에 묶이게 된다. 그는 보통의 희생자처럼 행동한다. 그러니까 150볼트에서 그는 이제 충분하다면서 실험을 그만두게 해달라고 요구한다. 그러나 두 번째 실험자는 실험을 계속해야 한다고 주장한다. 앞선 두 명의 권위자 실험과 중요한 차이점이 여기에 있다. 즉 상충하는 명령을 내리던 두 명의 실험자는 더 이상 위계 구조 안에서 동일한 지위를 가지지 않는다. 동전 던지기를 통해 한 명은 희생자가 되고, 다른 한 명은 권위자의 신분을 갖게 된 것이다.

　이 실험의 결과가 표 4에 제시되어 있다.

　결과는 아주 충격적이었다. 전기의자에 묶인 실험자는 권위가 전혀 없는 희생자보다 나을 것이 없었다. 그가 나가게 해달라고 요구했을 때, 실제로 거의 모든 피험자는 실험을 완전히 중단하거나 또는 전적으로 그를 무시했다. 한 사람을 제외하고는 모두 이러한 양극단의 패턴을 보였다. 그러나 전반적으로 그 실험자는 동일한 상황에 놓인 평범한 사람보다 나은 대우를 받지는 못했다. 분명히 그는 권위자로서 모든 권력을 상실했다.

그러면 아래의 세 가지 결론을 살펴보자.

1. 일반인이 실험자에게 전기충격을 가하라는 지시를 피험자에게 내렸을 때, 실험자가 맨 처음 항의한 이후 어떠한 피험자도 이러한 지시를 따르지 않았다(실험 14).
2. 동등한 지위의 두 실험자가 명령 테이블에 앉아 서로 정반대의 명령을 내렸을 때, 전기충격을 가한 사람은 아무도 없었다(실험 15).
3. 한 실험자가 동료 실험자에게 전기충격을 가하라고 피험자에게 지시했을 때, 동료 실험자의 항의는 일반인이 항의했을 때와 마찬가지로 아무런 효과가 없었다(실험 16).

첫 번째 질문은 실험자가 희생자의 역할을 한 상황에서 왜 그 실험자는 자신의 권위를 상실했고, 반면에 실험 15에서는 그렇지 않았느냐 하는 것이다.

가장 널리 알려진 원리는 피험자의 행동이 더 높은 지위를 가진 사람의 지배를 받는다는 것이다. 동시에, 이런 상황에서는 일관된 행동 노선을 찾으려는 압박감이 있다. 상충하거나 모순되는 요소 없이 위계가 분명할 때, 이러한 행동노선이 분명해진다.

실험 14와 비교

실험 14에서 실험자가 처음으로 항의했을 때 피험자들은 실험을 중단했다. 이때 피험자들은 상대적으로 더 높은 신분을 지닌 사람이 행동을 통제한다는 원리를 준수했다. 그 실험에서 피험자들이 실험자에게 전기충격을 가하도록 만들려는 마치의 노력은 실패로 돌아갔다. 실험자가 내보내달라고 요구하자, 모든 피험자는 이내 그렇게 했다. 마치의 반대 명령은 전혀 경쟁의 대상이 되지 못했다. 그는 심각하게 고려할 만한 신분을 가지지 못했고, 장군의 처지가 되어 군대를 호령하는 아이와 같은 꼴이었다. 틀림없이, 행동은 더 높은 권위자의 통제를 받았다.

실험 15와 비교

실험 15에서 두 실험자가 명령 테이블에 앉아 상반되는 지시를 했을 때, 피험자는 모든 행동을 멈춰버렸다. 더 높은 지위의 권위자가 누구인지 분명하게 구분할 수 없었고, 결과적으로 어떤 행동노선을 따라야 할지 결정할 수 있는 방법이 없었기 때문이다. 더 높은 사람의 명령을 받아 그 명령을 정해진 대상에게 수행하는 것이 권위 체계의 본질이다. 이 체계가 작동하기 위해 필요한 최소한의 조건은 명령이 분명하고 일관적이어야 한다는 점이다. 명령이 상충할 때 피험자는 누가 윗사람인지를 파악해서 그에 따라 행동한다. 이런 문제를 해결하기 위한 근거가 없으면 더 이상 행동을 할 수 없다. 그 명령은 근원적으로 모순된다. 권력이 효과를 발휘하려면, 권력의 구조가 그러한 모순을 가지고 있지 않아야 한다.

실험 16에서 왜 한 실험자는 모든 권위를 상실했을까? 피험자들은 모순이나 상충하는 요소가 없는 분명한 위계적 관계를 파악하려는 경향을 가지고 있다. 따라서 그들은 모든 가능한 근거를 동원하여 위계를 확인하고, 더 높은 권위자에게 반응하려 한다. 즉 이런 상황이다.

1. 한 실험자가 희생자의 역할을 기꺼이 떠맡았다. 그래서 그는 다른 실험자에 비해 명령자로서 신분을 일시적으로 상실했다.

2. 권위는 단순히 호칭뿐만 아니라 사회적으로 정해진 상황에서 특정한 행동을 수행할 수 있는 지위를 점유하는 것이다. 감옥에 갇힌 왕은 왕위에 근거한 순종을 이끌어낼 수 없다. 조금 전까지 실험자였던 그 사람은 물리적으로 희생자라는 상황에 처하게 됨으로써 명령자의 의자에 앉아 있는 권위자와 직면하게 되는 것이다.

3. 이것은 피험자가 명령 테이블에 앉아 있는 실험자를 권위자로 지각하도록 만들기에 충분하다. 이 작은 상승이 결정적이다. 위계적 통제하에서 사람들은 가장 신분이 높은 사람에게 전부 아니면 전무의 방식으로 반응하기 때문이다. 위계적 통제에서는 신분이 엄청나게 더 높을 필요가 없다. 즉 아주 조금만 더 높아도 그걸로 충분하다. 균형 잡힌 시소에 조약돌 하나를 더 얹어놓는 것과 같이, 통제는 작은 증가분에 의해 전부 또는 전무의 방식으로 결정된다. 그 최종 결과는 타협이 아니다.

권위 체계를 위해서는 사람들을 위계적으로 배치해야 한다. 따라서 통제를 결정할 때 결정적인 문제는 누가 누구보다 위에 있는가이다. 얼마나 더 위에 있느냐 하는 것은 분명한 순위가 있다는 것보다 훨씬 덜 중요하다.

09
집단 효과

개인이 단독으로 권위에 대항할 때는 약하지만, 집단은 강하다. 프로이트(Freud, 1921)가 그 전형적인 사건을 묘사하고 있는데, 그는 억압받는 아들들이 어떻게 단결하여 독재적인 아버지에게 대항하는지를 잘 설명하고 있다. 들라크루아는 부조리한 권위에 대항하는 대중의 반란을 묘사하고 있다. 간디는 대중들을 설득하여 영국 당국에 비폭력적으로 대항하도록 만들었다. 아티카 교도소(Attica Penitentiary)의 죄수들은 함께 뭉쳐 교도소 당국에 일시적이나마 도전했다. 동료들과 관계를 형성함으로써 개인은 자신을 구속하는 권위에 맞설 수 있고, 때로는 그 권위를 찬탈할 수도 있다.

동조와 복종의 차이

이 시점에서 복종(obedience)과 동조(conformity)를 구분할 필요가 있다.

특히 '동조'는 매우 폭넓은 의미를 가지고 있지만, 동료들을 따라가는 피험자의 행동으로 제한해서 논의하고자 한다. 이때 동료란 피험자와 신분이 같아서 그에게 행동을 지시할 수 없는 사람들이다. '복종'은 권위자에 순종하는 피험자의 행동으로 제한할 것이다. 군대에 입대하는 신병을 생각해보자. 그는 상사의 명령을 성실하게 수행할 것이다. 동시에 그는 동료들의 습관, 일과, 언어를 따라한다. 전자의 경우는 복종이고, 후자의 경우는 동조다.

동조에 관한 훌륭한 실험을 S. E. 애시(Asch, 1951)가 수행했다. 6명의 피험자 집단에게 특정 길이의 직선 하나를 보여준 후, 이것과 같은 길이의 직선을 다른 직선 세 개 중에서 고르도록 했다. 집단에서 한 명을 제외한 나머지 피험자에게는 각자 자기 차례가 왔을 때, 틀린 직선을 선택하도록 사전에 몰래 지시를 내렸다. 그리고 아무것도 모르는 피험자는 자신의 선택을 말하기 전에 그 집단 대부분의 사람이 말하는 답을 들었다. 애시는 이러한 형태의 사회적 압력하에서 대다수 피험자가 직접 눈으로 본 확실한 답을 받아들이기보다 집단 구성원들과 동일한 선택을 한다는 것을 발견했다.

애시의 피험자들은 그 집단에 동조했다. 이 실험에서 피험자는 실험자에게 복종한 것이다. 복종과 동조는 둘 다 주도권을 다른 사람에게 넘겨주는 것을 의미한다. 하지만 이 둘은 다음과 같은 점에서 서로 다르다.

1. **위계** 권위자에 대한 복종은 위계적인 상황에서 발생하는데, 이때 행위자는 상사가 행동을 지시할 권한을 가지고 있다고 생각한다. 동조는

신분이 같은 사람들 사이에서 행동을 규제하며, 복종은 신분이 서로 다른 사람들이 연결되어 있다.

2. **모방** 동조는 모방이지만 복종은 그렇지 않다. 영향을 받은 사람이 동료와 똑같이 행동하는 것처럼, 동조는 행동을 획일화한다. 복종은 영향력 있는 사람을 따라하는 것이 아니라, 순종하는 것이다. 군인은 자신에게 떨어진 명령을 단순히 복창하는 것이 아니라 시키는 대로 행동하는 것이다.

3. **명확성** 복종에서는 행동에 대한 지시가 명확하기 때문에, 요구나 명령의 형태를 띤다. 동조에서는 그 집단을 따르라는 요구가 주로 은연 중에 드러난다. 따라서 집단 압력에 대한 애시의 실험에서 구성원들은 집단을 따르라고 피험자에게 분명하게 요구하지는 않는다. 행동은 피험자가 자발적으로 한 것이다. 집단 구성원들이 드러내놓고 동조를 요구한다면, 실제 많은 피험자들이 저항할 것이다. 이 경우는 서로에게 명령을 내릴 수 없는 동등한 사람들로 구성되어 있기 때문이다.

4. **자발성** 피험자가 자신의 행동을 설명하는 방식을 살펴보면, 복종과 동조를 가장 명확하게 구분 짓는 기준이 드러난다. 자신의 행동을 설명할 때 피험자들은 동조는 부정하고 복종은 인정한다. 이 점을 좀더 분명히 해보자. 집단 압력에 대한 애시의 실험에서, 피험자들은 집단 구성원이 자신의 행동에 미친 영향을 평가절하한다. 모든 실험에서 집단에 동조했을 때조차 집단의 영향을 무시하고 자발성을 강조하고자 한다. 또한 판단에 오류가 있을 경우에도 자신이 잘못 보거나 잘못 판단해서 범한 자기 실수라고 주장한다. 그들은 자신이 집단에 동조한 정도를 최소화한다.

복종 실험에 대한 반응은 정반대다. 이 상황에서 피험자들은 희생자에게 전기충격을 가한 자신의 행동을 개인적 특성과는 무관하고 오로지 권위자의 요구 때문이라고 설명한다. 따라서 동조하는 피험자들은 집단이 자신의 자발성을 훼손하지 않았다고 주장하는 반면, 복종하는 피험자들은 희생자에게 전기충격을 가하는 문제에서 자율성이 전혀 없었으며 자신의 행동은 전적으로 어쩔 수 없는 것이었다고 주장한다.

왜 그럴까? 동조는 암묵적인 압력에 대한 반응이기 때문에 피험자는 자신의 행동을 자발적인 것으로 해석한다. 피험자는 동료들의 행동에 동조한 정당한 이유를 정확하게 지적할 수 없다. 그래서 자신이 동조했다는 사실을 실험자뿐만 아니라 자기 자신에게도 부인한다. 복종에서는 정반대다. 그 상황에서는 복종을 요구한 분명한 명령이 있기 때문에, 자발성이 없는 것으로 생각한다. 그래서 피험자는 상황에 대한 이러한 공공연한 정의에 의지해서 자신의 행동을 설명한다.

이렇듯 복종과 동조가 심리적으로 미치는 영향은 상이하다. 둘 다 강력한 사회적 영향의 방식이고, 그래서 이번 실험에서 그 역할을 탐색해보려 한다.[9]

실험 17 두 동료의 반란

악의적인 권위자에게 반란을 일으킬 때 개인행동보다는 집단행동이 더 효과적이라고 앞서 말했다. 혁명을 일으키는 모든 집단은 이러한 교훈을 알고 있으며, 단순한 실험을 통해 이것을 예증할 수 있다. 앞서 우리는 피험자의 도덕 원칙과 실제 행동 사이에 상당한 괴리감이 있다는 것을 보았다. 희생자에게 전기충격을 가하는 것에 대해 항의하고 분명히 저항하지만, 상당수의 피험자는 실험자의 권위에 도전할 수 없으며 그가 시키는 대로 가장 높은 수치의 전기충격까지 가했다.

이제부터는 피험자가 권위자의 통제에서 벗어나 자신의 가치관이나 개인적 기준에 따라 행동하는 데 집단이 어느 정도 영향을 미치는지 검증해보겠다. 그 방법은 기본 실험을 반복하는 것이지만, 약간의 차이는 있다. 실험자에게 저항하는 동료 두 명, 즉 자신의 의지와 달리 희생자에게 전기충격을 가하는 걸 거부하는 두 동료 사이에 피험자가 자리하게 된다. 이때 동료의 행동에 따른 압력이 피험자의 행동에 얼마나 영향을 미칠까?

기법

외견상 네 명의 피험자가 '집단적 교육과 처벌이 기억과 학습에 미치는 영향'을 알아보기 위한 실험에 참가하기 위해 실험실에 나타난다. 세 명은 실험협조자이고 한 명이 실제 피험자이다. 실험자는 선생 세 명과 학습자 한 명을 이용해 연구할 것이라고 설명한다. 미리 짠 제비뽑기를 통해 피험자를 선생 3의 역할에 배정한다. 실험협조자는 선생 1, 선생 2, 학습자의 역할을 한다.

학습자를 전기의자에 앉혀 끈으로 묶고, 선생 세 명을 전기충격기 앞에 앉힌다. 선생 1은 짝지어진 단어 쌍의 목록을 읽고, 선생 2는 학생의 답변이 맞는지 틀린지를 피험자에게 말해준다. 그리고 선생 3(아무것도 모르는 피험자)은 처벌을 가한다. 기본 실험에서처럼, 이 실험에서

그림 18 두 동료의 반란

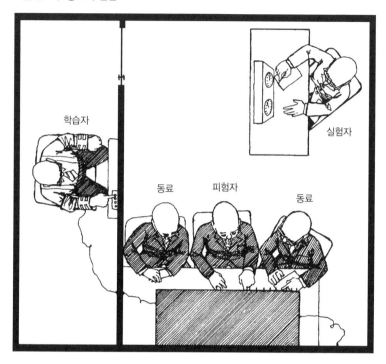

도 피험자는 학습자가 틀릴 때마다 전기충격을 한 단계씩 높이라는 지시를 받는다.

실험협조자의 행동   실험협조자들은 150볼트까지는 실험자의 지시에 순응하는데 이 전기충격 단계에서 희생자는 처음으로 강하게 항의한다.

이 시점에서 선생 1은 학습자가 불평하기 때문에 실험을 계속하고 싶지 않다고 실험자에게 말한다. 실험자는 선생 1에게 계속해야 한다고 주장한다. 하지만 선생 1은 실험자의 명령에 흔들리지 않고, 전기충격기 앞에 있는 자기 의자에서 일어나 그 방의 다른 곳에 가서 앉는다. 그를 전기충격기 앞으로 되돌아가게 하려는 실험자의 노력은 헛일이 되고, 실험자는 남아 있는 두 피험자에게 실험을 계속하도록 지시한다. 선생 3(피험자)은 학습자에게 전기충격을 가하는 역할 외에도 짝지어진 단어 쌍을 읽는 역할을 수행한다.

14단계(210볼트)의 전기충격이 가해진 후, 선생 2도 학습자를 걱정하며 더 이상 참가를 거부한다. 실험자가 계속하라고 지시하지만, 그 역시 전기충격기 앞에 있는 자기 자리에서 일어나 그 방의 반대편 구석으로 가서 앉으면서, "당신이 어떤 질문을 해도 기꺼이 대답하겠지만, 그의 의지에 반하여 그에게 전기충격을 가하고 싶지는 않아요. 그럴 수 없어요"라고 말한다.

이 시점에서 아무것도 모르는 피험자는 전기충격기 앞에 혼자 앉아 있다. 그는 두 동료의 저항을 목격한 상태다. 이 실험을 마무리하는 것이 매우 중요하다고 설명하면서, 실험자는 피험자에게 계속하기를 지시한다.

실험의 결과가 표 5에 나타나 있다. 이와 같은 집단 상황에서 피험자 40명 중 36명이 실험자에게 도전했다(집단의 압력이 없는 상황에서는 14명이었다). 동료들의 반란은 실험자의 권위를 훼손하는 데 매우 효과적이었다. 이 연구에서 수행한 모든 변형 실험 중에서 여기에 보고한 조작만큼 실험자의 권위를 약화시키는 데 효과적인 것은 없었다.

저항하는 동료에 대한 반응 저항한 실험협조자에 대해 피험자가 보인 반응은 상당히 다양했으며, 그러한 반응은 피험자가 어느 시점에서 실험자에게 저항했느냐에 따라 달랐다.

표 5 집단 실험에서 가한 최고 전기충격

전기충격 단계	언어적 표기와 전압 수준	실험 17 두 동료의 반란 (n=40)	실험 18 동료가 가하는 전기충격 (n=40)
	약한 충격		
1	15		
2	30		
3	45		
4	60		
	중간 충격		
5	75		
6	90		
7	105	1	
8	120		
	강한 충격		
9	135		
10	150	3	1
11	165	4	
12	180	1	1
	매우 강한 충격		
13	195	4	
14	210	12	1
15	225		
16	240		
	극심한 충격		
17	255		
18	270	4	
19	285		
20	300	2	
	지극히 극심한 충격		
21	315	3	
22	330		
23	345		
24	360	1	
	위험: 심각한 충격		
25	375		
26	390	1	
27	405		
28	420		
	XXX		
29	435		
30	450	4	37
	최고 전기충격 단계의 평균	16.45	28.65*
	복종한 피험자의 백분율	10.0%	92.5%*

*181쪽 참조.

첫 번째 실험협조자와 같은 시점에 그만둔 피험자는, "저 친구가 그만둘 때 나도 이미 그만두려고 생각했어요"라고 말했다. 저항한 피험자 대부분은 다음과 같은 말로 실험협조자들을 칭찬했다. "나는 그들이 착한 사람이라고 생각했어요. 지금도 그렇고요. 희생자가 '멈추라'고 말할 때, 그들은 멈추었어요(11단계에서 멈춤)." "난 그들이 매우 동정심이 많은 사람들이라고 생각해요. 그리고 …… 그들은 어떤 일이 자신들을 기다리고 있는지 전혀 몰랐어요(14단계에서 멈춤)."

21단계에서 실험자에게 저항한 한 피험자는 실험협조자들을 조건적으로 수용했다. "음, 나는 그 사람들이 조금은 더 계속해야 한다고 생각해요. 하지만 그들이 그 시점에 그만둔 것을 비난하지는 않아요."

저항한 피험자 4명은 자신이 반항하는 데 실험협조자들이 중요한 역할을 했다고 분명하게 인정했다. "두 사람이 그만둘 때까지 저는 그럴 생각도 못 했어요(14단계에서 멈춤)." "이미 실험자의 지시를 거부한 두 사람의 눈에 내가 독하거나 잔인한 사람으로 보이고 싶지 않아서 그만두었어요(14단계에서 멈춤)." 하지만 저항한 대부분의 피험자들은 자신이 저항하는 데 실험협조자의 행동이 중요한 요인이었다는 점을 부정했다.

집단의 효율성을 높이는 몇 가지 요소를 실험 상황에 대한 세밀한 분석을 통해 짚어보자.

1. 실험자에게 저항할 생각을 동료들이 피험자에게 주입시킨다. 어떤 피험자에게는 그렇지 않았을 수도 있다.
2. 앞선 실험에서 혼자 참가한 피험자는 자신이 실험자에게 저항한다면

그것이 이상한 행동인지, 아니면 실험실에서 일반적으로 일어나는 행동인지 알 방법이 없었다. 불복종하는 두 사례는 저항이 그 상황에서 매우 자연스런 반응이라는 것을 암시한다.

3. 저항하는 실험협조자의 반응은 희생자에게 전기충격을 가하는 것을 부적합한 행동으로 규정한다. 심리학 실험이라는 맥락에서조차 당사자의 의지에 반해 그를 처벌하는 것은 잘못이라는 피험자의 의구심에 대해 실험협조자의 반응은 사회적 확신을 제공한다.

4. 저항한 실험협조자들은 실험을 그만둔 후에도 실험실에 남아 있다(그들은 실험 후 질문에도 답변하기로 동의한 상태였다). 그래서 피험자가 전기충격을 더 가할 때마다 그만큼의 사회적 비난을 두 실험협조자에게서 받는 것이 된다.

5. 두 실험협조자가 실험 과정에 참여하는 동안에는 희생자에게 전기충격을 가한 책임이 집단 구성원에게 분산된다. 그러나 실험협조자들이 그만두면 그 책임은 피험자에게 집중된다.

6. 피험자는 두 불복종 사례를 통해 실험자에게 불복한 결과가 미미하다는 것을 관찰하게 된다.

7. 두 실험협조자의 일탈을 막지 못한 것이 실험자의 권력을 약화시킬 수 있다. 이것은 권위자가 자기 명령에 순응하도록 사람들을 제압하지 못할 때, 권위자의 권력이 약해진 것으로 본다는 일반 법칙(Homans, 1961)과 일치한다.

집단이 실험자의 권위를 매우 효과적으로 훼손한다는 사실은 개인이 세 가지 이유에서 행동한다는 사실을 일깨워준다. 즉 사람들은 내면화한 특정 행동기준을 가지고 있다. 또한 권위자가 자신에게 가할 수 있는 제재에 대해 매우 민감하게 반응한다. 마지막으로, 집단이 자신에게 가할 수 있는 제재에 대해서도 매우 민감하게 반응한다. 한 개인이 권위에 대항하고자 할 때, 자기가 속한 집단 구성원의 지지를 얻기 위해 최선을 다한다. 사람들이 서로를 위해 상호 지지하는 것은 과도한 권위에 대항하는 가장 강력한 방어벽이다(집단이 늘 옳다는 말은 아니다. 폭도 집단과 약탈 패거리는 집단이 나쁜 영향을 미칠 수 있음을 상기시킨다).

실험 18 동료가 가하는 전기충격

집단 이용법을 모르지 않는 권위자들은 평소 복종을 촉진하는 방식으로 집단을 이용하려 한다. 간단하게 변형한 실험이 이런 가능성을 예증해준다. 피험자와 그가 희생자에게 가한 전기충격의 결과 사이에 어떤 힘이나 사건을 끼워 넣으면, 즉 피험자와 희생자 사이에 거리를 만들 수 있는 것이라면 무엇이든 피험자의 긴장을 완화하여 불복종을 감소시킬 것이다. 현대 사회에서는 때때로 우리와 우리가 초래한 최후의 파괴적 행동 사이에 다른 사람들이 끼어 있다.

사실 이는 근대 관료주의의 전형으로 파괴적인 목적을 위한 경우에도 그것과 관련된 대부분의 사람들이 어떠한 파괴적인 행동도 직접 하지는 않는다. 그들은 서류를 뒤섞거나 탄환을 장전하고 그 밖의 활동을 수행하는데, 이러한 행동들은 최종적으로 파괴적인 결과에 한몫하지만 그들의 눈과 마음은 그것에서 멀리 떨어져 있다.

실험실에서 이러한 현상을 점검하기 위해, 희생자에게 전기충격을 가하는 행동을 피험자가 아닌 또 다른 참가자(실험협조자)가 대신하는 변형된 실험을 수행했다. 피험자는 실험의 전체 과정에는 참가하지만 직접 전기충격기의 레버를 누르는 행동은 하지 않음으로써, 보조적인 역할만을 수행했다.

그리고 이런 피험자의 새로운 역할은 참고 견디기가 수월하다. 표 5는 피험자 40명이 중단한 시점의 분포를 보여준다. 실험을 마지막 단계까지 계속하지 않은 사람은 40명 중에 단 3명뿐이었다. 피험자들은 희생자에게 전기충격을 가하는 행위에 보조적인 역할을 하면서도 긴장이 일어나 불복종할 때까지는 그 일에 심리적으로 관여하지 않았다.

파괴적인 관료 체계의 유능한 관리자는 사람들을 배치할 때 가장 냉담하고 둔감한 사람을 직접적인 폭력에 투입한다. 나머지 대부분의 보통 사람들은 실제 잔인한 행위와 멀리 떨어져 있기 때문에 그에 필요한 지원 활동을 별 긴장 없이 수행하게 된다. 그들은 책임감에서 이중으로 벗어나 있다고 느낀다. 첫째, 합법적인 권위가 그들의 행동을 정당화한다. 둘째, 그들은 잔인한 행동을 직접 하지는 않는다.

10

복종하는 이유: 분석

지금까지 우리는 복종 실험에 참가한 수백 명을 살펴봤고, 갈등을 일으키는 명령에 복종하는 수준을 알아보았다. 또한 착한 사람들이 놀라울 만큼 규칙적으로 권위자의 요구에 굴복해 냉정하고 가혹하게 행동하는 걸 보았다. 권위의 함정에 빠져서, 자신들의 지각에 대한 권위자의 통제에 의해 그리고 실험자가 규정한 상황을 무비판적으로 수용함으로써 평소에는 책임감 있고 점잖은 사람들이 현혹되어 가혹한 행동을 범했다.

우리는 이러한 현상을 이론적인 관점에서 파악하고자 노력해야 하며, 또한 복종의 원인을 좀더 심도 있게 조사해봐야 한다. 권위에 대한 복종은 인간에게 매우 강력하고 지배적인 경향이다. 왜 그럴까?

위계 구조의 생존 가치
사람들은 혼자가 아니라 위계 구조 안에서 기능한다는 점을 언급하는 것으로 이 연구의 분석을 시작하겠다. 우리는 조류·양서류·포유류에서 지배 구조를 발견할 수 있으며(Tinbergen, 1953; Marler, 1967), 인간에게서는 물리적인 힘의 직접 경쟁이 아니라 상징을 통해 이루어지는 권력 구조를 찾아볼 수 있다. 조직적으로 만들 경우, 위계 구조를 가진 집단은 물리적 환경의 위험, 경쟁 종의 위협, 내부의 잠재적 분열에 대한 대처 등에 큰 이점을 가진다. 무질서한 군중에 비해 훈련을 잘 받은 군대가 갖는 이점은 군인들을 조직하고 통일할 수 있는 역량으로, 이러한 역량은 개인이 방향 없이 비체계적으로 행동하는 것을 방지해준다.

이러한 관점에는 진화적 편향이 내재하고 있다. 인간의 다른 모든 특성과 마찬가지로, 행동도 수세대에 걸쳐 생존의 요구 조건에 따라 형성되었다. 생존율을 늘릴 수 없는 행동은 잇따른 유기체의 품종 개량을 통해 제거되었다. 그러한 행동을 보인 집단이 궁극적으로 멸종의 위기에 이르기 때문이다. 몇몇 사람은 전사이고, 어떤 사람은 아이를 돌보며, 또 다른 사람은 사냥꾼인 부족은 노동의 분화가 전혀 이루어지지 않은 부족에 비해 엄청난 이점을 가지고 있었다. 인류 문명을 돌아볼 때, 명령과 협동을 통한 행동만이 피라미드를 지을 수 있었고, 그리스의 도시국가들을 건설할 수 있었으며, 생존을 위해 싸우는 하찮은 생물에서 지구의 기술적 지배자로 인류를 향상시킬 수 있었다.

사회 조직의 장점은 외향적 목표뿐만 아니라 내향적 목표, 즉 집단 구성원 사이의 관계에 안정과 조화를 안겨준다는 점이다. 각 구성원의 신분을 명확히 규정함으로써 그들 사이의 마찰을 최소화할 수 있다. 예를 들어 늑대 떼가 먹이를 사냥한 경우, 우두머리 늑대가 첫 번째 특권을 누리고 서열상 두 번째 늑대가 그 뒤를 잇는 식으로 서열을 따라 아래로 내려간다. 각 개체가 위계상 자신의 위치를 인정하는 것이 그 무리를 안정시킨다. 이와 같은 원리가 사람에게도 적용된다.

모든 구성원이 자신에게 주어진 신분을 받아들일 때 내적 조화가 보장된다. 반면에 위계질서에 대한 도전은 폭력을 불러일으킨다. 따라서 안정적인 사회 조직은 환경을 통제할 수 있는 집단의 능력을 향상시키고, 집단 내 관계를 조절함으로써 내부의 폭력을 감소시킨다.

그러한 사회 구조를 달성하기 위해서는 복종할 수 있는 잠재력이 필수적이다. 그리고 조직은 종에 관계없이 막강한 생존 가치를 지니기 때문에, 그러한 잠재력은 장기적인 진화의 과정을 통해 유기체 내에 생겨난다. 이 논문에서 말하고자 하는 논리는 이것이 끝이 아니라 시작일 뿐이다. 복종하려는 본능 때문에 복종한다는 것이 우리가 말하는 전부라면, 우리가 한 것은 아무것도 없기 때문이다.

사실, 복종이 단순한 본능이라는 생각은 지금 내가 제안한 것이 아니다. 오히려 인간은 복종할 수 있는 잠재력을 가지고 태어나고, 그다음 이러한 잠재력이 사회의 영향을 받아 복종적인 인간을 만들어내는 것이다. 이런 맥락에서 볼 때, 복종할 수 있는 능력은 언어 능력과 유사하다. 즉 한 유기체가 언어에 대한 잠재력을 갖기 위해서는 매우 구체적인 정신 구조를 가져야 하지만, 또한 말을 할 수 있기 위해서는 사회적 환경에 노출될 필요가 있다. 복종의 원인을 설명하려면, 우리는 타고난 구조와 생후 주어지는 사회적 영향을 모두 살펴봐야 한다. 각각이 행사하는 영향력의 비율이 논쟁점이다. 진화론적 생존이라는 관점에서 볼 때, 가장 중요한 점은 위계적으로 기능하는 조직을 만들어내는 것이다.[10]

인공두뇌학적 관점

인공두뇌학이라는 조금 다른 관점에서 살펴보면, 이 문제를 좀더 명확하게 이해할 수 있다. 진화론에서 인공두뇌학으로 갑자기 전환하는 것이 자의적으로 보이기도 하지만, 오늘날 과학 발전과 보조를 맞추는 사람들은 진화 과정에 대한 인공두뇌학적 관점의 해석이 최근 들어 엄청나게 진척되었음을 잘 알고 있다(Ashby, 1956; Wiener, 1950). 인공두뇌학이란 조절 또는 통제에 과한 학문으로, 이와 관련한 문제는 "진화하는 한 유기체가 자율적으로 기능할 수 있는 상태에서 조직 내에서 기능할 수 있는 상태로 이동하기 위해서는 어떠한 변화가 필요한가" 하는 것이다. 결국 이런 변화에 없어서는 안 될 몇 가지 최저 필요 조건이 있어 보인다. 좀 일반적인 이런 원리들이 실험참가자들의 행동에서 크게 벗어난 것처럼 보이지만, 나는 그러한 원리들이 문제의 행동 근원에 있다고 확신한다. 복종에 관한 모든 과학적 이론의 주요한 논점이 "자율적으로 행동하는 개인이 독자적으로가 아니라 시스템의 한 구성원으로서 기능하는 사회적 구조 속에 있을 때, 어떠한 변화가 발생하는가"이기 때문이다. 독립적인 개체들이 위계적으로 기능하는 환경에 놓이게 될 때 논리적으로 반드시 발생하는 변화를 인공두뇌학 이론은 하나의 모형을 통해 보여준다. 한 개인이 그러한 시스템에 속해 있는 한, 이러한 일반적인 법칙을 따라야만 한다.

먼저 단순화한 생물 또는 자동기계(automaton)의 모형을 구체화하는 것으로 시작하겠다. 그러한 것들이 자기조절에서 벗어나 위계 구조 안에서 기능을 수행하기 위해서는 그 디자인을 어떻게 수정해야 할까? 우리는 이 질문을 역사적인 방법이 아니라 순전히 형식적인 방식으로

그림 19 단순 항상성 모형

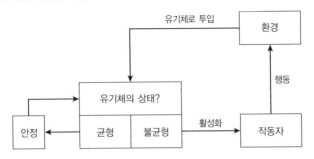

만 살펴볼 것이다.

a, b, c 등 각각 독립적으로 기능하는 자동기계 한 세트를 생각해보자. 각각의 자동기계는 개방형 시스템으로, 내적 상태를 유지하기 위해서는 환경에서 투입되는 것이 있어야 한다. 즉 환경적 변인(이를테면 영양분)이 필요하기 때문에, 환경의 일부를 탐색·수집하여 사용가능한 양분으로 변환할 수 있는 장치가 필수적이다. 자동기계의 생존을 위협하는 결핍 상태가 발생할 때, 내적 조건은 이에 관한 신호를 작동자에게 보내고, 그에 따라 행동이 유발된다. 시스템이 기능상 생존 상태를 회복할 수 있도록, 그러한 신호는 양분 투입을 위한 탐색 과정을 활성화시킨다. 캐넌(Cannon, 1932)의 항상성 모형에 따르면, 살아 있는 유기체에서 그러한 상태를 회복하는 시스템은 보편적이라고 한다.

자기조절적인 잡식동물처럼, 아직까지 자동기계들은 따로 떨어져서 존재한다. 가장 원시적이고 미분화한 형태의 사회 구조라 하더라도, 그들을 그 구조 속으로 통합하기 위해서는 우리가 디자인한 모형에 무언가를 덧붙여야 한다. 개인적 취향의 무제한적 표출에 제재를 가해야 한다. 그렇지 않을 경우 자동기계들은 서로를 파괴시키기 때문이다. 즉 다른 자동기계들을 단순히 환경의 일부로 치부하여 파괴하거나, 아니면 그들의 영양가에 따라 사용할 것이다. 따라서 하나의 결정적인 새로운 요소를 디자인에 추가해야 한다. 그것은 바로 자동기계들이 서로에게 적대적 행동을 못 하게 하는 억제 장치다. 이러한 일반적 억제 장치를 추가함으로써, 자동기계들은 서로 파괴할 위험 없이 같은 지역을 사용할 수 있다. 자동기계 사이의 상호 의존도가 클수록 이러한 억제 메커니즘이 더 광범위하고 효율적으로 작동해야 한다.

좀더 일반적으로, 개인 내부에서 일어난 긴장 때문에 행동이 유발될 때 그 행동이 문제의 종에 속한 같은 구성원들을 해치지 못하도록 하려면, 그 개인 내부의 어떤 메커니즘이 그러한 표출을 억제시켜야 한다. 이러한 억제 메커니즘이 진화하지 않으면 그 종은 사라질 것이고, 진화 과정에서 생존에 적합한 새로운 모형이 제시되어야 한다. 애슈비(Ashby, 1956)가 다음과 같이 상기시키듯이 말이다.

오늘날 우리가 보는 유기체들은 20억 년 동안 이루어진 선택적 도태의 작용에 따른 결과이다. 생존의 힘을 어떤 식으로든 결여한 모든 형태는 제거되었다. 그리고 오늘날 거의 모든 형태의 특징들은 다른 어떤 가능한 결과보다도 생존을 더 보장하기 위해 적응해온 흔적을 가지고 있다. 눈, 뿌리, 섬모, 껍질, 발톱 등은 모두 생존의 기회를 최대화하려는 적응이었다. 그리고 우리가 뇌를 연구하는 것은 생존의 한 수단을 연구하는 것이다(p. 196).

그렇다면 이러한 억제 메커니즘에 해당하는 것이 인간에게도 존재하는가? 이 질문은 매우 수사적이다. 우리가 알고 있는 것처럼, 인간의 본성 일부분이 타인에 대한 파괴적 본능을 충족시키려는 충동을 억누르고 있기 때문이다. 이러한 억제 시스템을 일컫는 용어로 양심(conscience) 또는 초자아(superego)가 있다. 이것의 기능은 그 개인의 긴장 시스템에서 일어난 충동의 무제한적 표출을 저지하는 것이다. 자동기계들이 인간에게 존재하는 그런 몇몇 특성이나 구조를 가지고 있다면, 그것은 사람들이 그러한 모형을 자동기계에게 제공했기 때문이 아니다. 어떤 시스템이든 거기에 속한 유기체들이 환경을 이용해서 제 삶을 유지하면서도 다른 동료들을 파괴하지 않는 시스템을 구축하기 위해서는 개별 충동의 억제와 같은 문제를 안고 있기 때문이다.

따라서 모든 자기조절적인 자동기계는 동종을 공격하지 못하게 하는 억제 장치를 갖추고 있어야 한다는 좀더 일반적인 원리의 특수한 경우가 사람에게 존재하는 양심이다. 그러한 억제 장치가 없을 경우, 자동기계들은 같은 지역에 함께 있을 수 없기 때문이다. 이러한 억제 장치는 자동기계의 내적 불균형 때문에 발생한 행동을 걸러내주거나 제지한다. 인간 유기체의 경우—정신분석학의 용어를 차용한다면—이드(id)에서 비롯된 본능적 충동이 즉각적 행동으로 나타나는 것이 아니라 초자아의 억제 작업을 거친다. 알다시피 대부분의 사람들은 평소에 다른 사람을 해치거나, 불구로 만들거나 또는 죽이는 일을 잘 하지 않는다.

위계 구조

이제 자동기계는 동종을 해치지 못하도록 하는 억제의 제한을 받을 뿐

개별적으로 활동한다. 우리가 여러 자동기계를 조직해 그들이 함께 작용하도록 한다면 무슨 일이 일어날까? 조화로운 방식으로 작동하는 둘 이상의 요소를 결합하는 최선의 방법은 그들을 통합·조정하는 외적 원천을 만드는 것이다. 통제는 각 자동기계가 세상에 나오는 시점부터 이뤄진다.

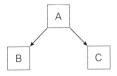

각 하위 요소가 더 하위 요소들을 지배하도록 함으로써, 좀더 강력한 사회적 메커니즘을 만들 수 있다.

다음의 도식은 위계 조직의 전형인 피라미드 형태를 띠고 있다. 그러나 우리가 서술한 것과 같은 자동기계들로는 이러한 조직을 만들 수 없다. 각 요소들의 내부 구조를 바꿀 필요가 있다. 상위에서의 통제를 위해 각 국부적인 요소 수준의 통제를 포기해야 한다. 억제 메커니즘은 개별 요소들이 혼자 기능할 때에는 필수적이지만, 여기에서는 통

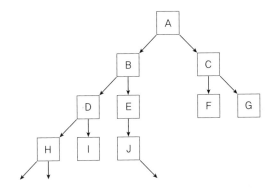

합·조정하는 요소에게 통제를 위임하는 것이 더 필요하다.

좀더 일반적으로 말하면, 자율적으로 기능하는 요소들이 위계적 관리 시스템으로 들어오면 그 요소의 내부 구조도 달라져야 한다. 그중에서 시스템상의 요구도 변해야 하는데, 이때 시스템의 응집성을 위해 국부적인 통제를 억제할 필요가 있다. 시스템의 모든 부분들이 조화롭게 서로 방해하지 않으며 작동할 때, 시스템의 응집성이 확보되기 때문이다.

진화론적 관점에서는 자율적으로 기능하는 각 요소들이 욕구를 무제한적으로 추구하지 못하도록 규제해야 하는데, 이러한 욕구 추구가 주요 혜택을 그 요소에게만 가져다주기 때문이다. 도덕적 이상으로 충동의 무제한적 표출에 대항하도록 만드는 양심이나 초자아 또는 비슷한 메커니즘들이 이러한 기능을 한다. 그러나 조직의 형태에서는 이러한 억제 메커니즘이 상위 구성요소의 지시와 크게 충돌하지 않는 것이 시스템의 작동에 결정적으로 중요하다. 따라서 개인이 혼자 일할 때는 양심이 작동한다. 그러나 그가 하나의 조직 형태에서 기능하게 되면, 상위 구성요소의 지시가 도덕적 판단에 대한 내적 기준에 따라 결정되지 않는다. 자율적인 방식으로 작동하면서 개인의 내부에서 생긴 충동만이 견제와 규제를 받는다.

위계 구조는 상사 한 사람과 여러 부하들로 이루어진 모듈들로 구성된다(예를 들어 A: B, C). 그다음 순서로 각 부하들은 자기 아래에 있는 사람들보다는 상사(이를테면 B: D, E)이다. 이처럼 전체 구조가 서로 연결된 단위들로 이루어져 있다. 이때 더 큰 위계 구조에 존재하는 상위의 모듈 때문에 복종이 발생하는 것은 아니다. 제2차 세계대전 때 아돌프 히틀러에게 복종하는 독일군 장교의 심리적 순응은 직속 상관에게 복종하는 가장 낮은 보병의 심리적 순응과 같으며, 시스템 전체를 통해 볼 때도 마찬가지다. 절대적 리더의 심리에 대해서만 다른 해석 원리가 필요하다.

변이성

이제는 지금까지 논의에서 함축적으로만 제시한 핵심을 분명히 할 필요가 있다. 즉 변이성(variability)이 존재하면 그에 따라 시스템을 수정할 필요가 있다는 점을 확실히 밝혀야 한다. 변이성이 존재할 때 전체를 통합하는 구성요소에 국부적인 통제를 위임함으로써 더 큰 시스템을 효율적으로 구축할 수 있다. 만일 그게 가능하지 않다면, 거대 시스템은 개별 단위의 평균보다 효율적이지 못할 것이다.

독립적으로 기능하는 동일한 개체들의 한 세트, 이를테면 전동차 다섯 대가 한 세트라고 하자. 각 전동차는 정확히 시속 50마일에서 제동 장치가 작동하는 통제 메커니즘을 가지고 있다. 개별 전동차에 변이성이 없다고 할 때 다섯 대를 서로 연결하여 한 대의 기차로 만든다면, 그 기차는 시간당 50마일을 움직일 수 있다. 이제 변이성을 도입하여, 각각 시속 10, 20, 30, 40, 50마일에서 제동 장치가 작동하는 자동 속도 조절 장치를 갖추고 있다고 생각해보자. 만약 차들을 하나의 상위 시스템으로 묶으면, 전체로서 그 기차는 가장 느린 구성요소보다 더 빠르게 움직일 수 없다.

만약 사회 조직이 행동 방침에 대해 서로 판단이 다른 개인들로 이루어져 있다면, 최소한의 공통점에 의존해 응집성을 확보할 수밖에 없다. 이것은 가장 비효율적인 시스템으로, 그 구성원들에게 혜택을 거의 주지 못할 것이다. 따라서 변이성이 증가할수록, 국부적인 구성단위 수준의 통제를 억제하고 그러한 통제를 상위 수준의 구성요소에 위임하는 것이 더욱 중요해진다. 진화이론가들이 오랫동안 말해온 것처럼, 변이성은 생물학적 가치가 엄청나다. 그리고 이것은 인간이라는 종의 두드러진 특징이기도 하다. 사람들은 서로 같지 않기 때문에, 위계 구조의 혜택을 얻기 위해서는 그런 구조에 편입하는 시점부터 국부적인 통제를 기꺼이 효과적으로 억제할 필요가 있고, 그렇게 함으로써 가장 비효율적인 구성단위가 시스템 전체의 작동을 결정하지 않는다.

국부적 통제를 억제함으로써 기능하는 몇 개의 시스템을 예로 들면 좋을 것이다. 이를테면 각 구성요소들을 통합 착륙 시스템으로 유도하기 위해, 개별 조종사들은 공항에 착륙할 때 통제권을 관제탑에 위임한다. 군대는 행동 통일을 위해 상급자에서 통제권을 위임한다. 개인이 위계적 통제 상황에 놓이게 될 때, 평소 개인의 충동을 규제하던 메커니즘은 억제되고, 그 권한이 상위의 구성요소로 넘어간다. 프로이트 (Freud, 1921)는 자신의 주장이 함축하는 일반적 시스템에 대한 언급 없이 이 메커니즘을 명료하게 설명했다. "……개인은 자아 이상을 포기하고, 그것을 지도자가 구현한 집단 이상으로 대체한다(《집단 심리학》, p. 78)." 이러한 현상이 발생하는 근본 이유는 개인의 요구가 아니라 조직의 요구에 그 뿌리를 두고 있다. 위계 구조는 응집성을 가지고 있을 때에만 기능할 수 있으며, 그러한 응집성은 국부적 수준에서 통제를 억제할 때에만 확보될 수 있다.

지금까지의 주장을 요약해보겠다. (1) 조직화한 사회적 삶은 그 사회를 구성하는 개인 그리고 그 집단에게 생존 혜택을 부여한다. (2) 조직화한 사회적 삶을 위해 필요한 행동적·심리적 특징이 무엇이든 간에, 그것은 모두 진화의 힘에 의해 결정된다. (3) 인공두뇌학의 관점에서 볼 때, 스스로 조절하는 자동기계들을 통합·조정하는 위계 구조로 편입하기 위해 가장 일반적으로 필요한 것은 개별적인 방향과 통제를 억제하고, 그것을 상위 구성요소에 맡기는 것이다. (4) 좀더 일반적으로, 위계 구조는 그 구성요소들의 내적인 변화가 있을 때에만 기능할 수 있다. (5) 사회적 삶에서 제대로 기능하는 위계 구조들은 이러한 각 특징들을 가지고 있다. (6) 이러한 위계 구조로 편입하는 개인들은 자신의 기능을 수정할 필요가 있다.

이런 분석은 단 한 가지 이유 때문에 중요하다. 즉 독립적으로 기능하는 단위가 시스템의 일부분이 될 때 변화가 필요하다는 점을 이 분석은 경고하고 있다. 이런 변화가 정확히 우리 실험의 핵심 딜레마에 해당한다. 어떻게 평소 예의바르고 점잖은 사람이 이 실험에서는 다른 사람에게 그렇게 가혹하게 행동할 수 있었을까? 그가 그렇게 행동한 이유는, 양심은 충동적인 공격행동을 억제하지만 그 사람이 위계질서로 편입되는 시점에서 그 양심의 힘이 감소했기 때문이다.

대리자로의 전환

우리의 결론에 따르면, 모든 요소가 위계 구조 안에서 성공적으로 기능하기 위해서는 각 요소들이 내부적으로 변화해야 하고, 자기지시적인 자동기계의 경우 이러한 변화는 상위 구성요소가 통제할 수 있도록 국부적인 통제를 억제해야 한다는 것이다. 그러한 자동기계가 인간과 유사하게 기능한다면, 그것을 구상할 때 두 가지 방식의 작동, 즉 자기 지시적(또는 자율적) 방식과 시스템 방식을 허용할 만큼 충분히 유연해야 한다. 여기에서 자기지시적 방식은 내재적 욕구를 충족시키기 위해 독립적으로 기능하는 경우를 의미하고, 시스템 방식은 자동기계가 더 큰 조직의 구조에 통합된 경우를 의미한다. 자동기계가 둘 중 어느 상태에 있느냐에 따라 그 기계의 행동이 결정된다.

사회 조직들과 거기에 참여하는 개인들은 시스템의 통합이라는 요구에서 벗어날 수 없다. 인간의 경험 중 어떤 경험이 자율적 방식에서 시스템 방식으로 전환하는 것에 해당하는가? 그리고 그러한 경험이 구체적으로 인간에게 주는 결과는 무엇인가? 이 질문에 대답하려면, 일반적인 수준의 논의에서 벗어나 사회적 위계 구조 안에서 직무상 특정 지위를 갖게 된 사람을 면밀히 조사해야 한다.

'자율적' 방식에서 '시스템' 방식으로의 전환을 통제하는 스위치를 인간의 어느 기관에서 찾을 수 있을까? 자동기계 못지않게 사람의 내재적 작동에도 분명히 변화가 생기고, 이러한 변화는 틀림없이 신경 작용의 패턴을 바꾼다. 화학적 억제제와 탈억제제는 어떤 신경 경로와 순서를 이용할지 그 개연성을 변화시킨다. 그러나 신경화학적 수준에서 이러한 사건을 구체화하는 것은 우리의 기술로는 불가능하며, 대신 이러한 변화를 보여주는 현상에는 접근할 수 있다. 결정적인 기능상의 변화는 달라진 태도에 반영된다. 특히 권위 체계 안으로 편입되면, 그는 더 이상 스스로를 개인적 목적을 위해 행동하는 것으로 보지 않으며, 다른 사람의 바람을 실행하는 사람으로 본다. 일단 한 개인이 이런 식으로 생각하게 되면, 그의 행동과 내적 기능에서 극심한 변화가 일어난다. 이러한 변화는 너무나 강력하고, 달라진 태도 때문에 그 사람은 위계 구조에 통합되기 이전의 상태와는 전혀 다른 상태에 있다고 말할 수 있다. 나는 이를 대리자적 상태(agentic state)라고 한다. 이 용어는 특정인이 스스로를 다른 사람의 소망을 수행하는 대리자로 볼 때 그 사람의 상태를 의미한다. 나는 특정인이 스스로를 독립적으로 행동하는 사람으로 본다는 의미의 '자율성'이라는 용어의 반대말로 이 용어를 쓸 것이다.

대리자적 상태는 상위 태도로, 관찰된 행동은 이 태도에서 유래한다. 대리자적 상태는 독자에게 주는 용어상의 취지 그 이상이며, 우리 분석의 핵심이다. 이 개념이 유용하다면, 우리가 실험실에서 관찰한 사실들을 이 개념으로 연결해서 서로 엮을 수 있을 것이다. 만약 불필요하다면, 이 용어는 우리가 발견한 사실들 사이의 연계성을 높여주지 못할 것이다. 분명히 하기 위해, 대리자적 상태가 의미하는 바를 다시 정의하겠다. 인공두뇌학과 현상학적 관점 모두에서 이 용어를 정의할 수도 있다.

인공두뇌학적 분석의 관점에서 보면, 자기조절적인 존재가 위계적 통제 시스템 안에서 기능하기 위해 내적으로 변화할 때 대리자적 상태가 발생한다.

주관적인 관점에서 볼 때 어떤 사람이 사회적 상황에서 신분상 더 높은 사람의 통제를 받을 수 있다는 식으로 스스로를 정의할 때 그는 대리자적 상태에 있는 것이다. 이런 조건에 놓인 사람은 더 이상 자기 행동에 책임감을 갖지 않으며, 스스로를 다른 사람의 소망을 달성하는 도구로 생각한다.

자유선택 속에는 자신을 이런 식으로 규정할 것인지 아닌지를 결정하는 내용도 들어 있다. 하지만 특정 행동을 유도하는 어떤 결정적인 장치가 존재하게 되면, 그렇게 유도하려는 성향이 특별히 강해져서 이것을 마음대로 되돌릴 수 없다.

대리자적 상태는 대개 마음의 상태이기 때문에, 어떤 사람은 이런 태도의 변화가 그 사람의 상태가 진정으로 달라진 것으로 볼 수 없다고 말할지도 모른다. 그러나 나는 이러한 개인적 변화가 이전에 살펴본 자동기계의 논리적 시스템에서 발생한 그러한 변화들과 정확히 맞아떨어진다고 주장한다. 물론 우리 몸에는 스위치가 없고 이런 변화들이 신경학적으로 작동하지만, 그렇다고 이것이 그러한 변화를 덜 사실적으로 만들지는 않는다.

11 복종의 과정: 분석을 실험에 적용하기

대리자적 상태가 분석의 핵심인 지금, 몇 가지 근본적인 의문이 생긴다. 첫째, 어떤 조건에서 한 사람이 자율적 상태에서 대리자적 상태로 바뀌는가(선행 조건). 둘째, 일단 그러한 전환이 이루어지면 그 사람의 행동적 · 심리적 특성들 중 어떤 것이 변하는가(결과). 셋째, 무엇 때문에 그 사람은 계속 대리자적 상태에 머물러 있는가(결속 요인). 여기서는 특정 상태로 진입하도록 만드는 조건과 그 상태를 유지시키는 조건을 구별하고 있다. 이제 그 과정을 자세히 살펴보겠다.

복종의 선행 조건

먼저 우리 연구의 피험자가 되기 전 그 사람에게 작용한 힘들, 사회에 대한 그의 기본적인 시각을 구체화하고 복종에 대한 기본 토대를 만들어준 힘들을 살펴볼 필요가 있다.

가족

피험자는 권위 구조 안에서 성장해왔다. 한 살 때 그는 부모의 규제를 받았는데, 이를 통해 그는 어른들의 권위를 존중해야 한다는 생각을 갖게 되었다. 부모의 명령은 또한 도덕적 명령의 원천이다. 그러나 부모가 그 아이에게 도덕적 명령을 따르라고 가르칠 때 실제로는 두 가지를 가르치는 것이다. 첫째, 구체적인 도덕적 내용을 가르친다. 둘째, 그 아이가 권위적인 명령 그 자체에 순응하도록 훈련시킨다. 그래서 부모가 "약한 아이들을 때리지 마라"고 말할 때, 그는 두 가지 명령을 하는 것이다. 하나는 명령받는 사람이 작은 아이들(힘이 없고 순수한 사람의 원형)을 다루는 방식과 관련이 있고, 두 번째는 '내게 복종하라!'는 함축적 명령이다. 따라서 도덕적 이상의 기원은 복종적 태도의 주입과 분리해서 볼 수 없다. 더욱이 복종에 대한 요구는 갖가지 구체적인 명령 속에 유일하게 일관적으로 존재하는 요인이기 때문에, 다른 어떤 특정한 도덕적 내용과 비교해 강력한 힘을 얻기가 상대적으로 더 쉽다.[11]

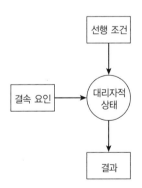

제도적 환경

가족의 보호에서 벗어나자마자, 아이는 학교라는 제도적 권위 체계로 옮겨진다. 이곳에서 아이는 구체적인 교과 과정뿐만 아니라, 조직의 틀 안에서 행동하는 법을 배운다. 선생들은 아이의 행동 상당 부분을 통제한다. 그러나 아이는 선생들이 교장의 명령과 요구의 지배를 받는다는 것을 알게 된다. 또한 권위자가 오만불손을 소극적으로 감수하는 것이 아니라 엄하게 꾸짖는다는 것, 그리고 오로지 복종만이 권위자에 대한 적합하고 충분한 반응이란 것을 깨닫는다.

그 젊은이는 권위 체계의 부수적인 구성요소로서 초기 20년의 생을 보낸다. 그리고 학교를 떠나자마자, 그는 일반 직장생활이나 군 복무를 한다. 일을 하는 동안, 그는 정중한 이의제기는 용납되지만 상사와 조화롭게 일하기 위해서는 복종하는 마음가짐이 필요하다는 것을 배운다. 구체적인 업무에 많은 자유가 주어지더라도, 그 사람은 그런 상황을 다른 사람이 지시한 일을 자신이 해야 하는 상황으로 정의한다.

권위 구조는 문명사회든 원시사회든 상관없이 모든 사회에 필수적으로 존재하지만, 현대 사회의 또 다른 특징은 사람들에게 비인격적인 권위에 따르도록 가르친다는 것이다. 권위에 대한 복종은 미국의 공장 근로자들 못지않게 아샨티(Ashanti: 가나의 한 부족)에게도 존재하지만, 토착민들은 권위자들 모두를 개인적으로 알고 있다. 반면에 현대 산업사회에서 사람들은 비인격적인 권위에 복종할 것을 강요받기 때문에, 훈장이나 유니폼, 직함 등이 함축하는 추상적 계급에 반응한다.

보상

권위와 관련해 이러한 경험을 하는 내내, 권위에 대한 복종은 일반적으로 보상받고 불복종은 자주 처벌받는 보상 구조를 계속해서 대면하게 된다. 비록 많은 형태의 보상은 충성을 다해 복종하는 사람에게 주어지지만, 이런 교묘한 보상도 있다. 즉 위계 구조 내에서 승진을 시키는 것인데, 이것은 그 사람에게 동기를 부여할 뿐만 아니라 동시에 그런 구조를 영속화시킨다. 이런 '승진'이라는 형태의 보상은 개인에게 강한 감정적 만족감을 주지만, 그것이 갖는 특별한 특징은 위계적인 형태의 영속성을 보장한다는 사실이다.

이러한 경험의 최종 결과는 사회적 규율을 내면화하는 것이다. 즉 사회생활을 하는 데 필요한 자명한 원칙들을 내면화하는 것이다. 그리고 핵심 원칙은 "책임자가 말한 대로 하라"는 것이다. 우리가 문법의 규칙을 내면화하여 새로운 문장을 이해하고 만들어내는 것처럼, 새로운 상황에서 사회적 요구를 충족시킬 수 있는 사회생활의 자명한 원칙들을 내면화한다. 모든 위계적인 규율은 최고 지위의 권위자에 대한 복종을 요구한다.

따라서 선행 조건들 중에는 개인의 익숙한 경험, 비인격적 권위 체계에 토대를 둔 일반적 사회 환경, 권위자에 대한 복종은 보상을 주고 불복종은 처벌을 준다는 보상 구조에 대한 장기간의 경험 등이 들어 있다. 물론 이러한 조건들이 피험자들의 행동 습관을 형성하는 데 배경을 제공했지만 실험상 통제할 수 없으며, 대리자적 상태로의 이동을 즉각적으로 촉발하지는 않는다. 이제 구체적인 상황에서 대리자적 상태를 유발하는 좀더 즉각적인 요소들을 알아보겠다.

즉각적 선행 조건

권위에 대한 지각 대리자적 상태로 바뀌기 위해 필요한 첫 번째 조건은 합법적 권위자에 대한 지각이다. 심리학적 관점에서 볼 때, 권위자란 사람들이 주어진 상황에서 사회를 통제하는 위치에 있어야 한다고 생각하는 사람을 의미한다. 권위는 맥락 안에서 지각되고, 그 권위가 직면하는 상황을 넘어설 필요는 없다. 예를 들어 실험자가 거리에서 피험자를 만나면, 그에게 어떤 영향도 미치지 못할 것이다. 승객에 대한 조종사의 권위는 비행기를 벗어난 영역까지 확장되지는 않는다. 권위는 규범적 지지를 받는다. 즉 특정 상황에서 사람들은 대개 사회적 통제자가 존재한다는 기대를 공유하고 있다. 권위는 '특권'이라는 의미에서 높은 신분을 요구하지 않는다. 이를테면 극장의 안내원은 평소 우리가 기꺼이 복종하는 한 사회적 통제자이다. 권위자의 권력은 개인적 특성이 아니라, 사회적 구조에서 그가 차지하는 지각된 지위에서 나온다.

언뜻 권위의 소통 방식에 대한 질문은 특별한 답을 요구하지 않는 것처럼 보인다. 우리는 관리·감독하는 사람이 누구인지 늘 알고 있는 것 같다. 그럼에도 불구하고 그 과정을 분석하기 위해 실험실에서 그 행동을 점검할 것이다.

첫째, 피험자는 관리·감독하는 사람이 있을 것이라는 기대를 갖고 그 상황으로 들어간다. 따라서 등장하자마자 실험자는 피험자가 경험한 공백을 메워준다. 그리하여 실험자는 자신의 권위를 주장할 필요 없이 확인만 시켜주면 된다. 그는 몇 마디의 소개말을 통해 그렇게 한다. 스스로를 밝히는 이런 관례는 관리자를 만날 것이라는 피험자의 기대와 완벽하게 부합하기 때문에, 피험자는 이에 대해 전혀 의문을 갖지 않는다. 지지 요인은 실험자가 보이는 자신감과 '권위자의 태도'이다. 하인이 경의를 표하듯이 그의 주인은 자신의 우세한 지위를 주위 환경에 미묘하게 퍼뜨리며 위용을 발산하는 것이다.

둘째, 겉으로 드러나는 차림새는 때때로 주어진 상황에서 권위를 나타내기 위해 사용된다. 우리의 실험자는 전문가용 회색 웃옷을 입었는데, 이것이 그를 실험실과 연결시켰다. 경찰, 군인, 그 밖의 여러 직종의 제복은 일반적인 경험에서 볼 때 가장 눈에 띄는 권위의 표시다. 셋째, 피험자는 경쟁할 권위자가 없다는 것을 알아차린다(누구도 책임자라고 주장하지 않고, 이것은 실험자가 바로 그 사람이라는 가정을 확증해준다). 넷째, 눈에 띄게 특이한 요인이 없다(이를테면 과학자라고 주장하는 다섯 살배기 어린이).

피험자가 반응한 대상은 권위자의 모습이지 실질적 권위가 아니다. 모순되는 정보나 예외적인 사실들이 드러나지 않는 한, 권위자의 자기 명명만으로 거의 언제나 충분하다.[12]

권위 체계로 진입   대리자적 상태로의 이동을 촉발하는 두 번째 조건은 권위자를 문제의 권위 체계를 구성하는 한 부분으로 정의하는 행동이다. 우리가 권위자를 지각하는 것만으로는 불충분하며, 그는 우리와 관련이 있는 권위자라야 한다. 요컨대 열병식을 구경하고 있을 때 "좌향좌!"라는 대령의 외침을 듣는다 해도 우리는 왼쪽으로 방향을 바꾸지 않는다. 우리는 그의 명령을 따라야 하는 부하가 아니기 때문이다. 우리가 권위 체계 밖에 있다가 그 체계 안으로 들어가는 과도기가 늘 있게 마련이다. 권위 체계는 자주 물리적 환경의 제약을 받는데, 우리가 그런 물리적 경계를 넘어서서 그 영역 안으로 들어갈 때 권위자의 영향력 아래에 놓이게 된다. 이 실험을 실험실 안에서 수행한다는 사실은 강요된 복종의 정도와 매우 큰 관련이 있다. 실험자가 그 공간을 '소유'하고 있고, 그래서 마치 누군가의 집에 초대받은 손님처럼 스스로 적합하게 처신해야 한다고 피험자가 느낄 수 있다. 만일 실험이 실험실 밖에서 이루어진다면, 복종은 급격히 떨어질 것이다.[13]

이 실험에서 더욱 중요한 점은 피험자가 자발적이고 자유의지에 따라 실험자의 권위 영역으로 들어간다는 사실이다. 자발적 진입은 피험자에게 책임과 의무감을 갖도록 만들어 이후 그 피험자를 자신의 역할에 속박하는 심리적 결과를 가져온다.

피험자들이 강제로 실험에 참가했다면 권위자를 잘 따랐겠지만, 심리적 메커니즘은 우리가 관찰한 것과는 상당히 달랐을 것이다. 일반적으로 그리고 어디서나, 사회는 사람들에게 그 사회의 다양한 제도 속으로 자발적으로 들어왔다는 인식을 갖도록 만들고자 한다. 군에 입대하자마자 신병들은 충성을 맹세하고, 징집병보다 지원병을 더 선호한다. 사람들은 강요 아래에서는 사회를 통제하는 사람에게 복종하지만(총이 그들을 겨누고 있을 때처럼), 그런 상황에서 이루어지는 복종은 본질적으로 직접적 감시에 국한된다. 총을 겨누는 사람이 떠나거나 그의 강제력이 사라지면 복종은 멈춘다. 합법적인 권위자에 대한 자발적인 복종의 경우에는 불복종에 대한 주요 제재가 개인 내부에서 나온다. 그들은 강요가 아니라, 자신의 역할에 대한 책임감 때문에 복종하는 것이다. 이런 점에서 복종의 외적 토대뿐만 아니라 내적인 토대도 있는 것이다.

권위자의 명령과 기능의 조화   권위자는 구체적인 맥락 안에서 사회적으로 지각된 통제자이다. 맥락은 문제의 권위자에게 적절하다고 할 수 있는 명령의 범위를 규정한다. 일반적으로 통제하는 사람의 기능과 그가 내리는 명령의 본질 사이에 분명한 관련성이 있어야 한다. 그러한 관련성을 반드시 잘 산정할 필요는 없고, 가장 일반적인 방법으로 이치에 맞으면 된다. 따라서 군대라는 상황에서 지휘관은 부하에게 매우 위험한 행동을 하라고 명령할 수는 있지만, 자기 여자친구를 껴안으라고 명령할 수는 없다. 한 명령은 군대의 일반적인 기능과 논리적으로 관련이 있고, 다른 한 명령은 그렇지 않다.[14]

복종 실험에서 피험자는 학습 실험이라는 맥락 안에서 행동하면서, 실험자의 명령이 그의 역할과 의미 있게 부합하는 것으로 인식한다. 실험실이라는 맥락에서 볼 때, 이후에 발생하는 특정한 구체적 현상들에 대해 논쟁할 수 있지만 그러한 명령은 일반적으로 적합해 보인다.

사람들이 생각하기에 실험자는 뭔가 알고 있는 맥락에서 명령을 하기 때문에 그의 권한은 증가한다. 일반적으로 권위자는 명령을 받는 사람보다 더 많이 알 것이라고 생각한다. 권위자가 더 많이 알든 모르든, 이러한 경우 사람들은 권위자가 더 많이 안다고 규정한다. 심지어 부하가 상사보다 기술적 지식이 더 많더라도, 그는 권위자의 명령권을 함부로 무시하면 안 되며, 그 지식을 바탕으로 상사에게 제안하여 그가 원하는 대로 처분할 수 있도록 해야 한다. 권위를 가진 사람이 부하를 위험에 빠뜨릴 만큼 무능할 때, 전형적인 긴장이 권위 체계 안에서

생긴다.[15]

강력한 이데올로기 특정한 사회적 상황에서 피험자가 대리자적 상태로 이동하기 위해서는 그 상황의 통제자를 합법적인 존재로 지각해야 한다. 그러나 상황에 대한 합법성 자체는 얼마나 분명하게 이데올로기를 정당화하느냐에 달려 있다. 피험자가 실험실에서 할 일에 대해 들을 때, "나는 과학에 대해 들은 바가 없어요. 이게 무슨 의미입니까?"라는 식으로 당황해서 소리치지는 않는다. 이러한 상황에서 과학의 개념과 과학을 사회적으로 적법한 사업으로 인정하는 것이 실험에 강력한 이데올로기적 정당성을 제공한다. 회사나 교회, 정부, 교육기관과 같은 단체들은 또 다른 영역에서 합법적 활동을 수행하며 사회의 가치와 요구는 그러한 활동 각각을 정당화한다. 또한 전형적인 사람은 그러한 활동을 수용하는데, 그 사람이 태어나서 자란 세상의 일부를 그러한 활동이 채우고 있기 때문이다. 이렇듯 제도권 밖에서도 복종을 확보할 수 있지만, 올바른 일을 한다는 강력한 인식을 수반하는 자발적 형태의 복종은 아니다. 게다가 실험이 우리와는 전혀 다른 문화—이를테면 트로브리안드족(Trobrianders: 뉴기니 동쪽에 있는 트로브리안드 제도의 멜라네시아계 주민—옮긴이)을 대상으로—에서 이루어진다면 심리적으로 비슷한 효과를 내기 위해 과학이라는 개념과 기능적으로 동일한 어떤 개념을 찾아야 한다.

트로브리안드족은 과학자는 믿지 않을 수 있지만 주술사는 존경한다. 16세기 에스파냐의 종교재판관은 과학을 멀리했지만 교회의 사상은 수용했고, 교회의 이름 아래서 교회의 보존을 위해 어떠한 양심의 거리낌도 없이 고문대의 나사를 단단하게 죄었다.

이데올로기적 정당화는 자발적인 복종을 확보하는 데 반드시 필요하다. 이를 통해 사람들은 자신의 행동을 바람직한 목적에 기여하는 것으로 보기 때문이다. 이런 관점에서만 사람들을 쉽게 순종하도록 만들 수 있다.

그런데 권위 체계는 한 사람이 다른 한 사람에게 행동을 지시할 권리를 가진다는 생각을 공유한 최소한 두 사람으로 이루어진다. 이 연구에서 실험자는 체계 안에서 다른 사람들보다 더 중요한 요소이다. 그 체계는 실험실 상황, 인상 깊은 실험장비, 피험자에게 의무감을 주입하는 장치들, 실험의 일부분을 차지하는 과학에 대한 신비감, 그러한 활동의 진행을 가능케 하는 폭넓은 제도와의 조화—즉 실험이 문명화한 도시에서 이루어지고 허용된다는 바로 그 사실이 내포하는 폭넓은 사회적 지지—등을 포함한다.

실험자는 강요나 위협 없이 사회 구조 안에서 자신이 차지하고 있는 지위를 통해 행동에 영향을 미친다. 실험자가 행동에 영향을 미칠 뿐 아니라 그렇게 할 수 있어야 한다는 합의가 전반적으로 존재한다. 따라서 그의 권한은 어느 정도 그가 관리하는 사람들의 동의에서 나오는 것이다. 그러나 일단 이렇게 승인된 동의는 저절로 사라지거나 거대한 비용의 지불 없이는 철회되지 않는다.

대리자적 상태

대리자적 상태의 특성은 무엇이고 그것이 피험자들에게 어떤 결과를 가져다주는가?

사람은 대리자적 상태로 이동함으로써 이전의 자기와는 다른 사람이 되어, 평소 그의 성격에서는 쉽사리 찾아볼 수 없는 새로운 특성을 지니게 된다.

우선, 피험자가 수행한 모든 활동은 실험자와의 관계에 폭넓은 영향을 받는다. 즉 전형적으로 피험자는 일을 잘하기를 원하고 이 중요 인물에게 좋은 모습을 보이려 한다. 그는 임무를 훌륭하게 수행하기 위해 그 상황의 특징들에 주의를 기울인다. 그는 지시사항을 귀담아듣고, 전기충격을 실행하는 데 필요한 기술에 집중하며, 곧 한정된 기술적 과제에 몰입한다. 학습자에 대한 처벌은 총체적인 경험의 사소한 일부분, 즉 실험실에서 이루어지는 복잡한 활동의 단순한 껍데기로 전락한다.

조율

실험에 익숙하지 않은 사람들은 학습자와 실험자가 내뿜는 대립적인 힘 때문에 피험자가 피해를 입어 곤경에 처하게 된 것이라고 생각할 수 있다. 그러나 실제로 학습자의 신호는 약해지고 심리적으로 멀어지는 반면, 권위자의 신호는 최대한으로 수용하는 조율 과정이 피험자 안에서 일어난다. 이러한 효과에 대해 회의적이라면 위계 구조에 속한 사람들의 행동을 관찰해보면 된다. 회사 사장과 부하 직원이 만나는 장면만으로도 충분하다. 부하 직원은 사장의 말에 귀를 기울이는 반응을 보인다. 신분이 낮은 사람이 처음 낸 의견은 때때로 무시되지만, 사장이 되풀이하면 사람들은 그 의견을 열성적으로 환대한다.

이 말 속에 어떤 특별한 악의가 있는 것은 아니다. 다시 말해 여기에는 권위에 대한 당연한 반응이 들어 있다. 만일 우리가 좀더 깊이 검토해본다면 그 이유를 알 수 있을 것이다. 지위 덕분에 권위자는 이득을 주거나 박탈할 수 있는 최적의 위치에 있는 것이다. 상사는 해고할 수도 있고 승진시킬 수도 있다. 군대 상사는 부하를 위험한 전장에 보낼 수도 있고 편한 일을 시킬 수도 있다. 부족장은 결혼에 동의하거나 사형집행을 명령한다. 따라서 권위자의 변덕에 세심한 주의를 기울인다는 것은 적응성이 높은 것이다.

그렇기 때문에 권위자는 개인보다 더 강한 존재로 보이는 경향이 있다. 개인은 때때로 권위자를 비인격적인 힘의 소유자로 보기 때문에, 그의 명령은 사소한 인간의 바람이나 소망을 초월한다. 권위를 가진 사람은 어떤 초인적인 특성을 획득하게 된다.

이러한 차별적 조율 현상이 이후 실험에서 매우 규칙적으로 나타난다. 학습자는 피험자가 자기에게 크게 신경쓰지 않는 불리한 조건에서 행동한다. 피험자들의 감정과 지각은 실험자의 존재에 의해 좌우되기 때문이다. 그래서 많은 피험자들에게 학습자는 실험자와의 만족스러운 관계를 방해하는 달갑지 않은 장애물일 뿐이다. 이 상황에서 피험자가 정서적으로 중요한 인물의 동의를 얻으려면 분명히 해야 할 일이 있는데, 학습자가 자비를 호소하는 것은 단지 피험자에게 불편한 감정만을 더할 뿐이다.

상황의 의미 재정의하기

한 사람이 자신의 세상을 해석하는 방식을 통제하라. 그러면 당신은 그의 행동을 오랫동안 통제할 수 있을 것이다. 그래서 인간의 조건을 해석하려는 시도, 즉 이데올로기는 사람들에게 특별한 행동을 요구하는 혁명이나 전쟁, 그 밖의 상황에서 늘 두드러진 한 특징이 된다. 정부는 사건을 해석하는 공식적인 방식을 선전하는 데 엄청나게 투자한다.

또한 모든 상황은 일종의 이데올로기를 가지고 있다. 우리는 이것을 일컬어 '상황에 대한 정의'라 하는데, 사회적 상황이 갖는 의미를 해석한 것이다. 이것은 상황을 구성하는 요인들을 서로 통합할 수 있는 관점을 제공한다. 특정 행동이 한 관점에서 극악한 것으로 보이지만, 다른 관점에서는 전적으로 정당한 것으로 보일 수도 있는 것이다. 사람들은 합법적인 권위자가 제공하는 행동의 정의를 수용하는 경향이 있다. 즉 행동은 자신이 하더라도 피험자는 권위자에게 그 행동의 의미를 정의하도록 허락한다.

복종의 주요 인지적 기초를 구성하는 것이 바로 권위에 대한 이러한 이데올로기적 편애이다. 결국, 세상이나 상황이 권위자가 정의하는 대로라면, 논리적으로 일련의 특정 행동 역시 그의 정의에 따를 수밖에 없다.

따라서 권위자와 피험자의 관계를 강압적인 인물이 내키지 않는 부하에게 행동을 강요한 것으로 볼 수 없다. 피험자는 상황에 대한 권위자의 정의를 수용하기 때문에, 기꺼이 행동으로 옮기는 것이다.

책임감의 상실

대리자적 전환이 초래하는 가장 폭넓은 결과로, 사람은 자신에게 지시를 내리는 권위자에 대해서는 책임감을 느끼지만, 권위자가 지시한 행동의 내용에 대해서는 책임감을 느끼지 않는다. 도덕성이 사라진 것은 아니지만, 근본적으로 그 초점을 달리한다. 하급자는 권위자가 요구하는 행동을 얼마나 잘 수행했느냐에 따라 수치심이나 자부심을 느낀다.

언어에는 이런 유형의 도덕성을 지칭하는 용어들이 많다. 즉 충성·의무·규율 등은 도덕적 의미를 강하게 내포하고 있으며, 한 사람이 권위자에 대한 자신의 의무를 수행한 정도를 언급한다. 이러한 용어는 인간 자체의 '선'을 지칭하는 것이 아니라, 하급자가 사회적으로 정의된 자신의 역할을 수행한 정도를 말한다. 권위자의 명령 아래에서 극악한 행동을 한 개인이 가장 빈번하게 사용하는 변명은 단지 자신의 의무를 다했을 뿐이라는 것이다. 이때 그 사람은 그 순간을 모면하기 위한 핑곗거리를 만들어낸 것이 아니라, 권위자에 대한 복종으로 말미암아 나타난 심리적 태도를 솔직하게 이야기한 것이다.

자신의 행동에 대해 책임감을 느끼기 위해서는 그 행동이 '자기'에게서 비롯했다고 인식해야 한다. 우리가 연구한 상황에서 피험자들은 자신의 행동에 대해 정반대 관점을 가지고 있었다. 즉 그들은 자신의 행동이 다른 어떤 사람의 동기에서 비롯했다고 보았다. 실험에서 피험자들은, "만일 이게 내 책임이라면, 나는 학습자에게 전기충격을 가하지 않을 거예요"라고 자주 말했다.

초자아의 기능은 행동의 선악을 평가하는 것으로부터 한 사람이 권위 체계 안에서 얼마나 잘하는지를 평가하는 것으로 옮겨간다.[16] 한 사람이 다른 사람에게 가혹한 행동을 못 하도록 하는 억제력이 방해받기 때문에, 행동은 더 이상 양심의 제약을 받지 않는다.

평소에 신사답고 친절한 사람을 생각해보자. 심지어 화가 난 순간에도 그는 자신을 실망시킨 사람들에게 대들지 않는다. 행실이 나쁜 아이를 때려줘야 한다고 느끼면서도 그렇게 하는 걸 싫어한다. 정말로, 그는 팔 근육이 얼어붙어 그 아이에 대한 체벌을 포기하고 만다. 그러나 군대에서 폭탄을 투하하라는 명령을 받으면 그는 그렇게 한다. 이 행동은 그 자신의 동기 체계에서 비롯한 것이 아니기 때문에, 내적 심리 체계가 지닌 억제력의 제지를 받지 않는다. 보통 사람들은 성장하는 과정에서 공격적 충동의 표현을 억제하도록 배운다. 그러나 문화는 권위자가 지시하는 행동을 내적으로 통제하도록 사람들에게 가르치는 데 거의 전적으로 실패했다. 그렇기 때문에, 후자의 행동이 인간의 생존에 훨씬 더 큰 위험이 된다.[17]

자아상

다른 사람에게 좋게 보이는 것도 중요하지만, 자신에게 좋게 보이는 것 역시 중요하다. 한 사람이 지닌 자아 이상은 내적 억제의 중요한 원천이 될 수 있다. 가혹한 행동을 부추길 때, 그는 그 행동이 자신의 자아상에 미칠 영향을 가늠해보고는 그 행동을 삼갈 수 있다. 그러나 대리자적 상태로 들어가게 되면, 이러한 평가 메커니즘이 완전히 사라진다. 자신의 동기에서 비롯하는 것이 아니기 때문에 그의 행동은 더 이상 자아상을 반영하지 않고, 따라서 자아개념도 중요하지 않게 된다. 실제로, 자주 그런 상황에 놓이는 사람은 한편으로 자신이 바라는 것과 다른 한편으로 다른 사람이 자신에게 요구하는 것 사이의 대립을 뚜렷하게 인식한다. 비록 자신이 그 행동을 했더라도, 그는 그것을 자신의 본성과는 상관없는 행동으로 본다. 그렇기 때문에 명령에 따라 이루어지는 행동은 아무리 비인간적일지라도 피험자의 관점에서는 사실상 죄가 없는 것이다. 그래서 피험자가 자신의 가치를 확인하기 위해 찾는 사람이 바로 권위자이다.

명령과 대리자적 상태

대리자적 상태는 구체적인 복종행동을 하도록 만드는 잠재력을 지니고 있다. 그러나 잠재력보다 더한 것, 즉 메커니즘에 불을 붙이는 구체적인 명령이 필요하다. 일반적으로 주어진 명령은 권위자의 역할과 일치해야 한다는 점을 이미 지적한 바 있다. 명령은 두 가지 핵심 부분, 즉 행동에 대한 정의와 그 행동을 수행하라는 주장(예를 들어 요구는 행동에 대한 정의는 있지만 그것을 수행하라는 주장은 없다)으로 구성되어 있다.

그래서 명령은 구체적인 복종행동을 유발한다. 대리자적 상태는 단지 복종의 또 다른 말일까? 아니다. 그것은 복종의 가능성을 높여주는 정신적 조직의 상태다. 복종은 그러한 상태의 행동적 측면이다. 명령을 받지 않고 그래서 복종할 필요가 없는 상황에서도 사람들은 대리자적 상태, 즉 권위자에게서 규제를 받는 상태에 있을 수 있다.

구속 요인

일단 대리자적 상태로 들어가면, 무엇이 그런 상태를 유지하도록 만들까? 요소들을 하나의 위계로 연결할 때는 언제나 그 요소들을 그 관계 속에서 유지시키는 힘이 필요하다. 이러한 힘이 존재하지 않는다면, 아주 약한 동요에도 그 구조는 붕괴할 것이다. 따라서 일단 사람들을 사회적 위계 구조 안으로 끌어들이려면, 구조를 적어도 최소한 안정적으로 유지시키는 어떤 결합 메커니즘이 있어야만 한다.

실험 상황에 대한 몇몇 사람들의 해석에 따르면, 피험자들은 그 상황에서 서로 대립하는 가치들의 중요성을 매우 합리적으로 평가하고, 몇몇 정신적 계산에 따라 요인들을 처리한 다음, 이러한 계산을 통해 나온 결과에 근거하여 행동한다고 한다. 따라서 피험자들이 처한 곤경은 합리적 의사결정의 문제로 귀결된다.

이러한 분석은 실험을 통해 예시한 행동의 중요한 한 측면을 무시한다. 많은 피험자들이 학습자에게 더 이상의 전기충격을 가하지 말아야 한다는 지적 결정을 하지만, 때때로 이러한 확신을 행동으로 옮기지 못한다. 실험실에서 관찰해보면, 이런 피험자들이 권위자에게서 벗어나기 위해 내적으로 매우 강한 투쟁을 하면서도, 불분명하지만 강력한 구속 때문에 전기충격기 앞에서 떠나지 못한다는 사실을 알 수 있다.

한 피험자는 실험자에게 다음과 같이 말했다. "그는 더 이상 견딜 수 없어요. 나는 저기에 있는 그를 죽일 수 없어요. 당신도 그가 고함지르는 소리를 듣잖아요. 그가 고함을 지르고 있어요. 그는 더 이상 견딜 수 없어요." 피험자는 말로는 더 이상 계속하지 않겠다고 하면서도 실험자의 명령에 따라 계속 행동한다. 많은 피험자들이 미약하나마 불복종을 시도하지만, 마치 접착제에 의해 붙잡혀 있는 것처럼 보인다. 이제 피험자를 강력하게 구속하는 힘을 알아보자.

이러한 힘을 추적하는 최선의 방법은 질문하는 것이다. 실험을 그만두려면 피험자는 무엇을 해야 하는가? 전기충격기 앞에서 떨쳐 일어나 저항하기 위해서 피험자는 어떤 심리적 장애물을 제거해야 하는가?

행동의 순차적 특성

실험 시간은 각 행동이 그다음 행동에 영향을 주는 하나의 전개 과정이다. 복종행동은 계속 이어진다. 다시 말해서 처음에 지시한 이후 실험자는 피험자에게 더 이상 새로운 행동을 명령하지 않고, 하던 행동을 계속하라고 지시한다. 피험자에게 요구하는 행동이 반복적이라는 점 자체가 구속력을 만들어낸다. 점점 더 고통스러운 전기충격을 가하면서 피험자는 자신의 행동을 합리화해야 한다. 하나의 합리화는 끝까지 가야 한다. 만약 중간에 그만두면 그는 스스로에게 이렇게 말하는 격이 되기 때문이다. "지금까지 내가 한 모든 행동은 나쁘며 이렇게 중단함으로써 그러한 사실을 인정한다." 그러나 계속 밀고 나가면, 그는 자신의 과거 행동에 대해 안심하게 된다. 초기 행동이 불편함을 불러일으키지만, 이러한 불편함은 이후의 행동으로 중화된다.[18] 그래서 피험자는 파괴적인 행동에 단계적으로 엮이게 된다.

상황적 의무

모든 사회적 상황의 밑바탕에는 행동을 규제하는 상황적 불문율이 있다. 실험을 중단하려면, 피험자는 사회적 상황의 한 부분인 일련의 함축적인 동의를 파기해야만 한다. 그는 처음에 실험자를 돕겠다는 약속을 했고, 지금은 그 약속을 취소해야만 한다. 전기충격을 거부하는 행동은 제3자 편에서 보면 도덕적 배려이지만, 피험자에게는 실험자에 대한 의무를 저버리는 것이기 때문에 쉽게 거부할 수 없다. 이 문제에 대한 또 다른 측면이 있다.

고프먼(Goffman, 1959)은 모든 사회적 상황이 참가자들의 실질적인 합의에 기초한다고 지적한다. 그가 제시한 주요 전제 가운데 하나는 일단 참가자들이 상황을 규정하고 합의하면 그것에 대한 어떤 도전도 없다는 것이다. 실제로, 합의한 정의를 참가자가 파기하는 것은 도덕적 위반의 성격을 갖는다. 상황에 대한 정의가 정중한 사회적 교환과 일치할 때, 그러한 정의에 대한 공공연한 갈등은 어떠한 경우에도 발생하지 않는다.

좀더 구체적으로, 고프먼의 분석에 따르면 다음과 같다. "나름의 사회적 특성을 소유한 개인은 누구나 자신의 가치를 인정받고 그에 상응하는 대우를 다른 사람들에게서 기대할 수 있는 도덕적 권리를 가진다는 원리 아래 사회는 이루어진다. ……한 개인이 상황을 정의한 뒤 자신이 특정 부류의 사람이라고 대내외적으로 주장하면, 그는 자동적으로 다른 사람들에게 도덕적 요구를 강요하는 것이다. 즉 그런 부류의 사람이 기대하는 방식으로 자기를 존중하고 대할 것을 다른 사람들에게 요구하는 것이다(p. 185)." 이 상황에서 실험자에게 복종하지 않는 것은 자신이 권한과 권위를 가진다는 그의 요구를 거부하는 것이기 때문에, 사회적으로 심각한 부정이 필연적으로 수반된다.

실험 상황이 아주 잘 꾸며져 있기 때문에 피험자는 실험자가 만든 규정을 위반하지 않고서는 학습자에게 가하는 전기충격을 중단할 수 없다. 선생은 중단할 수 없고, 동시에 권한에 대한 권위자의 정의에 대항할 수도 없다. 따라서 피험자는 자신이 중단하면 거만하고 고집 세고 무례하게 보일까봐 두려워한다. 이러한 감정이 더 중요해 보이지는 않지만, 그런데도 이 감정이 피험자들을 복종하게 만든다. 그의 마음과 감정에 그러한 두려움이 가득 참으로써 피험자는 면전에서 권위자를 거부해야 한다는 것은 매우 힘들어 한다. 실험의 권위자에게 저항하는 것은 잘 정의된 사회적 상황을 부분적으로나마 붕괴시킬 뿐만 아니라, 많은 사람들에게는 맞설 수 없는 당혹스러운 일이다.[19] 이러한 당황스러운 사건을 피하기 위해 많은 피험자들은 좀 덜 고통스러운 대안으로 복종을 선택한다.

보통의 사회적 만남에서는 그런 붕괴를 막기 위한 예방책들을 자주 도입하지만, 이 피험자는 스스로 신중하게 행동하더라도 실험자의 명예를 지켜주지 못하는 상황에 놓여 있다. 오직 복종만이 실험자의 신분과 존엄을 보호해줄 수 있을 뿐이다. 그런데 이상한 일은 피험자의 연민과 실험자의 감정을 '상하게 하는 것'을 탐탁지 않아하는 것이 불복종을 가로막는 구속력의 한 부분이라는 것이다. 그러한 복종의 철회는 그가 도전한 권위자만큼이나 피험자들에게도 고통스러울 것이다. 이것이 하찮다고 느끼는 독자들은 다음 실험을 해봐야 한다. 그것이 피험자들에게 작용하는 규제의 힘을 깨닫게 해줄 것이다.

먼저, 당신이 진정으로 존경하는 한 사람을 찾아라. 당신보다 적어도 한 세대 위로 삶의 중요한 영역에서 권위자라면 더욱 좋다. 그는 존경받는 교수일 수도 있고, 성직자일 수도 있으며, 어떤 상황에선 부모일 수도 있다. 그는 파슨스 교수, 폴 신부, 찰스 브라운 박사와 같은 직함을 가진 사람일 것이다. 그는 엄숙하고 범접할 수 없는 권위자의 모습을 한 사람임이 틀림없다. 권위자와의 관계에 대한 불문율을 깨뜨리는 것이 무엇을 의미하지 이해하기 위해, 의사든 교수든 성직자든 직함을 사용하지 말고 이름이나 심지어는 적절한 별명을 사용해 그를 불러볼 필요가 있다. 예를 들면, 브라운 박사를 "안녕하세요, 찰리"라고 부를 수 있다.

그에게 접근할 때 당신은 실험의 성공적인 마무리를 방해할 수도 있는 불안과 강력한 억압을 경험할 것이다. 당신은 스스로에게 다음과 같이 말할지도 모른다. "왜 내가 이런 어리석은 실험을 해야 하지? 나는 늘 브라운 박사와 좋은 관계를 유지했는데 이제는 그 관계가 위험할 수도 있겠네. 왜 내가 그에게 거만하게 보여야 하지?"

아마도 당신은 이 무례한 행동을 실행하지 못할 수도 있지만, 시도하는 과정에서 우리 피험자들이 경험한 감정을 더 많이 이해할 수 있을 것이다.

사회적 상황, 즉 사회를 구성하는 바로 그 요소들은 특정 상황에서 작용하는 불문율에 의해 결합되어 있다. 이러한 불문율을 통해 각각의 사람은 상황에 대한 다른 사람의 정의를 존중하게 되고, 사회적 교환으로 불거지는 갈등, 당황 그리고 어처구니없는 붕괴를 피한다. 이 불문율의 가장 기본적인 관점은 사람들에게 연달아 일어나는 일의 내용과 무관하며, 오히려 그들 사이의 구조적 관계를 유지하는 것이다. 그러한 관계는 대등한 관계일 수 있고 위계적인 관계일 수도 있다. 이 경우를 위계적인 관계로 정의할 때 그 구조를 바꾸려는 모든 시도들은 도덕적 일탈을 겪게 할 수 있고, 불안과 수치, 당황, 자기가치의 손상을 불러올 수도 있다.[20, 21]

불안

피험자가 경험한 두려움은 대부분 본래 예상에 따른 것, 즉 알지 못하는 것에 대한 막연한 걱정과 관련 있다. 이러한 전반적인 걱정을 '불안’이라고 한다.

이러한 불안의 원천은 무엇일까? 그것은 개인의 사회화에 대한 긴 역사에서 기인한다. 생물학적 창조물에서 문명화한 사람으로 나아가는 과정에서, 그는 사회생활의 기본 규칙들을 내면화했다. 그리고 이러한 규칙 중 가장 기본적인 규칙이 권위자에 대한 존경이다. 이러한 규칙 위반을 일련의 파괴적이고 자기위협적인 감정과 연결시킴으로써 사람들은 이 규칙들을 준수하도록 내부적으로 강요받는다. 실험실에서 관찰한 감정의 신호들―떨림, 불안한 웃음, 미세한 당황―은 그 사람이 이러한 규칙들을 공격하고 있다는 증거이다. 피험자가 이러한 위반을 숙고할 때 불안이 생겨나 스스로에게 금지된 행동을 그만두라는 신호를 보내고, 그럼으로써 권위자에게 저항하기 위해서는 통과해야만 하는 정서적 장벽을 구축하게 된다.

놀랄 만한 점은 불복종을 통해 일단 ‘얼음이 깨지면’, 사실상 모든 긴장, 불안, 두려움 등이 사라진다는 것이다.

12 긴장과 불복종

피험자들이 불복종한다. 왜? 처음에는 그 이유로 희생자에게 전기충격을 가하는 것이 부도덕하기 때문이라고 생각하는 경향이 있다. 그러나 도덕적 판단에 따른 설명은 적절치 않다. 무력한 희생자에게 전기충격을 가하는 것에 관한 도덕은 희생자가 가까이 있든 멀리 있든 변하지 않는다. 그런데 그들의 관계를 공간적으로 조금만 바꿔도, 불복종하는 비율이 달라진다는 것을 우리는 살펴봤다. 피험자들에게 불복종을 촉구하는 것이 일반적인 형태의 긴장이기 때문에 인간의 관점과 우리 분석의 지침이 될 이론적 모형의 관점에서 긴장의 의미를 이해할 필요가 있다.

이론적으로 볼 때 자율적으로 기능하는 존재가 위계 구조 안으로 진입하게 될 때 긴장이 생길 가능성이 높다. 자율적으로 기능하기 위해 개체에게 필요한 요건들이, 체계적으로 기능하기 위해 필요한 구체적이고 독특한 구성요소들과는 매우 다르기 때문이다. 인간은 자율적으로 기능하거나 또는 역할을 떠맡음으로써 더 큰 체계로 진입할 수 있다. 그러나 이 두 방식으로 다 기능할 수 있는, 즉 이중 능력을 가졌다는 그 사실 때문에 절충이 필요하다. 우리는 완전하게 자율적이지도 않고, 완전하게 복종적이지도 않다.

물론, 자율적으로도 기능하고 위계적 체계 안에서도 기능하도록 만들어진 모든 복잡한 존재는 긴장을 해소하는 메커니즘을 가지고 있다. 그러한 해소 메커니즘이 없으면 체계는 빠르게 붕괴할 수밖에 없기 때문이다. 그래서 우리는 긴장 해소를 나타내는 최종 개념을 우리 모형에 추가할 것이다. 그리고 관찰한 행동의 과정을 요약하기 위해 간략한 공식을 제시할 것이다.

$$O; B > (s-r)$$
$$D; B < (s-r)$$

여기에서 O는 복종, D는 불복종, B는 구속 요인, s는 긴장, r은 긴장 해소 메커니즘을 나타낸다. 복종은 구속 요인이 최종 긴장(해소 메커니

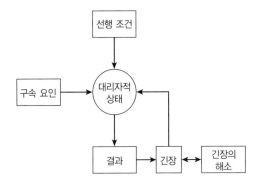

즘으로 완화된 후의 긴장)보다 클 때의 결과이고, 불복종은 최종 긴장이 구속 요인의 힘을 능가할 때의 결과이다.

긴장

피험자들이 경험한 긴장은 권위자의 힘이 아니라 그의 취약성을 드러낸다. 이것은 실험의 매우 중요한 또 다른 측면, 즉 대리자적 상태로의 전환이 몇몇 피험자들에게는 단지 지엽적인 것에 불과하다는 점을 보여준다.

피험자가 권위 체계 안에 전적으로 매몰되어 있다면, 아무리 가혹한 명령이라 하더라도 그 명령을 따르는 데 어떠한 긴장도 느끼지 않을 것이다. 그는 자신이 해야 할 행동을 오직 권위자가 부여하는 의미를 통해서만 봄으로써, 그 행동을 전적으로 받아들일 것이기 때문이다. 따라서 모든 긴장의 징후는 권위자가 그 사람을 진정한 대리자로 바꾸지 못했다는 증거이다. 실험실에서 작동하는 권위 체계는 스탈린과 나치의 전체주의 구조에서 드러나는 무소불위의 체계보다는 덜 강력하다. 그런 체계에서 부하들은 자신의 역할에 완전히 함몰한다. 실험자의 권위 밖에 남아 있는 다양한 자아의 잔재들은 피험자의 개인적 가치를 그의 마음속에 계속 존속시키면서 긴장을 유발하는데, 그러한 긴장이 충분히 강력하다면 불복종을 가져올 수도 있다. 이런 의미에서, 잠자는 사람이 시끄러운 소음으로 수면을 방해받는 것처럼, 실험실에서 만들어낸 대리자적 상태 역시 방해를 받을 여지가 많다(잠자는 동안, 강한 자극은 자는 사람을 깨울 수도 있지만 인간의 청력과 시력도 급격히 떨어뜨린다. 마찬가지로 대리자적 상태에서 인간의 도덕적 판단은 대개 일시적으로 정지되지만, 매우 강한 전기충격은 그런 상태를 유지하는 데 타격을 줄 수 있다). 정부의 강력한 권위 체계가 유발하는 상태를 깊은 잠이라고 할 때, 실험실 상황에서 만들어진 상태는 선잠과 유사하다.

긴장의 원인

실험실 안에 존재하는 긴장의 원인은 다른 사람에게 고통을 주는 것에 대한 근원적이고 자동적인 혐오에서부터 가능한 법적 대응이라는 치밀한 계산에 이르기까지 다양하다.

1. 학습자의 비명소리는 많은 참가자들에게 강한 영향을 미쳤는데, 비명소리에 대한 그들의 반응은 즉각적이고 본능적이며 자발적이다. 유리잔을 긁는 소리에 대한 혐오적인 반응처럼, 그러한 반응은 태생적인 메커니즘을 반영할 수도 있다. 복종함으로써 그 피험자가 이런 비명소리를 계속 듣는 한 긴장은 발생한다.
2. 더구나 무고한 사람에게 전기충격을 가하는 것은 그 피험자의 도덕적·사회적 가치에 위배된다. 이런 가치들은 어떤 이에겐 깊이 내면화된 신념이고, 다른 이에겐 사회가 선언한 인간 행동의 기준에 대한 지식을 반영한다.
3. 긴장의 또 다른 원인으로, 학습자를 처벌하는 동안 피험자들은 암묵적으로 보복의 위협을 경험할 수 있다. 학습자를 너무 화나게 만들어, 실험이 끝난 후 그가 보복할 것이라고 느끼는 피험자도 있을 수 있다. 그리고 실험 절차상 그럴 가능성을 암시하는 어떠한 것도 없지만, 어떤

피험자는 실험의 일부인 자신들 역시 학습자의 처지에 놓일 수 있다고 생각하기도 한다. 또 다른 피험자들은 자신들의 행동이 어느 정도 법적으로 문제가 될 수 있고, 그래서 학습자가 그들을 소송할지도 모른다고 두려워한다. 잠정적으로 사실이든 공상이든 간에 이 모든 형태의 보복은 긴장을 불러일으킨다.

4. 피험자는 실험자뿐만 아니라 학습자에게서도 지시를 받는다. 즉 학습자는 피험자에게 실험을 그만두라고 지시한다. 이러한 지시는 실험자의 지시와 상충한다. 그래서 그 상황에서 오는 압력에만 반응하면서 개인적 가치를 전혀 개입시키지 않고 전적으로 순종하더라도, 그 피험자에게 긴장은 여전히 발생할 것이다. 상충하는 명령이 그에게 동시에 영향을 미치기 때문이다.

5. 희생자에게 전기충격을 가하는 것은 많은 피험자들의 자아상과 충돌한다. 그들은 자신이 타인에게 해를 끼칠 수 있는 냉정한 사람이라고 생각하지 않는다. 그러나 자신이 한 행동을 보고, 그 행동과 자신의 자아상 사이의 부조화를 느낌으로써 피험자는 강한 긴장을 경험한다.

긴장과 완충제

피험자의 행위와 그 행위의 결과 사이의 심리적 근접성을 줄이는 것이면 무엇이든 긴장 수준을 떨어뜨린다. "내가 사람을 해친다"는 행동의 의미 체험을 약화시키거나 희석시키는 모든 수단은 그 행동을 더욱 쉽게 하도록 만든다. 따라서 피험자와 희생자 사이에 물리적 거리를 둔다거나 희생자의 고통스러운 비명소리를 약화시키면, 긴장이 감소한다. 전기충격기 그 자체가 중요한 완충제다. 왜냐하면 30개의 버튼 중

하나를 요구받은 대로 편안하게 누르는 것과 그에 따라 희생자가 받는 고통의 강도 사이에 존재하는 연결을 철저하게 끊어버리는 인상적인 도구이기 때문이다. 버튼을 누르는 것은 정확하고 과학적이며 비인격적이다.

희생자를 주먹으로 때려야 한다면, 피험자는 더 꺼려할 것이다. 악의적인 권위자가 완충제의 비인간화 효과와 결합하면, 인간의 생존에 그보다 더 위험한 것은 없다. 논리적인 것과 심리적인 것 사이의 차이점이 여기에 있다. 전적으로 양적으로만 보면, 돌을 던져 한 사람을 죽이는 것보다 마을에 대포를 쏴서 1만 명을 죽이는 것이 더 사악한 일이다. 그러나 심리적으로는 전자가 훨씬 더 실행하기 어렵다. 거리, 시간, 심리적 장벽들은 도덕의식을 둔화시킨다. 사실상 6킬로미터 상공의 비행기에서 해변을 폭격하거나 네이팜탄〔알루미늄·비누·팜유(油)·휘발유 등을 섞어 젤리 모양으로 만든 네이팜을 연료로 하는 유지소이탄(油脂燒夷彈). 제2차 세계대전 때부터 비행기에서 투하하는 방법으로 쓰였다―옮긴이〕을 떨어뜨리는 데 어떠한 심리적 억제 요인도 없다.

아마겟돈(Armageddon)을 야기하는〔아마겟돈은 인류의 종말을 야기하는 끔찍한 전쟁으로, 미국 시카고대학의 핵과학자협회(Bas: Bulletin of the Atomic Scientists) 관계자들은 핵무기를 발사시키는 버튼을 누르는 순간 이러한 전쟁이 발발할 것이라고 주장한다―옮긴이〕 버튼 앞에 앉아 있는 사람이 그 버튼을 누르는 것은 엘리베이터 버튼을 누르는 것과 정서적으로 거의 동일하다. 원거리에서 타인을 파괴할 수 있는 수단을 제공함으로써, 기술은 인간의 의지력을 증진시켰다. 진화를 통해 면전 공격을 억제하는 많은 강력한 요인들이 발달한 반면, 원격 공격을 억제하는 요인들은 그만큼 발달하

지는 못했다.[22]

긴장의 해소

긴장을 해소하는 메커니즘은 무엇일까?

불복종은 긴장을 끝내는 궁극적인 수단이다. 그러나 불복종이 모든 사람에게 이용 가능한 행동은 아니다. 앞서 언급한 구속 요인들 때문에 많은 피험자들은 불복종에 접근할 수 없다. 피험자들은 불복종을 극단적인 행동, 즉 이러한 사회적 상황에서 나타나는 급진적 형태의 행동으로 본다는 점에서 그들은 긴장을 줄이는 데 사회적으로 덜 파괴적인 수단에 의지할 가능성이 높다. 일단 긴장이 발생하기 시작하면, 그들은 긴장의 강도를 줄이기 위해 많은 심리적 메커니즘을 작동시킨다. 인간의 마음은 지능적으로 유연하기 때문에, 그리고 인지적 조정을 통해 긴장을 없앨 수 있는 능력을 가지고 있기 때문에, 그렇게 하는 것은 놀랄 일이 아니다.

회피(avoidance)는 이러한 메커니즘 중에서 가장 기본적이다. 피험자는 자신의 행동에 따르는 감각적 결과로부터 스스로를 차단한다. 희생자의 고통을 보지 않기 위해 피험자들이 어떻게 엉뚱한 방법으로 고개를 돌리는지를 우리는 앞서 언급했다. 몇몇 피험자는 희생자의 항의를 감추기 위해 일부러 큰소리로 단어 쌍을 읽는다. 이 피험자들은 희생자의 고통과 관련된 자극들이 자신에게 영향을 미치도록 허락하지 않는다. 좀 덜 눈에 띄는 형태의 회피는 희생자에 대한 관심을 끄는 것이다. 때때로 실험 과정의 기술적인 측면에만 관심을 기울임으로써 그럴 수 있다. 즉 불편함을 불러일으키는 희생자를 심리적으로 무시하는 것이다. 주변에서 일어나는 사건들은 거의 인식하지 못한 채, 우리는 작은 시계와 어지럽게 흩어진 종이의 인상만을 기억한다.

회피가 불쾌한 사건들로부터 피험자들을 보호한다면, 부정은 사건을 좀더 긍정적으로 해석하기 위해 명백한 증거들을 거부하는 지적 메커니즘을 통해 긴장을 줄이는 것이다. 나치 시대에 대한 논평자들은 희생자와 가해자들 사이에 부정이 매우 만연했음을 지적하고 있다〔베텔하임(Bruno Bettelheim)의 《열린 마음(The Informed Heart)》 참조〕. 긴박한 죽음에 직면한 유대인들은 대량학살에 대한 명백하고 자명한 증거를 받아들일 수 없었다. 오늘날에도 수백만 명의 독일인들은 자신의 정부가 무고한 사람들을 대량학살했다는 사실을 부정한다.

실험에서 몇몇 피험자는 자신들이 가한 전기충격이 고통스럽거나 희생자가 고통을 겪고 있다는 사실을 부정할 수도 있다. 이런 부정은 누군가를 해치는 것과 복종하는 것 사이의 갈등을 제거하여 실험자에게 복종할 때의 긴장을 완화시킨다. 그러나 실험실의 극적 상황이 매우 그럴듯했기 때문에, 이러한 가설에 근거해서 실험을 계속한 피험자는 소수에 불과했다(14장 참조). (전기충격이 고통스럽다는 점을 부정한 피험자가 좀더 강한 샘플 전기충격을 거부한 것처럼, 부정의 방어적 특성은 전반적으로 분명하다.) 복종적인 피험자들 사이에서 가장 빈번하게 나타나는 부정은 사건에 대한 부정이 아니라 그 사건에 대한 책임을 부정하는 것이다.

권위자가 부여한 규칙 안에서 실험을 하는 동안, 어떤 피험자는 복종은 하지만 '매우 약하게' 복종함으로써 긴장을 줄이고자 시도한다. 전기충격의 지속 시간은 다양하고, 그 시간은 피험자의 손에 달려 있다는 점을 한 번 더 상기할 필요가 있다. 피험자들은 전형적으로 100만 분의 500초 동안 전기충격기를 작동하지만, 다른 사람들은 이 시간을 10분의 1로 감소시킨다. 그들은 스위치를 신중하게 건드리고, 그에 따른 전기충격은 일반적인 2분의 1초 동안에 비해 매우 짧은 버저소리를 낸다. 인터뷰에서 이러한 피험자들은 가능한 짧게 전기충격을 가하는 것으로 자신의 '인간성을 나타냈다'고 강조한다. 긴장을 이런 식으로 다루는 것이 반항하는 것보다 더 수월하다. 그런 방법을 통해 피험자들은 강압적인 체계의 제약 속에서 자신의 자비를 최대한 표현할 수 있다. 그러나 이러한 최소한의 순응 속에는 자기기만의 요소가 있다. 이것은 권위자에게 도전하는 것이 아니다. 그것은 권위자의 실행 의지를 무효화하는 것이 아니라 떨어뜨릴 뿐이고, 피험자의 양심을 위안하는 데나 중요하다.

실험의 잔인한 측면을 축소하기 위해 몇몇 피험자들이 사용하는 구실은 잠정적으로 매우 중요하다. 객관식 문제의 단어들을 큰소리로 읽을 때마다, 몇몇 피험자는 정답을 강조함으로써 희생자들에게 신호를 보내는 것을 볼 수 있었다. 즉 학습자를 재촉함으로써 전기충격을 받지 않게 하려 노력했다. 이 피험자들은 기꺼이 실험을 훼손하지만, 권위자에게 드러내놓고 저항하는 것은 달가워하지 않았다. 그들은 공개적으로 불복종하지 않으면서 학습자를 돕고자 했다. 심지어 학습자가 그 암시를 알아채지 못할 때조차, 피험자는 실험 후 인터뷰에서 때때로 그가 얼마나 '정보를 주고자' 노력했는지를 이야기했다.

때로 속임수도 효과가 있는 것으로 드러났다(실험 7에서처럼, 피험자들이 스스로 보고한 것보다 더 낮은 전기충격을 학습자에게 가했을 때). 그러나 속임수는 대개 아무런 도움을 주지 않는다. 자신의 인간적인 감정을 전혀 중요하지 않은 사소한 속임수로 왜곡함으로써, 피험자는 감정에 따라 솔직하게 행동할 수가 없다. 그러나 비록 명목적이기는 하지만 '무엇을 한다는 것'은 자비로운 사람이라는 자신의 자아상을 유지하는 데는 도움이 된다.

개인적 책임의 폐기는 권위자에게 복종할 때 나타나는 주요한 심리적 결과라는 점을 이미 앞에서 지적했다. 긴장할 때, 몇몇 피험자는 자신의 행동에 책임이 없다는 더 강한 확신을 얻고자 하고, 긴장을 완화하는 수단으로서 그러한 확신을 적극적으로 찾는다. 피험자와 실험자 사이에 이루어진 아래 대화를 살펴보자. 상당한 스트레스를 받고 있는 이 피험자는 375볼트까지 진행했다.

선생: 아무래도 그 사람에게 무슨 일이 생긴 것 같아요. 아무 대답도 들리지 않아요. 더 낮은 전압에서는 소리를 질렀잖아요. 들어가서 그가 괜찮은지 확인 좀 해보지 않으실래요?

실험자(똑같이 초연하고 차분하게): 일단 시작하고 나면 그럴 수 없습니다. 계속해주십시오, 선생.

선생(한숨을 깊게 쉬며 자리에 앉는다.): '시원한—낮, 그늘, 물, 페인트.' 대답해주세요. 그 안에 괜찮으세요? 괜찮으시죠?

실험자: 계속해주십시오, 선생. 계속하세요. (피험자가 레버를 누른다.)

선생(의자 주변을 돌며): 저 안에 뭔가 문제가 생긴 것 같아요. (뒤로 돌아서며) 다음 단어는 '낮은—달러, 목걸이, 달, 페인트.' (다시 돌아서며) 안에서 뭔가 문제가 생긴 것 같아요. 당신이 들어가서 점검해보는 게 좋겠어요. 그는 대답도 않고 아무것도 안 할 거예요.

실험자: 계속하세요. 계속해주십시오.

선생: 당신이 모두 책임지겠습니까?

실험자: 책임은 제가 집니다, 틀림없이. 계속해주십시오. (피험자는 목록으로 돌아가서 최대한 빠르게 단어들을 읽기 시작해 450볼트에까지 이르렀다.)

선생: 이상으로 끝입니다.

그의 행동에 책임이 없다고 실험자가 피험자를 안심시키자마자, 그의 긴장은 눈에 띄게 줄어들었다.

책임을 다른 방식으로도 벗어던질 수 있다. 희생자가 처벌을 자처했다고 판단함으로써, 책임을 그에게로 전가하는 것이다. 실험에 자발적으로 참여한 것으로 희생자를 비난하고, 더 사악하게는 그의 어리석음과 완고함을 비난한다. 여기서 사람들은 책임감의 전가에서 희생자에 대한 불필요한 비하로 나아간다. 심리적 메커니즘은 속이 훤히 보여서 희생자가 하찮은 사람이면 그에게 고통을 주는 것에 대해 걱정할 필요가 없다.[23]

신체적 전환

심리적 스트레스가 신체적 증상으로 전환하는 경우는 정신과적 현장에서 자주 볼 수 있는 현상이다. 보통 정신적 스트레스가 신체적 증상으로 흡수되면, 환자의 감정 상태는 나아진다. 이 실험에서 우리는 스트레스의 무수한 신호들을 볼 수 있었다. 이를테면 땀을 흘리고, 몸을 떨고, 어떤 경우에는 불안한 웃음을 짓기도 했다. 그러한 신체적 표현은 긴장했음을 알려줄 뿐 아니라 긴장을 감소시키기도 한다. 긴장이 불복종으로 끝나는 것이 아니라 신체적 표현으로 굴절됨으로써 소멸한다.

이의제기

긴장이 충분히 강력하면 불복종을 유발하지만, 발생 초기에는 이의를 제기하도록 부추긴다. 이의제기는 실험자가 지시한 행동 방침에 동의하지 않는다는 피험자의 표현을 의미한다. 그러나 이 언어적 논쟁이 늘 그 피험자가 실험자에게 불복종한다는 것을 의미하지는 않는다. 이의제기는 이중적이고 모순적인 기능을 하기 때문이다. 한편으로 이의제기는 피험자와 실험자 사이의 불화에서 실험자의 의도를 확인하고 그의 행동 방침을 바꾸도록 설득하는 첫걸음이 될 수 있다. 그러나 역설적으로 이의제기는 긴장 완화 메커니즘, 즉 피험자가 일련의 행동을 바꾸지 않고 분노를 발산하는 출구의 역할을 하기도 한다.

이의제기는 위계적 관계의 단절 없이도 나올 수 있으며, 따라서 불복종과는 질적으로 무관한 경험의 범주에 속한다. 권위자와 의견이 다르다고 표현할 수 있는 사람들 대다수는 그 권위자가 자신들의 의사를 묵살할 권리를 가지고 있다고 생각한다. 그들은 실험자에게 동의하지는 않으면서도, 이러한 확신을 행동으로 옮길 각오는 되어 있지 않다.

긴장 완화 메커니즘으로서 이의제기는 논쟁점에 대한 도덕적 갈등과 관련해서 피험자에게 심리적 위로를 주는 원천이다. 그 피험자는 희생자에게 전기충격을 가하는 것에 반대한다고 공개적으로 말함으로써 바람직한 자아상을 구축한다. 동시에 그는 계속 복종함으로써 권위자와의 복종적 관계도 유지한다.

여기서 언급한 몇몇 메커니즘—회피, 부정, 신체적 전환, 최소한의 순응, 핑계, 사회적 확신 구하기, 희생자 비난하기, 비도구적 이의제기—은 각각 긴장의 구체적 원천들과 연결된다. 따라서 회피는 노골적인 반응을 줄이고, 최소한의 순응·핑계·이의제기는 자아상을 보호한다. 더욱 중요한 것은 이런 메커니즘이 피험자의 최우선 목표, 즉 갈등을 참을 만한 수준으로 낮춤으로써 권위자와의 원래 관계를 유지시키는 데 기여하는 것으로 봐야 한다.

불복종

불복종은 긴장을 멈추게 하는 최후의 수단이다. 그러나 쉽게 할 수 있는 행동은 아니다.

불복종은 실험자의 특정 명령을 수행하지 않겠다고 거부하는 것뿐 아니라, 피험자와 권위자의 관계를 재구성한다는 것을 의미한다.

불복종은 걱정의 기미를 보인다. 피험자는 자신이 잘 규정된 사회적 명령에 묶여 있음을 알게 된다. 주어진 역할을 방기하는 것은 작지만 일종의 사회적 무질서를 일으키는 것이다. 피험자가 역할을 방기할 때 실험자와의 관계가 어떻게 될지 알 수 없는 것과는 대조적으로, 지금의 관계를 유지하는 한 그는 실험자와의 상호작용이 앞으로 어떻게 될지 예측할 수 있다. 권위자의 막연한 보복이라는 환상에 사로잡혀 많은 피험자들은 불복종 후 뒤따라올 것에 대해 불안해하기 때문이다. 그러나 실험자가 요구하는 일련의 행동 방침을 참을 수 없을 때, 몇몇 피험자는 불복종 과정에 돌입한다.

그런 과정의 첫 단계는 내적인 의심으로, 처음에 그것은 사적으로 경험하는 긴장이다. 그러나 피험자가 실험자에게 자신의 불안을 알리거나 희생자의 고통에 주의를 기울일 때, 그러한 긴장은 틀림없이 외부로 드러나게 된다. 어떤 전기충격 단계에 이르렀을 때, 피험자는 이러한 사실에 비추어 실험자도 자기와 같은 추론, 즉 전기충격을 계속 가하면 안 된다고 생각할 것으로 예측한다. 일련의 행동을 바꾸도록 피험자가 권위자를 설득할 때, 실험자가 받아들이지 않으면 의사소통은 이의제기로 변하게 된다. 전기충격의 강도가 한 단계씩 올라감에 따라 희생자가 항의하고, 그 소리를 들은 피험자는 실험자와의 관계를 점차 끊게 된다. 그러나 잠정적으로 말하면, 첫 이의제기는 그 다음 단계로 올라가는 발판이 된다. 이상적으로, 이의를 제기하는 피험자는 실험자가 방침을 바꿔 실험을 그만둠으로써 그 권위자와 관계를 단절하지 않기를 바란다. 이것이 실패로 돌아가면, 이의제기는 피험자가 권위자의 명령을 수행하지 않으리라는 위협으로 바뀐다. 마침내, 더 이상 달리 방법이 없는 피험자는 희생자에게 가하는 전기충격을 중단하기 위해 실험자와의 관계를 끝까지 몰아간다. 즉 피험자는 불복종한다. 내적인 의심, 의심의 외적 표현, 이의제기, 위협 그리고 불복종에 이르는 일련의 과정은 오직 소수의 피험자만이 끝까지 해낼 수 있는 어려운 길이다. 그러나 그것은 부정적인 끝맺음이 아니라 긍정적인 행동, 즉 시류에 대한 의도적 거부라는 특성을 가진다. 수동성을 함축하는 것이 바로 순응이다. 불복종행동은 내적 자원의 동원을 필요로 하는데, 내적인 몰입이나 단순히 정중한 언어적 교환을 넘어 그러한 자원을 행동의 영역으로 전환할 것을 요구한다. 그러나 그에 따르는 심리적 비용은 상당하다.

실험자와 도와주겠다고 한 약속을 취소하는 것은 많은 사람들에게 힘든 일이다. 복종적인 피험자는 학습자에게 가한 전기충격의 책임을 실험자에게 전가하는 반면, 불복종하는 사람들은 실험 실패에 대한 책임을 받아들인다. 불복종할 때 피험자는 자신이 실험을 망쳤고 과학자의 목표를 방해했으며, 실험자가 부여한 역할에 적합하지 못했다고 믿는다. 그러나 바로 그 순간에 그는 우리가 찾던 불복종의 방안을 제공했으며, 인간적 가치를 확인해주었다.

불복종의 대가로 신의를 저버렸다는 괴로움에 휩싸인다. 도덕적으로 올바른 행동을 선택했지만, 피험자는 자신이 사회적 질서를 무너뜨렸다고 괴로워하며, 지지한다고 천명해온 원칙을 버렸다는 생각을 떨쳐버릴 수 없다. 행동에 따른 부담을 경험하는 사람은 복종적인 피험자가 아니라 불복종하는 피험자이다.

13

대안적 이론: 공격성이 핵심인가

지금까지 나는 실험실에서 관찰한 행동을 가장 타당해 보이는 방식으로 설명했다. 대안적인 관점은 우리가 실험실에서 관찰한 것이 공격성, 즉 파괴적인 성향의 표출이라는 것인데, 상황이 그러한 표출을 허용했기 때문에 공격성이 나왔다는 것이다. 내 보기에 이 관점은 틀렸다. 왜 그런지 그 이유를 제시하기에 앞서 먼저 '공격성' 주장을 언급하겠다.

공격성은 다른 유기체를 해치는 충동 또는 행동이다. 프로이트의 관점에서 보면, 모든 사람에게 파괴적인 힘이 있지만 그러한 힘이 늘 곧바로 표출되지는 않으며 초자아 또는 의식의 억제를 받는다. 게다가 자아 기능—인간의 현실 지향적 측면—역시 파괴적인 성향을 통제한다. (화날 때마다 공격적으로 행동한다면, 그것은 궁극적으로 우리에게 해가 되기 때문에 스스로 억제해야 한다.) 정말로 사람들이 자신의 이러한 파괴적인 본능을 수용하기가 너무 어렵기 때문에, 그것을 늘 의식적인 수준에서 감시할 수는 없다. 그렇지만 그러한 본능은 겉으로 나오기 위해 계속 압력을 가하고, 결국은 전쟁이나 가학적 쾌락, 개별적인 반사회적 파괴행위, 그리고 특정 상황에서는 자기파괴라는 폭력으로 표출된다.

실험 상황에서는 다른 사람에게 해를 끼치는 것이 사회적으로 용인된다. 더욱이 이러한 상황에서 피험자는 자신이 사회적으로 가치 있는 목표, 즉 과학 발전을 구실로 이러한 행위를 할 수 있다.

따라서 의식적 수준에서 그 사람은 자신이 사회적으로 가치 있는 목표에 기여한다고 생각하지만, 사실상 순응의 원동력은 학습자에게 전기충격을 가함으로써 본능에서 기인하는 파괴적 성향을 만족시키는 것이다.

또한 이런 관점은 실험실에서 관찰한 복종의 전형적인 상식적 해석과 일치한다. 평범한 남녀에게 처음 그 실험을 설명할 때, 그들은 즉각적으로 '인간의 야수성 표출', 가학성, 타인에게 고통을 주려는 욕망, 영혼의 어둡고 사악한 부분의 분출에 관하여 생각하기 때문이다.

공격적인 성향이 인간 본성의 일부라고 하더라도, 실험에서 관찰한 행동과는 거의 관련이 없다. 또한 그것은 하나의 임무로 폭탄을 터뜨려 수천 명을 죽이거나 네이팜탄을 투하해 베트남 마을을 공격하는 등 전쟁 중 군인들이 행하는 파괴적인 복종과도 거의 상관이 없다. 전형적인 군인이 살생을 하는 이유는 그렇게 하라는 명령을 받았으며 그러한 명령을 수행하는 것이 자신들의 의무라고 생각하기 때문이다. 희생자에게 전기충격을 가하는 행위는 파괴적인 충동에서 유래하는 것이 아니라, 피험자들이 사회적인 구조 속에 통합됨으로써 그것에서 벗어날 수 없다는 사실에서 기인하는 것이다.

실험자가 피험자에게 물 한 컵을 마시라고 지시했다고 가정하자. 이것은 그 피험자가 갈증이 난다는 것을 의미하는가? 분명히 그렇지 않은데, 그는 단순히 들은 대로 하는 것뿐이기 때문이다. 행위자의 동기에 부합하는 것이 아니라 사회적 위계 구조 안에서 더 높은 지위에 있는 사람들의 동기 체계로부터 시작하는 행동이 바로 복종의 본질이다.

이런 논쟁점과 관련된 실험 증거들이 있다. 실험 11을 돌이켜보면, 피험자들은 원하는 바에 따라 어떤 단계의 전기충격도 사용할 수 있었고, 실험자는 전기충격기에 있는 모든 레버의 사용을 합법화해주었다. 학습자에게 고통을 가할 수 있는 모든 기회가 주어졌음에도 평균 전기충격 단계가 3.6으로 거의 모든 피험자가 제어반에서 가장 낮은 단계의 전기충격만을 가했다. 그런데 파괴적인 충동이 표출하고자 압력을 행사한다면 피험자들은 과학을 위해 높은 단계의 전기충격 사용을 정당화할 수 있을 텐데, 왜 그들은 희생자들에게 고통을 주지 않았을까?

피험자들에게 그렇게 하는 경향성이 혹 있다고 하더라도 거의 없었다. 기껏해야 한두 명 정도가 학습자에게 전기충격을 가하는 것에 만족을 느낀 것처럼 보였다. 그들이 가한 전기충격 단계는 희생자에게 전기충격을 가하라는 명령에 피험자들이 가한 단계와는 결코 비교할 수 없다. 아주 큰 차이가 있다.

비슷하게, 실험 11과 매우 유사한 형식으로 버스(Buss, 1961)와 버코위츠(Berkowitz, 1962)가 수행한 공격성 연구를 살펴보자. 이 연구자들의 목적은 공격성 그 자체를 연구하는 것이었다. 전형적인 실험 조작에서 그들은 피험자가 화나 있을 때 더 높은 단계의 전기충격을 가하는지 알아보기 위해 그 피험자를 좌절시켰다. 그러나 이런 조작의 효과는 복종하에서 얻은 효과와 비교할 때 미미한 것이었다. 즉 실험자들이 피험자를 화나게 하든, 짜증나게 하든 또는 좌절시키든 상관없이, 그는 기껏해야 한두 단계 정도만, 이를테면 4단계에서 6단계로 올라갔다. 이것은 순수하게 공격성의 증가를 보여주는 수치다. 그러나 명령을 받는 상황에서 그가 보인 행동의 변화량과는 큰 차이가 있었다.

복종 실험에서 피험자들을 관찰해보면, 몇몇 예외가 있지만 그들은 내키지 않고 때로 혐오스러운 과제를 수행하면서도 그것이 자신의 의무라고 생각하는 것을 볼 수 있었다. 실험자의 권위에서 벗어날 수 없는 상황에서조차 많은 피험자들이 희생자에게 전기충격을 가하는 것에 항의했다. 때때로 희생자에게 비명을 지르게 만드는 일을 즐기는 것 같은 피험자도 있었다. 그러나 이는 매우 드문 예외로 피험자들 중에서도 분명 괴짜같이 보였다.

또 다른 실험 증거를 역할 바꾸기 연구에서 찾을 수 있다(8장 참조). 몇몇 실험에서 상황의 사회적 구조가 적절히 정비되어 있지 않으면, 피험자들은 희생자에게 전기충격을 가할 수 있는 기회가 주어져도 그렇게 하지 않았다.

피험자들의 행동에 대한 열쇠는 울분이나 공격성이 아니라, 그들이 권위자와 맺고 있는 관계의 본질에 달려 있다. 그들은 스스로를 권위자에게 위임한다. 즉 스스로를 권위자의 소망을 실행하기 위한 도구로 생각한다. 일단 스스로를 그렇게 정의하고 나면 권위자와의 관계를 자유롭게 깰 수 없게 된다.

14
방법상의 문제점

인간은 실험을 통해 드러난 유형의 행동을 단순하게 받아들이는 존재
가 아니라 관념이 몇몇 비판적인 사람들의 마음속에 존재한다. 즉 보
통 사람들은 단순히 그렇게 하라는 명령을 받았다고 해서 저항하는 사
람에게 고통스런 전기충격을 쉽게 가하지 않으며 오직 나치나 사디스
트만이 그런 식으로 행동한다는 것이다. 앞의 여러 장에서 나는 실험
실에서 드러난 행동들이 왜 발생하는지를 설명하고자 했다. 즉 사람들
은 권위자에 대해 처음에 어떤 식으로 몰입하고, 발생 맥락에 따라 행
동의 의미가 어떻게 달라지며, 그리고 어떻게 구속 요인들이 사람들을
불복종하지 못하게 만드는지 등을 말이다.

실험을 비판하는 밑바탕에는 인간의 본성에 대한 대안적 모형, 즉
다른 사람을 해치는 것과 권위자에게 복종하는 것 중 하나를 선택해야
할 때 보통 사람들은 권위자를 거부한다는 생각이 깔려 있다. 몇몇 비
판자들은, 특히 미국인은 권위자에게 복종해야 하는 상황에서 친구들

에게 비인간적으로 행동하지 않는다고 갑절로 확신한다. 그들은 우리의 실험이 이러한 관점을 지지하지 않는 그만큼의 결점을 가지고 있다고 본다. 실험에서 발견한 점들을 받아들이지 않는 대부분의 일반적인 주장은 다음과 같다. (1) 실험에서 관찰한 사람들은 전형적이지 않다. (2) 그들은 자신이 학습자에게 전기충격을 가하고 있다고 믿지 않았다. (3) 실험실 상황을 더 넓은 세상으로 일반화하는 것은 불가능하다. 이제 각 주안점에 대해 고려해보자.

1. 실험에서 관찰한 사람들이 일반인 전체를 대표하는가 아니면 특별한 집단인가

한 일화로 시작하겠다. 바로 첫 번째 실험을 수행했을 때, 예일대학교 학생들만이 실험에 피험자로 참가했고, 그중 60퍼센트 이상이 전적으로 복종했다. 예일대학교 학생들은 아주 조금만 화가 나도 상대방의 멱살을 잡을 만큼 공격적이고 경쟁적인 집단이라고 주장하면서, 내 동료 한 명은 즉시 이러한 발견이 '보통' 사람들에게는 타당하지 않다고 무시했다. '보통' 사람들을 검사해보면, 결과가 확연히 다를 것이라고 그는 장담했다. 예비 실험 뒤 이루어진 일련의 정기 실험에는 뉴헤이번에 사는 다양한 계층의 사람들, 이를테면 교수, 사무직, 실업자, 산업근로자들이 참가했다. 실험의 결과는 학생들에서 얻은 결과와 동일했다.

실험에 참가한 사람들이 모두 자원한 사람들이고, 모집 과정 자체가 피험자들에게 어떤 편견을 주지는 않았는지 물어볼 수도 있다.

후속 연구에서 우리는 피험자들에게 실험에 참가한 이유를 물었다. 가장 많은 사람(17퍼센트)이 심리학 실험에 대한 호기심 때문이라고 대답했고, 8.9퍼센트는 돈을 주요 요인으로 꼽았다. 8.6퍼센트는 기억에 관해 특별히 흥미가 있다고 대답했고, 5퍼센트는 스스로에 대해 더 알 수 있을 것 같아서 참가했다고 대답했다. 실험에 참가한 동기는 분명히 매우 다양했고, 피험자들의 범위도 매우 폭넓었다. 게다가 로젠솔과 로스노(Rosenthal and Rosnow, 1966)는 실험에 자원한 사람이 그렇지 않은 사람에 비해 덜 권위적인 경향이 있음을 보여주었다. 따라서 자원자의 영향으로 어떤 편견이 생겼다면, 그러한 편견은 좀더 불복종하는 방향으로 이루어졌다.

더구나 이 실험들을 프린스턴, 뮌헨, 로마, 남아프리카공화국, 오스트레일리아 등에서 반복했을 때, 우리의 피험자들과 다른 특성을 지닌 피험자들을 조금 다른 방법으로 모집한 결과, 복종의 수준이 이 책에서 보고한 연구에서보다 늘 조금 더 높게 나왔다. 한 예로, 만텔(Mantell, 1971)은 뮌헨에서 85퍼센트의 피험자가 복종적임을 발견했다.[24]

2. 피험자들은 자신이 학습자에게 고통스러운 전기충격을 가하고 있다고 믿는가

긴장은 피험자들이 실제로 실험상의 갈등에 관여하고 있음을 보여주는 놀라운 증거이다. 대표적인 녹취록(1963), 수치상의 자료(1965), 영상 형태의 기록(1965a) 등에서 처음부터 끝까지 긴장의 발생을 확인할 수 있었다.

모든 실험 조건에서 피험자들은 고통의 수준을 매우 높은 것으로 평가했는데, 대표적인 실험에 대한 관련 자료가 표 6에 제시되어 있다. 실험 2 음성 반응(희생자의 소리를 들을 수 있지만 볼 수는 없는) 조건에서, 복

표 6 희생자의 고통에 대한 피험자의 추정치

조건	$\bar{x}$ 복종한 피험자	$\bar{x}$ 저항한 피험자	$\bar{x}$ 전체 피험자
	n	n	
원격 조건	13.50(20)	13.27(11)	13.42
음성 반응	11.36(25)	11.80(15)	11.53
근접성	12.69(16)	11.79(24)	12.15
접촉-근접성	12.25(28)	11.17(12)	11.93
새로운 기준선 조건	11.40(26)	12.25(14)	11.70
실험 팀의 교체	11.98(20)	12.05(20)	12.02
브리지포트의 반복 검증	11.79(19)	11.81(18)	11.80
여성 피험자	12.88(26)	12.07(14)	12.60
권위자와의 근접성	11.67(31)	12.39(9)	11.83

종한 피험자의 평균은 14점 척도상 11.36점이었는데, 이 점수는 척도상 '극단적으로 고통스러운' 범위에 속했다. 절반 이상의 피험자는 그 척도의 가장 높은 점수에 표기했고, 적어도 한 명은 '극단적으로 고통스러운'이라는 명칭이 충분히 강하지 않다는 표시로 +를 덧붙였다. 이 조건에 있는 피험자 40명 중에서 2명은 척도상으로 (1~3점) 희생자가 고통스런 전기충격을 받지 않았다고 생각했는데, 이 둘 모두 복종적이었다. 이 피험자들은 실험자의 조작 의도를 제대로 파악하지 못한 것처럼 보였다. 그러나 이것은 그렇게 간단한 문제가 아니다. 왜냐하면 유쾌하지 않은 행동에 대한 부정은 방어적인 기능을 할 수 있고, 또한 몇몇 피험자는 전기충격을 가할 때 자신의 마음 상태를 재구성함으로써 그 행동을 더 호의적으로 보았기 때문이다. 그들의 이러한 불신이 아주 확실한 가설인지 아니면 많은 다른 생각들 중 단지 스쳐지나가는 하나의 생각에 불과한지가 의문점이다.

표 7 믿음에 대한 질문의 응답

실험 중에	저항한 피험자	복종한 피험자	전체 피험자
(1) 전적으로 학습자가 고통스런 전기충격을 받고 있다고 믿었다.	62.5% (230)	47.9% (139)	56.1% (369)
(2) 약간 의심스럽긴 했지만, 학습자가 전기충격을 받고 있을 것이라고 믿었다.	22.6% (83)	25.9% (75)	24.0% (158)
(3) 학습자가 전기충격을 받고 있는지 아닌지 확신할 수 없었다.	6.0% (22)	6.2% (18)	6.1% (40)
(4) 약간 의심스럽긴 했지만, 학습자가 전기충격을 받지 않을 것이라고 생각했다.	7.6% (28)	16.2% (47)	11.4% (75)
(5) 학습자가 전기충격을 받고 있지 않다고 확신했다.	1.4% (5)	3.8% (11)	2.4% (16)

연구에 참여한 지 1년 후에 실시한 후속 질문지를 통해, 믿음에 대한 피험자들의 증언을 양적으로 면밀히 조사했다. 질문지의 다섯 문항과 그에 대한 반응의 분포를 표 7에 제시했다.

그들의 증언에 따르면, 피험자의 5분의 4(처음 두 범주)는 자신들이 고통스러운 전기충격을 준다고 믿으면서 행동했다. 이 점만 봐도 실험이 속임수라고 믿을 수 없었음을 쉽게 알 수 있다. 단지 피험자 집단의 7분의 1만이 실험에 대해 의심했다.

스워스모어 칼리지(Swarthmore College)의 로젠한은 후속 연구에 필요한 기초적인 측정을 위해 반복 실험을 실시했다. 그는 정교한 인터뷰를 준비했다. 그중에서도 실험과 무관한 사람을 면접자로 정하여 피험자들의 경험에 대한 자세한 설명을 요구하도록 했고, 심지어 "당신은 정말 이 실험의 본래 의도를 알지 못했나요?"라는 질문을 통해 그들의 신념을 조사하도록 했다. 실험의 완전한 수용에 관한 매우 엄격한 기준(독자적으로 사람들이 결정한 기준)을 바탕으로 로젠한은 피험자의 60퍼센트가 실험의 진정성을 전적으로 받아들였다고 보고했다. 이들 중 85퍼센트가 실험에서 전적으로 복종했다(로젠한은 원래 실험에 참가한 피험자들보다 더 젊은 피험자들을 대상으로 했는데, 나는 이것이 복종의 수준을 더 높였다고 생각한다).

비교 가능한 변인들을 통계적으로 통제했을 때에도, 나의 실험 결과들은 실질적으로 달라지지 않았다. 예를 들어 실험 2 음성 반응 조건에서 실험이 진짜라고 받아들인 피험자(범주 1과 2) 중에서 58퍼센트가 복종적이었다. 그리고 범주 1에 속하는 사람들 중에서 60퍼센트가 복종적이었다. 모든 실험 조건에서 자료를 이런 식으로 통제했을 때, 복종한 피험자의 비율이 약간 감소했다. 그러나 조건들 사이의 관계는 변하지 않아서, 이러한 감소는 연구 결과의 의미나 취지를 해석하는 데 중요하지 않았다.

요약하면, 많은 피험자가 실험 상황을 사실로 받아들였으며 소수만이 그러지 않았다. 내가 추정하기로는, 각 실험 조건에서 자신이 희생자에게 고통스러운 전기충격을 가하고 있다고 생각하지 않은 피험자는 두 명에서 네 명 정도이다. 그러나 나는 어떤 피험자의 자료도 제거하지 않는다는 일반적인 규칙을 따랐다. 왜냐하면 다소 부정확한 기준으로 피험자를 선택적으로 제거하는 것이 잘못된 가설을 세우는 가장 빠른 길이기 때문이다. 심지어 지금도 나는 그러한 피험자를 빼고 싶지 않은데, 기술적인 속임수(원어는 illusion. 감각적으로는 사실인 것 같지만 사실은 거짓인 것)에 넘어가지 않은 것이 그들이 복종한 원인인지 아니면 그 결과인지 확실하지 않기 때문이다. 인지적인 과정은 피험자가 강요 때문에 했다고 느끼는 행동을 합리화하는 데 도움을 줄 수 있다. 피험자들의 입장에서 희생자가 전기충격을 받지 않을 것이라고 믿었기 때문에 그렇게 행동했다고 설명하는 것은 정말 간단한 일이기 때문에, 몇몇 피험자는 사후 설명으로 그런 관점을 취할 수 있다. 그런 관점은 그들에게 어떤 부담도 주지 않으면서 오랫동안 긍정적 자아개념을 유지하는 데 기여할 것이다. 또한 그러한 관점을 취함으로써 그들은 심혈을 기울여 만든 커버스토리를 간파할 정도로 자신이 매우 기민하고 영리하다는 것을 증명하는 부수적인 이득도 얻는다.

그러나 더 중요한 것은 복종과 불복종의 모든 과정에서 부정의 역할을 찾아볼 수 있다는 것이다. 부정은 실험에서 발생하는 구체적인 인지적 조정들 중 하나인데, 몇몇 피험자의 수행에서 그것의 기능을 적절히 평가할 필요가 있다(12장 참조).

3. 실험실 상황은 너무 특별하기 때문에 거기에서 관찰한 어떤 것도 더 넓은 사회적 삶에서 발생하는 복종을 전반적으로 이해하는 데는 기여하지 못하는가

그렇지 않다. 무엇을 관찰했는지 이해한다면, 즉 사람들이 얼마나 쉽게 권위자의 도구가 되는지, 그리고 일단 그렇게 되면 권위자에게서 벗어나기가 얼마나 어려운지를 이해한다면 말이다. 11장에서 자세히 밝히고자 한 것처럼, 권위자에게 복종하는 과정은 그 기본 조건이 존재하는 한 달라지지 않는다. 그 기본 조건이란 특정인이 신분상 행동을 지시할 권리를 가졌다고 느끼는 사람과 관계를 맺는 것이다. 복종의 구체적 특성과 자세한 사항들은 상황마다 차이가 있지만, 숲을 태우는 것과 성냥을 태우는 것이 모두 같은 연소 과정인 것처럼, 그 기본적 과정은 유사하다.

어떤 것을 다른 것으로 일반화하는 문제는 그 둘을 일일이 하나씩 비교하는 데 있는 것이 아니라(성냥은 작고 숲은 크다 등), 관련된 과정을 이론적으로 올바르게 이해하고 있는가에 전적으로 달려 있다. 연소의 경우, 우리는 전자(電子)의 활성화 조건에서 이루어지는 신속한 산화 과정을 이해하고 있고, 마찬가지로 복종에서도 대리자적 상태에서 이루어지는 내적인 정신 과정의 재구조화를 이해하고 있다.

심리 실험은 독특한 사건이기 때문에 일반화할 수 없다고 주장하는 사람들이 있다.[25] 그러나 어떠한 사회적 상황도 그 나름대로 특별한 성질을 가지고 있고, 따라서 사회과학자들의 임무는 이러한 표면적 다양성을 모두 포괄하는 원리를 찾는 것이라는 점을 인식하는 것이 더 유용하다.

우리가 심리 실험이라고 일컫는 그 상황은 상급자와 하급자라는 역할로 이루어진 다른 상황들과 구조적으로 본질적인 특성을 공유한다. 그러한 모든 상황에서 사람들은 요구되는 행동의 내용에 반응하는 것이 아니라, 그것을 요구하는 사람과의 관계에 기초하여 반응한다. 정말로, 합법적인 권위자가 행동의 원천인 상황에서는 관계가 내용을 압도해버린다. 즉 사회적 구조가 중요하다는 이유가 이 때문이고, 이 실험이 그러한 점을 예증한다.

실험자가 그런 행동을 합법화했기 때문에 마치 그 행동이 별로 중요하지 않은 것처럼 주장하면서 몇몇 비판가는 우리가 발견한 것들을 무시하려고 해왔다. 그러나 군인이나 직장인 또는 주 교도소 사형집행인의 복종이든 사회적으로 의미 있는 복종의 여타 모든 사례에서도 행동은 합법화된다. 그것은 문제의 위계 구조 안에서 이루어지는 행동을 정확하게 이해한 것이다. 결국, 아이히만은 사회적 구조 안에 매몰되었고, 그의 관점에서 적합한 일을 했다. 다시 말해, 이 연구는 잔인한 처벌을 통해 순응을 강요받는 박해자의 복종을 다루는 것이 아니라, 사회가 자신에게 부여한 역할을 기꺼이 수행하려는 동기를 갖고 있기 때문에 기꺼이 순응하는 사람들의 복종을 다룬다.

좀더 구체적인 또 다른 질문은 실험실의 복종과 나치 독일의 복종이 어느 정도 동등한 위치에 있는가이다. 분명히 매우 큰 차이가 있다. 시간적 차원의 차이를 생각해보자. 실험실에서 이루어지는 실험은 한 시간 정도 걸린다. 반면, 나치의 재난은 10년 이상 계속되었다. 실험실에서 관찰한 복종과 독일 나치에서 본 복종을 어떻게 비교할 수 있는가? (성냥불이 1898에 일어난 시카고 화재와 비교할 만한가?) 그 대답은 틀림없이 이렇다. "상황과 차원은 큰 차이를 보이지만, 두 사건의 중심에는 모두 공통의 심리적 과정이 들어 있다."

실험실의 간단한 조작을 통해서, 보통 사람들은 다른 사람에 대한 공격행동의 인과적 사슬에서 자신이 일부 책임이 있다고 더 이상 생각하지 않게 된다. 책임감을 던져버리고 단지 아무 생각 없는 행동 대리인으로 전락하는 방식은 보편적일 수 있다. 뉘른베르크의 전범 재판, 베트남 밀라이에서 학살을 자행한 미국 살인범들, 그리고 미국 남북전쟁 당시 앤더슨빌(Andersonville)의 지휘관에 관한 기록을 읽을 때, 이러한 일이 생긴다는 증거를 또 찾아볼 수 있다. 군인, 정당 직원과 복종적인 피험자들에게서 공통적으로 발견할 수 있는 것은 권위자에게 무한히 복종할 수 있다는 점과 무고한 사람을 공격함으로써 생기는 긴장을 줄여주는 동일한 정신적 메커니즘을 사용하고 있다는 점이다. 물론, 동시에 우리 피험자들의 상황과 히틀러 치하 독일인의 상황이 다르다는 점을 이해하는 것은 중요하다.

실험은 우리 피험자들에게 인간의 긍정적인 가치, 즉 학습과 기억 과정에 대한 지식의 증가를 강조하는 방식으로 제시된다. 이 목적들은 일반적으로 수용하는 문화적 가치와 일치한다. 복종은 오직 이러한 목적을 달성하기 위한 수단에 불과하다. 반대로, 독일 나치가 추구했던 목표는 도덕적으로 비난받을 만한 것이고, 많은 독일인들이 그렇게 인식해왔다.[26]

서로 대면하도록 되어 있는 사회적 상황 그리고 그에 따른 직접적인 감시가 우리 피험자들을 계속 복종하게 만드는 데 큰 영향을 미쳤다. 우리는 실험자가 없을 때 복종 비율이 얼마나 급격히 떨어지는지를 확인했다. 독일에서 발생한 복종의 형태는 권위의 내면화와 훨씬 더 관련이 있고, 시시각각으로 이루어지는 감시와는 좀 덜 연관된다. 그러한 내면화는 실험실의 한두 시간 과정으로 가능한 것이 아니라 상대적으로 긴 시간 동안의 세뇌로만 가능하다. 따라서 독일인들을 복종하게 만드는 메커니즘은 불복종에 대한 일시적인 당황이나 수치심이 아니라 형벌의 메커니즘을 내면화한 것인데, 이것은 권위자와 장기적 관계를 통해서만 가능한 일이다.

다른 차이점들도 간략하게나마 언급할 필요가 있다. 나치즘에 저항하는 것은 그 자체로 영웅적인 행위이지 사소한 결정이 아니다. 또한 그에 대한 처벌로 죽음을 당할 수도 있다. 처벌과 위협이 끊임없이 밀어닥치고, 희생자들은 철저하게 헐뜯기고 가치 없는 존재로 묘사되어

왔다. 마지막으로, 우리 피험자들은 희생자들에게 하는 자신의 행동이 일시적으로는 고통을 줄 수 있지만 어떠한 영구적인 손상을 일으키지는 않는다는 것을 권위자에게서 들었다. 반면 인종말살에 직접 관여한 독일인들은 자신들이 고통을 줄 뿐만 아니라, 인간의 삶을 파괴한다는 것을 알고 있었다. 따라서 최종 분석 결과, 1933~1945년 독일에서 일어난 일은 다시는 반복되어서는 안 될 특이한 역사적 전개로 이해할 수 있다.

그러나 심리적 과정인 복종의 본질은 특정인이 합법적 권위자에게서 제3자에게 해를 가하라는 말을 듣는 단순한 상황을 연구함으로써 알 수 있다. 이 상황은 우리 실험의 피험자와 독일인들 모두가 직면한 상황이고, 그 상황에서 둘 다 유사한 심리적 조절이 발생했다.

딕스(H. V. Dicks)는 1972년에 출판된 연구에서 이 문제를 더욱 분명히 한다. 딕스는 SS(나치 친위대) 강제수용소의 직원과 게슈타포 단체의 이전 구성원들을 인터뷰했다. 그는 연구의 결론 부분에서 자신이 관찰한 것을 복종 실험과 연결시켰다. 그는 SS와 게슈타포의 인터뷰 피험자들과 실험실의 피험자들이 유사한 심리적 메커니즘을 갖고 있다는 점을 발견했다.

밀그램은 …… 희생자를 평가절하하려는 욕구를 확인할 수 있었다. 예를 들어 …… 우리는 BS, BT, GM(딕스의 연구에서 인터뷰 피험자)에게서 유사한 경향성을 확인할 수 있다. ……피험자에 대한 밀그램의 기록에 따르면, "그들은 자신들이 요구받은 행동 자체가 나쁜 것이라고 확신한다"고 이후에 선언함으로써 스스로 미덕을 갖춘 사람이라고 느끼게 했다는 것이다. 이것은 하나의 도덕적 방어로서 '무력한 일원'이라는 태도만큼이나 인상적이다. 그들은 권위에 반항할 수 없었기 때문에, 그러한 미덕은 소용이 없었다. 이러한 발견은 자신이 할 수밖에 없었던 것에 대해 이후에 많은 분노를 느끼는 PF(SS의 구성원)처럼 완전히 분열된 인간을 상기시켜준다.

밀그램의 실험은 권위자 집단에 순응하고 복종하려는 '너무나 인간적'인 경향성을 잘 보여주었다. ……그의 연구는 내가 인터뷰한 SS 구성원과 같은 '보통'의 피험자들이 정당화하기 위해 이후에 사용하는 똑같은 자기방어를 보여주었다…….

고든 올포트는 이 실험적 패러다임을 '아이히만 실험'으로 일컫길 좋아했다. '자신의 임무를 수행하는' 과정에서 수천 명의 사람을 죽인 극악한 나치 관료들과 유사한 처지를 우리 피험자의 상황 속에서 보았기 때문이다. '아이히만 실험'이라는 용어가 적절하지만, 이 연구의 의미를 오해하지는 말아야 한다. 그들의 행위가 아무리 비열하다 하더라도 오직 나치에만 초점을 맞추는 것은, 그리고 이 연구와 관련이 있는 것으로 잘 알려진 악행들만 바라보는 것은 주안점을 완전히 놓치는 것이다. 이 연구들은 사람들이 명령에 따라 매일같이 범하는 일상적이고 틀에 박힌 파괴에 주로 관심을 두고 있기 때문이다.

15 에필로그

양심과 권위 사이의 갈등으로 인한 딜레마는 바로 사회의 본질 속에 내재하며, 나치 독일이 결코 존재하지 않았더라도 그러한 딜레마는 있었을 것이다. 마치 그것을 역사의 문제인 것처럼 다룬다면, 우리는 그 문제를 시간적으로 잘못 다루는 것이다.

어떤 사람들은 나치의 예를 일축한다. 우리는 현재 민주주의 국가에 살고 있지, 권위주의 국가에 살고 있지 않기 때문이라는 것이다. 그러나 사실 이것이 그 문제를 없애지는 않는다. 정치적 구조의 유형으로서 '권위주의' 또는 일련의 심리적 태도가 문제가 아니라, 권위 그 자체가 문제이기 때문이다. 권위주의가 민주주의에 굴복할 수는 있지만, 사회가 우리가 알고 있는 형태로 계속되는 한 권위 자체를 없앨 수는 없다.[27]

민주주의에서는 대중의 선거를 통해서 관리자가 된다. 그러나 일단 그 자리를 차지하게 되면, 그들은 다른 수단을 통해 그 자리에 오른 사람들과 권위적인 측면에서 결코 덜하지 않다. 그리고 우리가 계속해서 보아왔듯이, 민주적으로 취임한 권위자의 요구사항 역시 양심과 갈등을 일으킬 수 있다. 수백만 명의 흑인을 수입하여 노예로 만들고, 미국 인디언들을 파멸시키고, 일본계 미국인들을 억류하며, 베트남 시민들에게 네이팜탄을 사용하는 등 이 모든 것은 민주주의 국가의 권위에서 나온 가혹한 정책들이며, 그 권위에 대한 복종의 결과물이었다. 각각의 경우, 문제 행동을 비난하는 도덕성의 목소리가 울렸지만, 일반인들의 전형적인 반응은 명령에 복종하는 것이었다.

내가 전국적으로 대학을 돌며 실험에 대해 강연할 때, 젊은이들은 피험자들의 행동에 놀라며 자신은 결코 그런 식으로 행동하지 않을 것이라고 단언했다. 그러나 약 몇 개월 후 그들이 군대에 갔을 때, 그들은 창백해 보이는 희생자에게 죄책감 없이 전기충격을 가했다. 나는 이러한 그들의 행동에 계속 놀라고 있다. 이런 점에서 권위자의 목적 달성을 위해 스스로를 내맡긴 그들은 그 파괴 과정에 참가한 다른 어떤 시대의 인간들보다 더 낫지도 더 나쁘지도 않다.

복종과 베트남 전쟁

모든 세대는 자신의 역사적 경험을 통해 복종이라는 문제를 학습하게 된다. 미국은 근래에 동남아시아에서 소모적이고 논쟁의 여지가 있는 전쟁으로 주목을 받았다.

베트남 전쟁에서 보통의 미국인이 자행한 비인간적인 행동의 목록은 너무 길어서 여기서 자세히 증언할 수조차 없다. 독자들은 이 주제에 관한 몇몇 논문들을 참고할 수 있다(Taylor, 1970; Glasser, 1971; Halberstam, 1965). 우리는 단지 우리 군인들이 기계적으로 마을을 불태우고, '무차별 포격지대' 정책에 관여하며, 네이팜탄을 광범위하게 사용하고, 원시적인 군대를 공격하기 위해 가장 진보한 기술을 사용하며, 그 땅의 광범위한 지역에 고엽제를 살포하고, 군대의 편의를 위해 노약자를 억지로 소개(疎開)시키며, 수백 명의 무장하지 않은 시민들을 모조리 학살했다고 다시 말할 수 있다.

심리학자들은 이러한 행동을 비인간적인 역사적 사건으로 보지 않고, 단지 우리와 같은 사람들이 권위자에 의해 변함으로써 행동에 대한 모든 개인적인 책임의식을 상실한 채 저지른 행동이라고 본다.

어떻게 품위 있는 사람이 불과 몇 달 만에 양심의 거리낌 없이 다른 사람을 살해하게 될까? 그 과정을 살펴보자.

첫째, 그는 군대의 권위 체계 밖에서 그 체계 안으로 자신의 위치를 옮겨야 했다. 잘 알려진 입대 통지서가 그 공식적인 메커니즘을 제공한다. 충성의 맹세는 그 신병에게 새로운 역할에 훨씬 더 헌신하도록 만든다.

대적할 만한 권위자들을 확실히 제거하기 위해, 군대 훈련소는 좀 더 큰 공동체에서 공간적으로 떨어져 있다. 얼마나 잘 복종하는가에 따라 보상과 처벌이 주어진다. 기본 훈련을 하는 데 몇 주가 걸린다. 이러한 훈련의 표면적인 목적은 신병에게 군대의 기술을 제공하는 것이지만, 근본적인 목적은 개성과 자아의 어떤 모습도 남기지 않고 없애는 것이다.

훈련소에서 보낸 시간의 주목적은 그 사람에게 효율적으로 행진하도록 가르치는 것이 아니다. 그 목적은 규율을 가르치는 것이고, 조직의 관습에 개인들이 복종하는 가시적인 형태를 제시하는 것이다. 얼마 안 있어 분대와 소대는 훈련 상사의 권위에 각각 반응하면서 한 사람인 듯 움직인다. 이러한 대형은 개인이 아니라 기계적으로 행동하는 사람으로 이루어진다. 군대 훈련의 전적인 목적은 병사들을 이러한 상태로 바꾸고, 어떤 자아의 흔적도 제거하며, 장기적인 훈련으로 군대의 권위를 내면화하게 만드는 것이다.

전쟁터로 떠나기 전, 권위자는 그 군인의 행동이 갖는 의미를 이상적인 가치나 사회의 더 큰 목적과 연결시키는 방식으로 정의하고자 한다. 신병들이 듣는 말은 전쟁터에서 맞서는 사람들은 나라의 적이며, 그들을 죽이지 않으면 조국이 위험에 처하게 된다는 것이다. 사악하고 비인간적인 행동을 정당화하는 식으로 그 상황을 규정한다. 베트남 전쟁에서는 부가적인 요소가 사악한 행동을 더 쉽게 하도록 만들었다. 즉 적은 우리와 인종이 다르다는 것이다. 마치 인간 이하이기 때문에 동정할 가치가 없는 것처럼 말이다. 베트남 사람들을 보통 '국(gook)'이라고 불렀다.

전쟁 지역에서는 새로운 현실이 등장한다. 즉 이제 그 군인은 비슷하게 훈련받고 주입받은 적군과 맞서야 한다. 군인이 일으킨 계급상의 어떤 분열도 조직에 위험을 초래하는데, 그런 조직은 전투에서 효율성이 떨어져 패할 수 있기 때문이다. 따라서 규율을 유지하는 것이 바로 생존의 한 요소가 되고, 그 군인에게는 복종 이외의 다른 선택의 여지가 거의 없다.

자신의 의무를 기계적으로 수행하면서, 그 군인은 군인이든 시민이든 상관없이 다른 사람을 죽이고, 다치게 하며, 불구로 만드는 데 어떠한 개인적 제약도 느끼지 않는다. 자신의 행동이 남자, 여자 그리고 아이들에게 고통과 죽음을 주지만, 그는 자신이 이러한 사건들과 개인적으로 관련이 없다고 생각한다. 그는 자신에게 주어진 과업을 수행하고 있는 것이다.

몇몇 군인에게서 불복종이나 탈영의 가능성이 보이기도 하지만, 그들이 지금 속한 실제 상황을 볼 때 그것이 실현될 가능성은 없어 보인다. 그들이 어떻게 탈영할 수 있겠는가. 더구나 반항에 대한 가혹한 처벌이 존재하고, 복종에 대한 강력하고 내면화한 원칙이 있는데 말이다. 그 군인은 비겁하고 배신하는 사람으로 보이거나 미국 사람이 아닌 것처럼 보이기를 바라지 않는다. 그 상황에서는 오로지 순응을 통해서만 스스로를 애국자이고 용기 있는 사람으로 볼 수 있다.

그는 정당한 목적을 위해 다른 사람을 죽이라는 말을 들어왔다. 그리고 이러한 규정은 최고의 권위자—단순히 소대장도 아니고 베트남에 있는 최고급 장교도 아니라 대통령—에게서 나온다. 그 군인은 집에 있으면서 전쟁을 반대하는 사람들에 대해 분개한다. 그 군인이 권위 구조에 갇혀 있기 때문이다. 또한 악한 일을 하고 있다고 그 군인을 비난함으로써 그들은 삶을 참고 견딜 수 있게 해주는 그 군인의 심리적 조절을 위협하기 때문이다. 단순히 하루를 무사히 버텨내는 것조차 너무 힘들다. 도덕에 관해 염려할 여유가 없다.

어떤 이들에게는 대리자적 상태로의 전환이 부분적으로만 일어나서, 인간적인 가치들이 밖으로 비어져 나온다. 아무리 소수더라도 그처럼 양심의 가책을 느끼는 군인은 분열을 조장하는 잠재적 근원이기 때문에 조직에서 격리된다.

그러나 우리는 여기서 조직의 기능에 관한 설득력 있는 교훈을 배운다. 제압할 수 있는 한 개인의 반항은 별로 중요하지 않다. 그다음 사람이 그를 대체할 것이다. 군대의 기능에 대한 유일한 위험은 반항하는 한 명이 다른 사람들을 자극할 가능성이다. 그래서 그를 격리하거나 또는 모방하지 못하도록 혹독하게 처벌한다.

많은 경우에 과학기술은 필요한 완충 장치들을 제공함으로써 긴장을 줄여준다. 즉 네이팜탄이 3킬로미터 상공에서 시민들에게로 떨어진다. 개틀링포(Gatling gun)의 목표 지점은 사람이 아니라 적외선 오실로스코프(oscilloscope: 시간에 따른 입력전압의 변화를 화면에 출력하는 장치—옮긴이) 위의 작은 블립(blip)이다.

전쟁은 계속된다. 보통 사람들은 우리 실험에서 피험자들이 한 행동을 천사의 놀이처럼 보이도록 만드는 잔인함과 가혹함 속에서 행동한다. 전쟁은 개별 군인들의 불복종이 아니라 정부 정책의 변화를 통해서만 끝이 난다. 명령을 받은 후에야 비로소 군인들은 무기를 내려놓는다.

전쟁이 끝나기 전, 인간의 행동은 우리의 가장 불길한 예감을 확인하는 것으로 드러난다. 베트남 전쟁 당시 밀라이에서 발생한 대량학살은 이 책이 다룬 문제를 매우 분명하게 보여준다. 다음은 CBS 뉴스의 마이크 월리스(Mike Wallace)가 전쟁 참가자를 인터뷰한 사건 기사이다.

Q: 각 헬리콥터에 몇 명이나 타고 있었습니까?
A: 다섯 명입니다. 우리는 다음 마을에 착륙했습니다. 그러고는 일렬로

서서 마을을 향해 걸어가기 시작했습니다. 한 은신처 안에는 국(gook) 한 명, 즉 베트남 남자가 잔뜩 웅크리고 있었습니다. 그 남자는 저쪽에 국이 있다고 밖에 대고 말했습니다.

Q: 그 사람은 몇 살입니까? 내 말은 그 사람이 군인입니까 아니면 노인 입니까?

A: 노인입니다. 그 남자는 우리를 끌어당기며 저기에 국이 있다고 말했 습니다. 그리고 뒤에서 하사관 미첼이 그를 쏘라고 소리쳤습니다.

Q: 미첼 하사관이 당신들 20명을 지휘하고 있었습니까?

A: 그는 분대 전체를 책임지고 있었습니다. 그래서 그가 그 남자를 쏘았 습니다. 그리고 우리는 마을로 들어갔습니다. 마을 여기저기를 수색 했고, 사람들을 모으면서 마을 한가운데로 들어갔습니다.

Q: 얼마나 많은 사람들을 모았습니까?

A: 글쎄요. 마을 중심부에 사오십 명 정도 모였습니다. 그들을 거기에 머 무르게 했는데, 마치 작은 섬 같았습니다. ……그리고…….

Q: 그 사람들은 여자, 남자, 아이들 어떤 사람들이었습니까?

A: 남자, 여자, 어린이들이었습니다.

Q: 아기도 있었습니까?

A: 아기도 있었습니다. 우리는 사람들을 그러모았습니다. 우리가 그들을 주저앉혔을 때 캘리 대위가 와서는 "저들을 어떻게 해야 하는지 알고 있지?"라고 말했습니다. 그래서 나는 "네"라고 대답했습니다. 당연히 나는 그들을 감시하라는 말로 받아들였습니다. 그러고는 10~15분 후 에 다시 돌아온 그가, "어째서 아직 그들을 죽이지 않았나?"라고 했습 니다. 그래서 나는 그들을 죽이라는 것이 아니라 단지 감시하라는 뜻

으로 알았다고 말했습니다. 그는 "아니, 그들을 죽이기를 원한다"고 말했습니다. 그래서…….

Q: 그가 당신들 전체에게 그렇게 말했습니까 아니면 당신에게만 특별히 말했습니까?

A: 글쎄요. 나는 그와 얼굴을 마주 보고 있었습니다. 그렇지만 나머지 서너 명도 그 말을 들었습니다. 그는 십여 걸음 뒤로 물러선 뒤 그들에게 총을 쏘기 시작했습니다. 그러고는 내게도 총을 쏘라고 말했습니다. 그래서 나도 총을 쏘기 시작했는데, 그들에게 네 개의 탄창을 모두 쏘아댔습니다.

Q: 당신이 가지고 있는 ……으로 네 개의 탄창을 쏘았다고요?

A: M-16으로요.

Q: 탄창에는 얼마나 …… 그러니까 얼마나 많이…….

A: 매 탄창마다 17발이 들어 있었습니다.

Q: 그러면 68발을 쏘았군요.

A: 그렇습니다.

Q: 몇 명이나 죽였습니까, 그때?

A: 글쎄요. 자동발사로 쏘아서 알 수가 없습니다. 그들이 있는 곳에 퍼부었고 총알이 너무나 빠르게 나갔기 때문에, 얼마나 많이 죽였는지 알 수 없습니다. 아마 10명 내지 15명일 겁니다.

Q: 남자, 여자, 그리고 어린이도요?

A: 네. 남자, 여자, 그리고 어린이도 죽였습니다.

Q: 아기는요?

A: 아기도 죽였습니다.

Q: 좋아요. 그다음 무엇을 했나요?

A: 우리는 사람들을, 더 많은 사람들을 모으기 시작했습니다. 그래서 7~ 8명을 더 모았습니다. 그들을 초가(草家) 안으로 몰아넣은 다음 수류탄 을 던졌습니다.

Q: 더 모았나요?

A: 더 모았습니다. 우리는 7~8명을 더 모아 초가 안으로 몰아넣고는 그 들이 있는 곳에 수류탄을 던졌습니다. 누군가는 계곡에 구덩이를 팠 습니다. 그러고는 그들을 그 계곡으로 데려오라고 말했습니다. 그래 서 우리는 그들을 다시 끌어내서는 그곳으로 데려갔습니다. 거기에는 이미 70~75명이 있었습니다. 우리도 데려온 사람들을 거기에 팽개쳤 습니다. 캘리 대위는 내게 "제군, 우리는 할 일이 또 있다"고 말했습니 다. 그는 사람들에게 걸어가서 계곡으로 밀치고는 총을 쏘기 시작했 습니다. 그러고 나서…….

Q: 그들을 계곡으로 밀쳤다고요?

A: 계곡으로 밀어넣었습니다. 도랑이었습니다. 우리도 그 사람들을 밀쳤 고, 총도 쏘았습니다. 그렇게 그들을 전부 계곡으로 밀어넣은 뒤 자동 화기로 쏘기 시작했습니다. 그다음…….

Q: 다시 남자, 여자, 어린이들을 모았습니까?

A: 남자, 여자, 어린이들을 모았습니다.

Q: 그리고 아기들도요?

A: 아기들도요. 우리는 그들에게 총을 쏘기 시작했고, 누군가 탄약을 아 끼기 위해 단발식으로 스위치를 전환하라고 말했습니다. 그래서 단발 식으로 전환해서 몇 발을 더 쏘았습니다…….

Q: 왜 그렇게 했습니까?

A: 왜 그렇게 했냐고요? 그렇게 하라는 명령을 받았고, 그때는 내가 옳은 일을 하고 있다고 생각한 것 같습니다. 말한 것처럼 나는 전우들을 잃었으니까요. 젠장, 정말 좋은 전우 바비 윌슨을 잃었고, 그것이 내 의식 속에 있었습니다. 그래서 나는 그런 일을 한 후에 스스로 잘했다고 생각했습니다. 하지만 그날 이후 그 일이 잊히지가 않았어요.

Q: 결혼했습니까?

A: 물론입니다.

Q: 자녀는요?

A: 둘 있습니다.

Q: 몇 살이지요?

A: 아들은 두 살 반이고, 딸은 한 살 반입니다.

Q: 분명히, 이런 의문이 드는군요. ……두 아이를 둔 아버지 …… 그런 사람이 어떻게 아기들에게 총을 쏠 수 있습니까?

A: 딸은 없었습니다. 그땐 아들만 있었습니다.

Q: 허허 …… 어떻게 아기들에게 총을 쏩니까?

A: 나도 모르겠습니다. 그건 흔한 일이었습니다.

Q: 당신이 생각하기에 그날 몇 명이나 죽었을 것 같습니까?

A: 370명일 겁니다.

Q: 왜 그만큼이라고 생각합니까?

A: 정확히 보았거든요.

Q: 많은 사람들, 그리고 당신은 얼마나 많은 사람들의 죽음에 책임이 있다고 생각합니까?

A: 잘 모르겠습니다.

Q: 25명? 50명?

A: 잘 모르겠습니다. 많은 사람들의 죽음에 책임이 있습니다.

Q: 그러면 얼마나 많은 군인들이 실제로 총을 쏘았습니까?

A: 글쎄요. 그것도 모르겠습니다. 거기에는 다른 …… 또 다른 소대가 있었습니다. 하지만 얼마나 많았는지는 정확히 모르겠습니다.

Q: 어쨌든 민간인들이 한 줄로 늘어서서 총에 맞았지요? 집중 공격으로 죽은 게 아닙니까?

A: 한 줄로 서지 않고 …… 그들은 계곡으로 떠밀렸고, 앉거나 엎드린 채로 …… 총에 맞았습니다.

Q: 그 민간인들이 무엇을 했습니까? 특히 여자와 어린이들 그리고 노인들이 무엇을 했습니까? 그들이 당신들에게 뭐라고 말했습니까?

A: 그들은 별 말을 하지 않았습니다. 그저 떠밀리면서 우리가 하라는 대로 했습니다.

Q: 그들은 애원하거나 말하지 않았습니까? "안 돼요 …… 안 돼"라거나…….

A: 네. 그들은 빌면서 "안 돼요, 안 돼"라고 말했습니다. 어머니들은 자기 아이들을 끌어안았습니다. 그렇지만 그들은 계속 총을 맞고 있었습니다. 음, 우리는 계속 총을 쏘았습니다. 그들은 팔을 저으면서 애원하고 있었습니다…….

―〈뉴욕타임스〉(1969. 11. 25).

이 군인은 밀라이에서 그가 한 역할을 따지는 재판에 회부되지 않았

다. 대량학살이 대중의 관심을 받게 되었을 때 그는 더 이상 군 사법권
아래에 있지 않았기 때문이다.[28]

밀라이 사건과 아이히만 재판, 그리고 앤더슨빌[29]의 지휘관이었던
헨리 위즈(Henry Wirz) 대위의 재판 기록을 읽으면, 다음과 같은 주제가
되살아난다.

1. 윤리적 관점보다는 행정적인 관점에서 자신의 과업을 수행하고 그런
   관점의 지배를 받는 일련의 사람들이 있다.

2. 실제로, 관련된 사람들은 의무로서 다른 사람들을 죽이는 것과 개인적
   인 감정의 표현을 별개로 구분한다. 모든 행동을 더 높은 권위자의 명
   령에 의해 통제받을 때, 사람들은 도덕에 대한 인식을 하지 못한다.

3. 충성, 의무 그리고 규율이라는 개별 가치들은 위계 구조의 기술적 요구
   로 생긴 것이다. 각 개인은 이러한 가치들을 매우 도덕적인 의무로 몸
   소 경험한다. 그러나 조직적 차원에서 보면, 그러한 가치들은 단순히
   더 큰 체계의 유지를 위해 필요한, 단지 기술적 선행 조건에 불과하다.

4. 모든 사람은 교육의 일부로 말뿐인 도덕적 개념을 학습한다. 이때 말
   은 자주 바뀌기 때문에, 그들의 행위가 언어적 차원에서 도덕적 개념
   과 직접적으로 갈등을 일으키지는 않는다. 전적으로 도덕적 비난과 관
   련해서 자신의 행동을 보호하기 위해 사람들은 완곡한 어법을 주로 사
   용한다.

5. 부하들 마음속에 책임은 언제나 상급자에게 있다. 그리고 때때로 그들
   은 '권한을 위임(authorization)'하자고 요구한다. 사실 반복적으로 권한
   위임을 요구하는 것은 그 부하들이 도덕적 규칙을 위반할 수도 있다는

전조이다.

6. 몇몇 구조적인 목적은 거의 언제나 그러한 행위들을 정당화하고, 상위의 이데올로기적 목표는 그런 행위들을 고귀한 것으로 평가하게끔 만든다. 우리 실험에서 자신의 의지에 반하여 희생자에게 전기충격을 가하는 행위는 과학에 기여하는 것으로 평가받는다. 마찬가지로 독일에서 유대인을 절멸하는 것은 '불결한 유대인'을 제거하는 '위생적' 과정으로 묘사되었다(Hilberg, 1961).

7. 사건의 파괴적 과정을 거부하거나 그 과정을 논쟁의 주제로 만드는 데는 언제나 몇 가지 좋지 않은 요소가 있다. 그래서 나치 독일에서 '최종해법'을 가장 잘 알고 있던 사람들조차 그런 살인에 대해 이야기하는 것을 실례가 되는 행위로 생각했다(Hilberg, 1961). 우리 실험에서 피험자들은 너무나 잦은 자신들의 불복종에 당황스러워했다.

8. 부하와 권위자 사이의 관계가 변하지 않을 때 심리적 조절은 비도덕적 명령을 수행한다는 부담을 덜어준다.

9. 복종은 상반된 의지나 철학과 극적인 대결 양상을 띠는 것이 아니라 사회적 관계나 직업적 포부, 익숙한 일상들이 지배적인 풍조를 만들어내는 그런 거대한 분위기에 둘러싸여 있다. 대체로 양심적으로 투쟁하는 영웅적인 인물이나, 권력을 지닌 자신의 위치를 무자비하게 이용하는 병적으로 공격적인 사람은 없다. 그러나 직장에서 맡은 일에 뛰어나다는 인상을 심어주기 위해 애쓰는 그런 사람은 있다.

이제 실험으로 돌아가서 그 의미를 강조해보겠다. 여기에 보고한 실험에서 드러난 행동은 정상적인 인간의 행동이지만, 우리 속에 내재한 생존의 욕구를 분명하게 위협하는 상황에서 드러난 것이다. 그리고 우리가 본 것은 무엇인가? 공격성은 아니다. 희생자에게 전기충격을 가한 사람에게 분노나 복수심 또는 증오가 없기 때문이다. 화가 나면 사람들은 증오에 가득 차서 행동하고 다른 사람들에게 분노를 폭발한다. 그러나 여기서는 그렇지 않았다. 대신 훨씬 더 위험한 것이 드러났다. 즉 사람들이 자신만의 독특한 특성을 더 큰 제도적 구조 속으로 동화시키면 자기의 인간성을 버릴 수 있고, 그렇게 할 수밖에 없다는 것이다.

이것은 자연이 인간에게 준 치명적인 약점으로, 이러한 약점 때문에 궁극적으로 우리 종은 단지 중간 정도의 생존 기회만을 가질 뿐이다.

개인이 지닌 덕목 중에서 가장 높은 가치를 부여하는 충성, 규율 그리고 자기희생이 전쟁이라는 파괴의 구조적 원동력을 제공하고, 사람들을 악의적인 권위 체계에 속박시키는 바로 그 속성이라는 사실은 아이러니다.[30]

다른 사람을 죽이려는 충동이 분출할 때, 사람들은 크든 작든 그것을 억제하려는 양심을 가지고 있다. 그러나 스스로를 조직적인 구조 속에 동화시키면 새로운 피조물이 자율적인 인간을 대체한다. 그 새로운 피조물은 개인적 도덕성이라는 제약을 받지 않고, 인간적인 억제에서 자유로우며, 권위자가 허용하는 것에만 신경을 쓴다.

그와 같은 복종의 한계는 어디일까? 우리는 그 한계를 여러 측면에서 알아보고자 했다. 희생자가 울부짖었지만 그것으로는 충분하지 않았다. 희생자가 심장의 문제를 호소했지만 피험자는 여전히 명령에 따라 전기충격을 가했다. 희생자가 풀어달라고 호소했지만, 그의 응답이 더 이상 신호 상자에 나타나지 않자 피험자는 계속해서 그에게 전기충격을 가했다. 처음에 우리는 불복종을 유발하는 데 그런 강력한 과정이 필요하다고 생각지 않았다. 그리고 바로 전 단계의 기법이 분명히 효과가 없다고 판단될 때 각각의 단계를 첨가했다. 복종의 한계를 설정하려는 마지막 시도가 접촉-근접성 조건이었다. 그러나 이 조건에서 바로 첫 번째 피험자가 명령에 따라 희생자를 제압하고 가장 강한 전기충격 단계까지 나아갔다. 이 조건에서 피험자의 30퍼센트가 이와 비슷하게 수행했다.

실험실에서 보고 느낀 것처럼, 그 결과는 나를 당황하게 만들었다. 그것은 인간의 본성 또는 더 구체적으로 미국이라는 민주 사회의 특성이 악의적인 권위자의 지시에 따른 잔인하고 비인간적인 대우에서 시민들을 보호할 수 없다는 가능성을 제기한다. 합법적인 권위자가 명령한다고 지각하는 한 많은 사람들은 행위의 내용이나 양심의 통제와 무관하게 그들이 들은 대로 한다.

라스키(Harold J. Laski)는 〈복종의 위험(The Dangers of Obedience)〉이라는 논문에 다음과 같이 적고 있다.

……무엇보다도, 문명은 불필요한 고통을 주는 것을 내켜하지 않는다는 의미다. 그런 정의에 따르면, 권위자의 명령을 무조건 수용하는 우리는 아직 문명화한 사람이라고 주장할 수 없다.

……우리가 조금이라도 의미 있고 중요한 삶을 살고자 한다면, 우리의 기본적인 경험에 반하는 어떤 것도 수용하지 않아야 한다. 그러한 것들은 전통이나 관습 또는 권위자로부터 오기 때문이다. 우리가 충분히 틀릴 수도 있다. 그러나 우리에게 수용을 요구하는 확실성이 우리가 경험

한 확신과 일치하지 않는다면, 우리의 자기표현은 그 뿌리에서부터 방해 받게 된다. 그렇기 때문에 모든 국가에서 자유의 조건은 늘 권력이 강요 하는 규범을 광범위하고 일관되게 회의(懷疑)하는 것이다.

여기에 서술한 연구의 목적은 현상을 주의 깊게 세밀히 관찰할 수 있는 조건에서 권위에 대한 복종과 불복종을 연구하는 것이었다. 한 사람이 실험자에게서 점점 더 냉혹한 명령에 복종하라는 말을 들었다. 우리의 관심은 그 사람이 언제 복종을 중단하는지 살펴보는 것이었다. 그런 행동을 관찰하는 데 적절한 환경을 만들기 위해 극적인 연출이라는 요소가 필요했다. 기술적인 속임수들도 자유롭게 도입했다(희생자가 전기충격을 받은 것처럼 보이게 했다는 점 등). 이것 이상으로 실험실에서 일어난 대부분은 계획한 것이 아니라 오히려 발견한 것들이었다.

그러나 비판적인 몇몇 사람이 보기에 이 실험에서 가장 무시무시한 점은 피험자들의 복종이 아니라 이러한 실험의 실행이었다. 전문 심리학자들은 양극단으로 갈렸다.[31] 이 실험은 큰 칭찬도 받았고 가혹한 비판도 받았다. 1964년 바움린드 박사(Dr. Diana Baumrind)가 학술지 〈미국심리학자(American Psychologist)〉에서 이 실험을 공격했는데, 그 후 나는 그에 대한 답변을 그 학술지에 실었다.

…… 〈미국심리학자〉의 최근 쟁점에서, 한 비평가가 복종에 관한 보고서

에 대해 수많은 의문을 제기했다. 그녀는 실험에 참가한 피험자들의 안녕을 걱정했다. 그리고 피험자를 보호하기 위해 적절한 조치를 취했는지에 대해서도 궁금해했다.

처음부터 그 비평가는 실험의 예상치 못한 결과와 기본적인 절차를 혼동하고 있다. 예를 들면, 그녀는 우리 피험자들에게 생긴 스트레스가 마치 의도적이고 고의적인 실험 조작의 결과인 것처럼 말한다. 스트레스를 유발하기 위해 구체적으로 고안된 많은 실험 절차들이 있다(Lazarus, 1964). 그러나 복종 패러다임은 그런 것들 중 하나가 아니었다. 몇몇 피험자가 보인 극도의 긴장은 예측하지 못한 것이었다. 실험을 시작하기 전에 많은 동료와 절차에 관해 의논했고, 아무도 이후에 발생한 반응들을 예측하지 못했다. 결과 예견이 실험 연구에서 결코 늘 가능한 것은 아니다. 우리는 결과를 모르는 상황을 조사하기 때문에, 그 상황에 대한 지식이 증가한다. 이 정도의 위험도 감수하지 않으려는 연구자는 과학적 연구를 포기해야만 한다.

더구나 희생자가 항의하는 시점을 넘어서면, 피험자들이 실험자의 지시를 거부할 것이라고 예측할 만한 온갖 이유들이 실제 실험에 앞서 있었다. 즉 많은 동료 연구자와 정신과 의사들은 그 지점을 궁금해했으며, 그런 거부가 일어날 것이라고 생각했다. 실제로, 결정적인 측정의 기준이 불복종에 달려 있는 실험을 하기 위해서는 권위자의 압력을 극복할 수 있는 어떤 자발적인 자원들이 사람들의 내부에 있다는 믿음을 가지고 시작해야만 한다.

상당수의 피험자가 실험에 참가한 후에야 비로소, 몇몇 사람은 전기충격기의 최고 지점까지 갔고, 또 몇몇 사람은 스트레스를 경험한 것이 밝혀졌다. 내게는 이 시점이 연구를 포기해야 할지 말지를 고민할 최초의 합리적인 시기로 보인다. 그러나 순간적으로 흥분한다고 해서 꼭 손상을 입는 것은 아니다. 실험이 진행되면서 피험자들이 해를 입었다는 기미는 없었다. 그리고 피험자들이 스스로 그 실험을 강력하게 지지했기 때문에, 나는 실험을 계속해야 한다고 판단했다.

그 비판은 예측하지 못한 결과보다는 방법에 대한 것이지 않은가? 실험 결과에 따르면, 어떤 피험자는 소름끼치도록 비도덕적으로 보이는 방식으로 수행했다. 대신에, 만일 모든 피험자가 '가벼운 전기충격'에 또는 학습자가 보내는 첫 번째 고통의 신호에서 중단했다면, 모두들 그 결과에 기뻐하고 안심했을 것이다. 이 점에 대해서는 아무도 이의를 제기하지 않을 것이다.

절차상 매우 중요한 측면이 실험의 끝부분에 있었다. 모든 피험자에게 실험 후 처치를 신중하게 실시했다. 정확한 내용은 조건마다 달랐다. 아무튼, 모든 피험자는 희생자가 위험한 전기충격을 받지 않았다는 말을 들었다. 각 피험자는 해를 입지 않은 희생자와 호의적으로 화해했고, 실험자와 함께 폭넓은 토론을 했다. 실험자에게 불복종하기로 결심한 반항적인 피험자들에게도 그 실험을 설명했다. 복종적인 피험자들은 자신들의 행동이 전적으로 정상이고 자신들이 느낀 갈등이나 긴장을 다른 피험자들도 똑같이 느꼈다는 사실을 이해했다. 피험자들은 일련의 실험에 대한 결론과 관련해서 광범위한 보고서를 받게 될 것이라는 말을 들었다. 어떤 경우에는, 실험에 대해 부가적으로 자세하고 긴 토론이 개별 피험자들과 함께 이루어졌다.

일련의 실험이 끝났을 때, 피험자들은 실험 절차와 결과를 상세하게 기록한 보고서를 받았다. 실험에서 그들의 역할이 매우 귀중했다는 점을 한 번 더 밝혔으며, 그들의 행동에 대해서도 존경을 표했다. 모든 피험자는 연구 참가에 관한 후속 질문지를 받았는데, 여기에서 그들은 자신의 행동에 관한 생각과 느낌을 한 번 더 표현할 수 있었다.

질문지에 대한 반응은 참가자들이 실험에 대해 긍정적이었다는 내 인상을 뒷받침해주었다. 양적인 측면에서(표 8 참조) 84퍼센트의 피험자가 실험에 참여할 수 있어서 기뻤다고 진술했다. 15퍼센트는 중립적인 느낌을 표현했으며, 1.3퍼센트는 부정적인 느낌을 표현했다. 확신하건대, 이와 같은 결과를 신중하게 해석할 것이다. 그러나 그것들을 무시할 수는 없다. 게다가 피험자의 5분의 4는 이런 종류의 실험을 더 많이 해야 한다고 생각했으며, 74퍼센트는 이 연구에 참가함으로써 개인적으로 중요한 뭔가를 배웠다고 밝혔다.

방침에 따라 사후 설명과 평가 절차를 실시했으며, 실험 과정상 특별한 위험이 없는 것으로 나타났다. 내 판단에 따르면, 어떤 시점에서도 피험자들은 위험에 노출된 적이 없었고, 실험 참가에 따른 위험한 손상도 입지 않았다. 그렇지 않았다면 실험을 즉시 끝냈을 것이다.

그 비평가는 피험자가 실험에 참가한 후에는 자신의 행동을 정당화할 수 없기 때문에 그런 행동에 대한 모든 공격을 참아야만 한다고 말한다. 대체로 그렇지 않다. 실험자에게 반항하기보다는 복종하기 위한, 피험자들을 그렇게 행동하도록 만드는 동일한 메커니즘이 수행 이후에도 계속해서 그의 행동을 정당화시킨다. 그 행동에 대한 피험자의 관점은 그것을 수행하는 동안이든 그 이후든 상관없이 동일하다. 즉 "권위자가 부여한 일을 한다"는 관점이다.

표 8 복종에 관한 후속 연구에서 사용한 질문지에서 발췌한 내용

보고서를 읽고 난 지금, 나는 모든 것이 ……라고 생각한다	저항한 피험자	복종한 피험자	모든 피험자
1. 실험에 참가해서 매우 기쁘다.	40.0%	47.8%	43.5%
2. 실험에 참가해서 기쁘다.	43.8%	35.7%	40.2%
3. 실험에 참가한 것에 유감도 없고 기쁘지도 않다.	15.3%	14.8%	15.1%
4. 실험에 참가해서 유감이다.	0.8%	0.7%	0.8%
5. 실험에 참가해서 매우 유감이다.	0.0%	1.0%	0.5%

희생자에게 전기충격을 가한다는 생각은 반감을 불어오기 때문에, 연구 계획을 들은 사람들은 "사람들이 전기충격을 가하지 않을 것이다"고 말하는 경향을 보인다. 결과를 알려주면, 이런 태도는 "그렇게 한다면, 그들은 이후에 살 수 없을 것이다"는 식으로 나타난다. 실험의 결과를 부정하는 이런 두 가지 형태는 똑같이 인간의 사회적 행동을 부적절하게 오해한 것이다. 실제로 많은 피험자들은 끝까지 복종하고, 해로운 영향을 받은 기미도 없다.

실험의 최소 조건 중 하나가 피험자에게 해를 입히지 않는 것이다. 그러나 실험 참가에 대한 긍정적인 측면이 있을 수 있다. 그 비평가는 피험자가 복종 연구에 참가한 데서 어떤 유익함도 얻지 못했다고 주장하지만, 이것은 사실이 아니다. 피험자들의 말과 행동에 따르면 그들은 많은 것을 배웠으며, 다수의 사람들은 자신이 중요하다고 생각하는 과학적 연구에 참여해서 즐거웠다고 말했다. 실험에 참가한 후 1년 뒤, 한 피험자는 다음과 같이 썼다. "이 실험은 권위를 배반하더라도 동료에게 해를 끼치는 일을 해서는 안 된다는 믿음을 강화시켰다."

또 다른 사람은 다음과 같이 말했다. "아무리 시시해 보이는 결정이더라도, 각자 자기 결정의 기초가 되는 확고한 근거를 가지고 있거나 찾아야

한다는 점을 …… 그 실험은 보여주었다. 사람은 스스로에 대해 그리고 자기가 맺고 있는 세상 및 타인과의 관계에 대해 더 깊이 생각해야 한다. 이 실험이 사람들의 평온한 마음을 뒤흔들어놓는다면, 실험을 종료해야 할 것이다."

이러한 말 속에는 참가한 사람들의 진가를 인정하고 통찰력 있는 광범위한 논평들이 들어 있다.

일련의 실험을 마치자마자 피험자에게 보낸 5쪽짜리 보고서는 그의 경험이 지니는 가치를 높이기 위해 특별히 고안된 것이었다. 그 보고서는 실험 설계의 논리뿐만 아니라 실험 프로그램을 폭넓게 설명했다. 또한 보고서는 10여 개의 실험에서 얻은 결과를 제시했으며, 긴장의 원인을 논의했고, 실험의 가능한 의의를 보여주고자 했다. 피험자들의 반응은 열광적이었다. 즉 많은 사람들이 이후 실험 연구에서 자신들이 바라는 점을 밝혔다. 이 보고서는 몇 년 전에 모든 피험자에게 보내졌다. 이렇듯 보고서를 매우 세심하게 준비했기 때문에, 피험자들의 실험 참가에 대한 가치에 실험자가 무관심하다는 그 비평가의 주장은 사실이 아니다.

실험실 절차와 관련된 경험의 강도 때문에 피험자들이 심리 실험에서 소외되지 않을까, 그 비평가는 걱정한다. 내가 관찰한 바에 따르면 피험자들은 공통적으로 평범한 절차를 따름으로써 '텅 빈' 실험실에서 보내야 하는 시간을 혐오하고, 그 실험실에서 나오자마자 그들이 경험하는 유일한 느낌은 분명 사소하고 쓸모없는 일에 시간을 낭비했다는 것이었다.

대체로, 복종 실험의 피험자들은 자신의 참가를 매우 다르게 느끼고 있었다. 그들은 그런 경험을 자신에 대한, 그리고 좀더 일반적으로는 인간 행동의 조건에 대한 중요한 어떤 것을 발견하는 기회라고 보았다.

실험 프로그램을 끝마친 지 1년 후, 나는 부수적으로 후속 연구를 시작했다. 이와 관련해서 외래진료의 경험이 있으면서 편견이 없는 한 의사가 피험자 40명을 인터뷰했다. 그 정신과 의사는 실험 참가로 가장 고통을 느꼈을 것 같은 피험자들에게 관심을 가졌다.

그의 목적은 실험으로 생길 수 있는 해로운 효과들을 밝히는 것이었다. 그는 다음과 같은 결론을 내렸다. 몇몇 피험자가 극도의 스트레스를 경험하긴 했지만, "실험 참가로 손상을 입었다는 징후를 보이는 사람은 아무도 없었다. ······각 피험자는 안정된 행동 패턴과 일치하는 방식으로 (실험에서) 자신의 과제를 잘 수행하는 것처럼 보였다. 어떠한 외상을 입었다는 인상도 찾을 수 없었다." 실험을 평가하기 전에 이러한 증거를 중요하게 고려해야 한다.

본질적으로, 그 비평가는 이런 상황에서 복종을 검증하는 것이 적합하지 않다고 믿는다. 그녀는 그 상황을 복종에 대한 어떤 합리적인 대안이 없는 상황으로 해석하기 때문이다. 이런 관점을 채택했기 때문에 그녀는 이러한 사실, 즉 상당수의 피험자가 불복종한다는 사실을 보지 못했다. 그런 피험자들의 예에 따르면 불복종은 정말 있을 수 있는 일로 보인다. 즉 실험 상황의 전반적 구조가 결코 불복종의 가능성을 제거하지는 않는 것 같다.

그 비평가는 첫 번째 실험에서 나타난 높은 수준의 복종에 마음이 편치 않다. 그녀가 관심을 가진 조건에서 65퍼센트의 피험자들은 끝까지 복종했다. 그러나 그 심리 실험의 전반적인 틀 안에서 복종은 조건마다 크게 변했다는 점을 그녀의 감정은 반영하지 못하고 있다. 약간의 변화로 90퍼센트의 피험자가 불복종했다. 이것은 실험에서 나온 사실일 뿐만 아니라, 복종과 불복종의 비율은 실험 상황 안에 존재하는 요소들의 특별한 구조에서도 기인하는 것 같다. 그리고 이러한 요소들을 연구 프로그램을 통해 체계적으로 변화시켰다.

인간의 존엄성에 대한 우려는 도덕적으로 행동할 수 있는 인간의 잠재력에 대한 존경에 바탕을 둔다. 그 비평가는 실험자가 피험자로 하여금 희생자에게 전기충격을 가하도록 만들었다고 생각한다. 이 생각은 나의 견해와 다르다. 실험자는 피험자에게 무언가를 하라고 말한다. 그러나 명령과 그 결과 사이에는 더 강력한 힘, 즉 복종할 수도 있고 불복종할 수도 있는 행위자가 존재한다. 나는 실험실에 온 모든 사람이 권위자의 명령을 수용하거나 거부할 자유가 있다는 믿음을 가지고 시작했다. 각자에게 행동을 선택할 능력이 있다고 보는 한 이러한 견해는 인간이 존엄하다는 개념을 견지한다. 그리고 실제 밝혀진 것처럼, 많은 피험자가 실험자의 명령을 거부하는 대안을 선택했는데, 그것은 이상적인 인간상을 강력하게 지지해주는 것이었다.

또한 이 실험은 "미래에 성인 권위자를 신뢰할 수 있는 피험자의 능력을 쉽게 변화시킬 수 있다"는 점을 근거로 비판을 받는다. ……그러나 실험자는 권위를 가지고만 있는 권위자가 아니다. 그는 피험자에게 다른 사람을 대상으로 비인간적이고 가혹한 행동을 하라고 말하는 권위자이다. 정말로 그 실험에 참가하는 것이 이런 종류의 권위자에 대한 회의를 불러일으킨다면, 나는 그것을 최고의 가치라고 생각하고 싶다. 아마도 여기에서 철학적인 차이가 가장 분명하게 드러난다. 그 비평가는 피험자를 실험자에 의해 완벽하게 통제되는 수동적인 사람으로 본다. 나는 다른 관점에서 시작했다. 실험실에 온 사람은 자신에게 주어진 행동의 지침을 수용하거나 거부할 수 있는 능력을 가진 적극적이고 선택적인 성인이다. 또 그 비평가는 실험이 권위자에 대한 피험자의 신뢰를 훼손하는 효과를 가져온다고 생각한다. 그러나 나는 사람들이 권위자에 대한 무차별적 복종이 갖는 문제점을 깨닫는다면 그것은 잠정적으로 가치 있는 경험이라고 생각한다.

그러나 대니 앱스(Dannie Abse)의 연극, 〈파블로프의 개(The Dogs of Pavlov)〉―복종 실험을 핵심 주제로 1971년 런던에서 공연된 연극―에서 또 다른 비판이 나왔다. 이 연극의 절정에서 주인공 커트는 자신을 기니피그(실험용 쥐)로 취급한 실험자와 의절한다. 연극을 소개할 때, 앱스는 특히 실험에서 사용한 속임수를 '허풍', '거짓말', '사기'라는 용어를 사용해 비난한다. 동시에 그는 실험의 연극적인 성격에 분명히 감탄한다. 그리고 그는 내 답변을 싣도록 자신의 책 서문을 할애해주었다. 나는 다음과 같이 썼다.

실험에서 내가 사용한 속임수를 비난할 때, 당신이 사용한 언어는 지나치게 가혹하다. 속임수가 내면을 드러내는 기능을 하고, 바로 그것을 선의로 사용함으로써 연극이 가능하다는 것을 극작가인 당신은 확실히 이해할 것이다.

연극을 볼 때 사람들은 극작가가 관객을 속이고, 잔꾀를 부리며, 사기를 친다고 주장할 수 있다. 왜냐하면 그는 분장을 지웠을 때의 젊은 사람을 노인으로 등장시키고, 실제로는 의학에 대해 전혀 모르는 배우들을 의사로 등장시키기 때문이다. 그러나 '허풍', '거짓말', '사기'라는 이런 주장은 바보 같은 것이다. 그러한 주장은 연극의 속임수를 경험한 사람들이 그것에 대해 어떻게 느끼는지를 고려하지 않았기 때문이다. 사실, 관객은 연극을 통해 오락과 지적 향상 그리고 다른 모든 유익한 경험들을 얻기 위해서는 속임수가 불가피하다고 생각한다. 그리고 당신이 사용한 수단들을 정당화시켜주는 것은 바로 관객이 그러한 행위들을 수용하는 것이다.

그래서 나는 당신이 관객들에게 거짓말하고, 잔꾀를 부리며, 사기를 쳤다고 말하지 않는다. 그러나 나는 실험에 대해서도 똑같이 주장한다. 잘못된 정보를 실험에 사용한다. 즉 접근하기 어려운 진실을 밝히기 위해 무대를 설치할 때 필요하면 속임수를 쓴다. 그리고 결국 그러한 행위를 접한 사람들이 그것을 지지하고 수용한다는 오직 하나의 이유로 이러한 행위가 정당화된다…….

……피험자에게 실험을 설명했을 때 그들은 그 실험에 긍정적으로 반응했으며, 대부분은 그 한 시간이 유용했다고 생각했다. 그 반대였다면, 그리고 피험자들이 기분 나쁜 감정으로 그 시간을 보냈다면 그 실험을 진행할 수 없었을 것이다.

우선, 이러한 판단은 실험이 끝난 직후 참가한 피험자들과 가진 많은 대화에 근거한 것이다. 이런 대화는 많은 것을 드러낼 수 있다. 그러나 그들 대부분이 그러한 경험을 얼마나 쉽게 일상적인 사건의 범주로 흡수하는지를 보여주는 것이었다. 더구나 피험자들은 적대적이기보다는 호의적이었고, 위협적이기보다는 호기심에 차 있었으며, 그 경험 때문에 품위가 떨어진다는 느낌을 갖지 않았다. 이것이 내가 받은 일반적인 인상이었으며, 실험에 대한 피험자들의 반응을 평가하기 위해 이후에 시행한 공식적인 조치들도 이러한 인상을 뒷받침했다.

내 실험에서 사용한 이런 종류의 절차를 도덕적으로 정당화해주는 핵심은 거기에 참가한 사람들이 그것을 수용할 수 있다고 판단했다는 점이다. 게다가 이러한 사실은 처음부터 끝까지 실험을 계속할 수 있었던 주된 근거 중 하나였다.

이 사실은 윤리적 관점에서 실험을 평가할 때 결정적으로 중요하다.

실험 과정에서 사람의 새끼손가락이 번번이 잘려나간다고 상상해보라. 그런 실험은 비난받을 뿐만 아니라, 분노한 참가자들이 대학 본부에 불만을 토로하여 수시간 안에 그 실험을 중단시킬 것이고, 합법적인 수단으로 그 실험자를 제재할 것이다. 학대를 받을 때 당사자는 그것을 알고, 그래서 그런 부당한 처우를 하는 사람에 대해 아주 적절한 반응을 한다.

참가자들의 관대한 반응을 고려하지 않은 채 실험을 비판하는 것은 공허하다. 이것은 피험자들이 기술적 속임수를 수용한다는 사실을 고려하지 않은 채 그러한 기법의 사용에만 초점을 둔 비판에 특별히 더 적용된다. 다시 말하건대, 외부의 비평가보다는 피험자가 판단의 궁극적인 원천이 되어야 한다.

어떤 사람들은 실험자를 사기와 조종 그리고 변명을 하는 사람이라고 해석하지만, 당신도 확실히 알다시피 감춰진 것을 밝혀주는 장면을 만들어 참가자들을 그 안으로 끌어들이는 극작가로 볼 수도 있다. 그래서 아마도 우리가 하는 일이 크게 다르지 않을 것이다. 연극의 속임수를 경험한 사람들은 그러한 경험을 할 것이라고 기대하는 반면, 내 실험에 참가한 피험자들은 사전에 그러한 사실을 통고받지 않는다는 점에서 차이점이 있다. 그러나 내가 사용한 극적인 장치를 통해 진리를 추구하는 일이 비윤리적인지 아닌지는 추상적으로는 답할 수 없다. 그 답은 그러한 장치를 경험한 사람들의 반응에 전적으로 달려 있다.

또 다른 핵심으로, 복종적인 피험자가 희생자에게 전기충격을 가한 것 때문에 스스로를 비난하지는 않는다. 그 행동이 자아에 근거해서 나온 것이 아니기 때문이다. 그 행동은 권위에 근거한 것이다. 앞으로는 좀더 효율적으로 권위에 저항하는 법을 배워야 한다고 스스로에게 말하는 것은 복종적인 피험자에게는 최악의 일이다.

내 보기에는 그 실험이 몇몇 피험자들에게 이런 생각을 자극했다는 것은 …… 비교적 만족스러운 연구 결과이다. 1964년 프린스턴에서 이루어진 복종에 관한 반복 실험에 참가한 한 젊은이의 경험이 실증적인 예를 제공한다. 그는 전적으로 복종했다. 1970년 10월 27일, 그는 나에게 다음과 같은 글을 썼다.

"'전기충격 실험'에 참가한 것은 …… 내 인생에 커다란 영향을 미쳤다……. 1964년에 피험자였을 때 나는 누군가에게 해를 입히고 있다고 믿기는 했지만, 왜 그렇게 하고 있는지를 전적으로 알지 못했다. 제 신념에 따라 행동할 때와 권위자에게 얌전히 복종할 때를 깨닫고 있는 사람은 거의 없다. ……매우 나쁜 일을 하라는 권위자의 명령에 굴복하고 있다는 것을 알았다면, 나는 소스라치게 놀랐을 것이다. ……양심적 병역거부자의 자격을 얻지 못한다면, 나는 감옥에 갈 모든 준비가 되어 있다. 사실, 그것은 내 믿음을 지키기 위해 택할 수 있는 유일한 방법이다. 내 유일한 희망은 나를 심사하는 징병위원회의 위원들도 마찬가지로 그들의 양심에 따라 행동하는 것이다……."

그는 다른 모든 참가자도 비슷하게 반응했는지 물었으며, 이 연구에 참가한 것이 이러한 효과를 가져왔는지 내 의견을 물었다.

나는 다음과 같이 대답했다.

"물론 그 실험은 사람들이 권위자의 명령과 양심 사이의 갈등에 직면할 때 처하는 딜레마를 다룬다. 이 연구에 참가함으로써 당신이 이런 논쟁점을 개인적으로 좀더 깊이 생각하게 되었다니 기쁜 일이다. 몇몇 피험자는 이 연구를 경험한 결과 권위에 대한 복종의 문제에 민감해졌다고 내게 말했다. 권위자에 대한 무차별적 복종의 문제와 관련해 경각심을 높였다면, 그 실험은 중요한 기능을 수행한 것이다. 자신의 국가를 위해 다른 사람을 죽이는 것이 나쁘다고 강하게 믿는다면, 당신은 확실하게 양심적 병역거부 의사를 강력히 표현해야만 한다. 이 문제에 관한 당신의 진심이 인정받게 되기를 깊이 희망한다."

몇 개월 후 그는 내게 다시 편지를 보내왔다. 우선, 실험 참가가 그에게 미친 영향에 대해서 깊은 인상을 받지는 않았지만, 그럼에도 징병위원회가 그에게 양심적 병역거부자 자격을 부여했다고 전했다. 그는 이렇게 썼다.

"그 실험이 내 인생에 커다란 영향을 미쳤다는 내 강한 신념을 그 인터뷰 경험이 약화시키지는 않는다…….

……당신은 이 세상 모든 말썽의 중요한 원인들 중 하나를 발견했다. ……그런 발견에 필수적인 정보를 내가 제공할 수 있었다는 점에 감사한다. 병역을 거부함으로써, 이러한 문제를 해결하려면 행동해야만 하는 방식대로 내가 행동했다는 것이 기쁘다.

내 인생에 당신이 기여한 점에 진심으로 감사하며……."

행동이 때때로 애매함으로 뒤덮인 이 세상에서, 그럼에도 불구하고 나는 냉담한 비평가보다는 실제로 연구에 참가한 이 사람에게 더 큰 주의를 기울이지 않을 수 없다. 추상적인 도덕이 중요한 것이 아니라, 실험에 참가한 사람들의 인간적인 반응만이 중요하기 때문이다. 그리고 그러한 반응은 사용한 실험 절차를 승인할 뿐 아니라, 복종과 불복종의 문제를 조명하기 위한 더 심오한 연구를 압도적으로 요구한다.

수년간 이 실험을 지지하는 많은 글들이 출판되었다.

유명한 임상 심리학자 밀턴 에릭슨(Milton Erikson) 박사는 다음과 같이 썼다.

이 분야에서 그(밀그램)의 선구적인 연구는 비윤리적이고 부당하며 유익하지 않다는 공격을 받고 있고, 앞으로도 여러 비방과 무시하는 처사들이 있을 것이다. 단순히 사람들은 바람직하지 않은 행동은 보고 싶어하지 않고, 대신 무의미한 철자의 기억과 망각을 탐색하길 선호하기 때문이다…….

밀그램은 인간의 행동에 대한 우리의 지식을 넓히는 데 중요하고 의미 있는 기여를 하고 있다. ……첫 연구 발표 때, 밀그램은 과학적인 연구 영역이 비난과 비방을 피할 수 없을 만큼 개방되어 있다는 것을 이미 잘 알고 있었다. ……밀그램처럼 그러한 연구를 하기 위해서는 비인간적인 행동에 대한 책임과 통제가 '악마'가 아니라 그 자신에게 달려 있다는 것을 발견하겠다는 과학적 신념과 의지를 가진 강한 사람이 필요하다.

─〈국제정신의학저널(International Journal of Psychiatry)〉(1968. 10. pp. 278~79).

콜롬비아대학교의 사회학과 교수 아미타이 에치오니(Amitai Etzioni: 1980년에 조지워싱턴대 교수가 되었다—옮긴이) 박사는 이렇게 썼다.

……내가 보기에 밀그램의 실험은 이 세대에서 가장 잘된 실험 중 하나이다. 사람들은 때때로 의미 있고 흥미로운 인본주의적 연구와 정확하고 경험적인 양적 연구가 상반된다고 말하는데, 그의 실험은 이 말이 틀리다는 것을 보여준다. 즉 서로에게 유익하도록 이 두 관점을 결합할 수 있다…….

—〈국제정신의학저널〉(1968. 10. pp. 278~79).

허버트 켈먼(Herbert Kelman) 교수는 경험적 연구의 윤리적인 문제에 대해 〈인간이 인간을 피험자로 사용하는 것: 사회심리학 실험에서 기만의 문제(Human Use on Human Subjects: The Problem of Deception in Social Psychological Experiments)〉라는 제목의 의미 있는 논문을 썼다. 그리고 버클리대학교의 사회심리학자 토머스 크로퍼드(Thomas Crawford) 박사는 이렇게 썼다.

켈먼의 관점은 실험적 조작이 개인의 선택 자유를 증가시키는 데 기여한다면 그러한 조작은 합법적이라는 것이다. ……나는 밀그램의 연구…… 가 켈먼이 설정한 그 훌륭한 목표를 정확히 조준하고 있다고 생각한다. 우리 삶 속에 존재하는 유사한 갈등들을 민감하게 파악하지 못하면, 그 연구를 거의 읽어낼 수 없다.

—《심리학 연구에 대한 사회심리학(The Social Psychology of Psychological Research)》,

<복종 연구에 대한 방어: 켈먼 윤리의 확장(In Defense of Obedience Research: An Extension of the Kelham Ethics)〉(Arthur G. Miller, ed. New York: The Free Press, 1972).

캘리포니아대학교 데이비스 캠퍼스의 앨런 엘름스는 다음과 같이 썼다.

매우 파괴적인 복종을 유발하는 조건, 그리고 책임감의 적극적 포기를 유도하는 심리적 과정들을 탐색하면서 밀그램은 현대 심리학에서 가장 도덕적으로 중요한 몇몇 연구를 수행한 것으로 보인다.

―《사회심리학과 사회적 관련성(Social Psychology and Social Relevance)》(Little, Brown and Company, 1972).

왜 어떤 사람은 실험자에게 복종하고 다른 사람들은 반항하는지에 대한 이해의 폭을 넓히기 위해 많은 개인적 검사들을 실시했다. 복종한 피험자와 불복종한 피험자 사이에 책임감의 차이가 있는지 알아보기 위해, 처음 네 개의 실험 조건에 참가한 피험자들을 '책임감 시계'에 노출시켰다. 이것은 가운데 회전 막대를 돌려 세 부분으로 나눌 수 있는 원판으로 되어 있다. 실험을 마친 후, 피험자에게 세 실험참가자(실험자, 피험자 그리고 희생자)의 책임 비율에 따라 "파이 조각을 나누라"고 요청했다. 즉 이렇게 물었다. "이 사람이 자신의 의지와는 반대로 전기충격을 받았다는 사실에 우리 각자는 얼마나 책임이 있습니까?" 실험자가 원판(이것은 360도 각도기처럼 눈금이 매겨져 있다) 뒷면의 결과를 직접 읽는다.

전반적으로, 피험자들은 그 과제를 수행하는 데 많은 어려움을 겪었다. 피험자 118명의 결과가 표 9에 제시되어 있다.

주요 결과로, 반항적인 피험자들은 학습자의 고통에 대한 주요 책임이 자신들에게 있다고 보았다. 그들은 스스로에게 전체 책임의 48퍼센트를, 그리고 실험자에게 39퍼센트를 배정했다. 책임감 시계가 복종한

표 9 저항한 피험자와 복종한 피험자가 할당한 책임의 비율

	사람 수	실험자	선생	학습자
저항한 피험자	61	38.8%	48.4%	12.8%
복종한 피험자	57	38.4	36.3	25.3

피험자 쪽으로 약간 기울었는데, 그들은 자신의 책임이 실험자보다 조금 덜하다고 보았다. 실제로 그들은 책임을 좀 덜 느꼈다. 더 큰 차이는 학습자에 대한 책임에서 나타났다. 학습자의 고통에 대한 책임으로, 복종한 피험자들은 저항한 피험자들에 비해 그 학습자에게 두 배의 책임을 돌렸다. 이 문제에 대한 질문에 복종한 피험자들은 학습자가 실험에 자원했고 효과적으로 학습하지 못했다는 사실을 지적했다.

따라서 저항한 피험자들이 복종한 피험자들에 비해 일차적인 책임을 더 스스로에게 돌렸다. 그리고 그 책임을 학습자에게는 덜 돌렸다. 물론 이러한 측정치들은 피험자들이 수행한 후에 얻은 것이기 때문에, 이러한 차이가 복종한 피험자와 저항한 피험자의 지속적인 기질에 따른 것인지 또는 사후에 이루어진 인지적 조정에 따른 것인지 알지 못한다.

앨런 엘름스 박사는 연속적인 일련의 실험에 참가한 복종적인 피험자 20명과 반항적인 피험자 20명에게 여러 심리 검사를 실시했다. 주요 결과는 실험의 복종과 F-척도 점수 간에 관계가 있다는 것이었다. 이 척도는 테오도어 아도르노(Theodor Adorno)와 그의 동료들이 파쇼적 경향성을 측정하기 위해 개발한 척도이다(1950). 엘름스는 복종한 피험자들은 복종을 거부한 피험자들보다 더 권위주의(더 높은 F-점수)적이라는 사실을 발견했다. 좀 중복처럼 들리지만, 엘름스는 즉석에서 다음

그림 20 책임감 시계

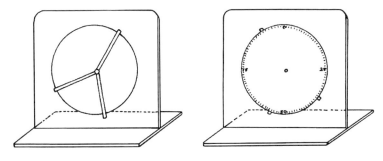

과 같이 설명했다.

……복종과 권위주의의 몇몇 요소들 사이에는 상당히 강한 관련성이 있는 것 같다. 그리고 복종을 측정할 때, 그렇게 할 것 같다는 특정인의 말을 측정하는 것이 아니라 권위에 복종하는 실제 행동을 측정해야 한다는 것을 기억해야 한다. 권위주의에 대한 아주 많은 연구들이 …… 지필 검사의 반응 수준에 근거하고 있는데, 이러한 반응이 반드시 행동으로 전환되는 것은 아니다. 그러나 여기에서 우리는 사실적이면서도 매우 당황스러운 상황에서 권위자의 명령에 복종하거나 거부하는 사람들을 볼 수 있다. ……그래서 마치 40대 후반의 그런 연구자들은 추상적인 특성에서 실제 권위주의적 행동으로 바뀌는 어떤 것, 즉 명령하는 사람에게는 복종하고 자기보다 약한 하급자에게는 처벌을 가하는 특성을 가지고 있는 것처럼 보인다(p. 133).

-《사회심리학과 사회적 관련성》(1972).

F-척도의 측정치와 실험 수행 사이에 개연성이 있기는 하지만 매우

강력하지는 않은데, 내가 생각하기에는 지필 검사가 완전하지 않기 때문이다. 우리가 성격의 측정 방법을 아주 많이 알고 있는 것은 아니기 때문에, 성격을 실험 수행과 연결 짓기가 어렵다.

나의 예일대학교 동료인 로런스 콜버그(Lawrence Kohlberg: 30여 년 동안 도덕성 발달 이론을 연구했으며 예일대, 시카고대, 하버드대학 교수를 지냈다―옮긴이) 박사는 복종과 관련한 변인들을 밝히고자 또 다른 시도를 했다. 콜버그 박사는 도덕 발달 척도를 개발했다. 이 척도는 사람들이 성숙해가면서 도덕적 판단의 여러 단계를 거친다는 이론에 기초하고 있다. 예비 연구에 참가한 예일대학교 학생 34명을 대상으로 그는 실험을 중단한 피험자들이 계속 복종한 피험자들보다 더 높은 도덕 발달 수준에 있다는 것을 발견했다. 다시 말하면, 그 결과는 아주 강력하지는 않지만 시사하는 바가 있다(Kohlberg, 1965).

또한 나는 실험에 참가한 직후 피험자들의 배경 정보를 수집했다. 그 결과, 전반적으로 약하기는 하지만 다음과 같은 경향을 보여주었다. 복종 수준에서 공화당 지지자와 민주당 지지자 사이에 유의미한 차이는 없었다. 가톨릭 신자는 유대교나 개신교 신자보다 더 복종적이었다. 교육 수준이 높은 사람은 그렇지 않은 사람보다 더 반항적이었다. 법, 의학, 교육 등에 종사하는 정신적인 전문가들은 공학이나 물리학과 같이 좀더 기술적인 전문직 종사자보다 더 반항적이었다. 군대에 오래 복무할수록 더 복종적이었다. 예외적으로, 복무 기간과 상관없이 이전에 장교였던 사람은 사병이었던 사람보다 덜 복종적이었다. 이러한 결과는 처음 네 가지 실험 조건(연속적으로 이루어진 일련의 실험들)에 참가한 피험자들을 연구한 결과이다. 다른 실험 조건을 추가했을 때,

이런 결과의 대부분이 사라졌으며 나는 그 이유를 알 수 없다(물론 그 이후의 실험 조건에서부터 복종과 불복종의 의미가 달라졌다는 것은 사실이다). 전반적으로, 복종 및 불복종과 관련한 변인들이 매우 소수에 불과할 뿐 아니라 그 관련성도 매우 약하다는 것이 내게는 의아스러운 점이다. 나는 복종과 불복종이 복잡한 인격에 근거하고 있다고 확신한다. 그러나 우리가 그것을 발견하지는 못했다.

어쨌든, 단일한 기질이 불복종과 관련된다고 믿거나, 친절하고 착한 사람은 불복종하는 반면에 사악한 사람은 그렇지 않다고 순진하게 생각하는 것은 잘못이다. 아주 많은 측면에서 성격의 다양한 요소들이 매우 복잡한 역할을 하기 때문에, 너무 단순하게 일반화하기는 어렵다. 더구나 실험과 관련한 특정 기질은 대부분의 독자가 생각하는 것만큼 행동의 주요 원인이 아닐 수도 있다. 금세기 사회심리학이 밝힌 주요한 교훈 때문이다. 즉 행동을 결정하는 데 영향을 미치는 요인으로서 인간 부류가 상황만큼 다양하지 않다는 것이다.

1. 예비 시행과 정규 시행. 사전 검사를 한 결과, 단어를 읽고 전기충격을 가하는 절차를 순조롭게 진행하기 위해서는 사전에 약간의 연습이 필요하다는 것을 알았다. 그래서 정기 시행 직전에 선생은 학습자에게 읽어줄 예비 단어 10개를 받았다. 연습 목록에는 중립적인 단어 3개가 포함되어 있었기 때문에(이를테면 학습자가 바르게 대답한 단어들), 전기충격은 7개의 단어에 대해서만 가해졌다. 105볼트(약한 전기충격)에서 최고 전기충격까지 주도록 되어 있었다. 거의 모든 피험자가 예비 실험이 끝날 무렵 그 과정을 완전히 학습했다.

그 뒤 피험자들은 두 번째 목록을 받았으며, 절차는 첫 번째 때와 똑같다는 말을 들었다. 그러나 실험자는 다음과 같이 덧붙였다. "목록의 맨 밑에 이르면, 그것을 반복하세요. 그리고 학습자가 모든 쌍을 바르게 학습할 때까지 계속해서 전기충격을 가하세요."

그 실험자는 피험자에게 다음과 같이 지시했다. "15볼트에서 시작해서 학습자가 틀린 대답을 할 때마다 한 단계씩 전기충격 수준을 높이세요."
2. 30단계에 도달한 피험자 중 어느 누구도 계속하는 것을 거부하지 않았다.
3. David Mark Mantell, "The Potential for Violence in Germany," *Journal of Social Issues*, Vol. 27, No. 4 (November 4, 1971), pp. 101-12.
4. 최근 10년 동안 물리적 근접성이 행동에 미치는 영향은 결정적인 검증을 받아왔다. 예를 들면, Edward T. Hall, *The Hidden Dimension* (New York: Doubleday, 1966).
5. 다른 연구자들이(Sheridan and King, 1972) 복종 실험을 반복했지만, 나는 최근에 다음과 같은 차이가 있음을 알게 되었다. 즉 그들은 인간 대신에 강아지를 진짜

희생자로 이용했다. 강아지는 실제로 전기충격을 받았는데, 전기충격을 받았을 때 그 강아지는 비명을 지르고 울부짖으며 달려 나갔다. 남자와 여자가 피험자가 되었는데, 연구자는 여자가 남자보다 더 순응적이라는 것을 발견했다. 실제로 그들은 이렇게 썼다. "예외 없이, 여성 피험자들은 강아지에게 전기충격을 가하라는 지시에 순응해서 전기충격기의 최고 단계까지 나아갔다." 또한 킬햄과 만 (Kilham and Mann, 1972) 참조.

6. 이것은 신경증에 대한 자료를 조사함으로써 나온 것이다. 자신의 수행에 대한 결론에서, 각 피험자는 최대로 긴장했을 때와 얼마나 긴장했는지를 척도상에 표시했다. 이런 자료는 이 실험을 포함하여 21개 실험 조건에서 얻었다. 복종적인 여성들은 복종적인 남성 집단 20개의 어느 집단보다도 더 긴장했다고 보고했다. 이것은 여성이 남성보다 더 예민하거나 또는 단순히 자유롭게 그렇게 보고했기 때문일 수 있다. 어쨌든, 복종적인 여성들의 경우에 이 조건에서 보고한 긴장은 20개 다른 어떤 남성 조건에서보다도 더 컸다. 그러나 저항한 여성들은 달랐다. 그들이 보고한 긴장의 수준은 저항한 남성 피험자들의 분포에서 대략 중간에 위치했다.

7. 과잉투여를 지시한 의사에게 의문을 제기하지 못한 간호사에 관한 호플링 등의 연구를 보라. Charles K. Hofling, E. Brotzman, S. Dalrymple, N. Graves, C. Pierce, "An Experimental Study in Nurse-Physician Relationships," *The Journal of Nervous and Mental Disease*, Vol. 143, No. 2 (1966), pp. 171-80.

8. 그러한 결과가 주로 명령의 내용 자체 때문일 수 있다는 주장은 의미 없지는 않다. 사회심리학의 많은 연구들은 특별한 권위자가 없을 때 동료들이 특정 개인에게 영향을 미칠 수 있음을 증명하고 있다(Asch, 1951; Milgram, 1964).

9. 토크빌이 날카롭게 관찰한 것처럼, 동조는 사람들 사이의 민주적인 관계를 논리적으로 규제하는 메커니즘이다. 그것은 특정 대상에 대한 압력이 그 압력을 행사하는 사람보다 그 대상을 더 좋게 또는 더 나쁘게 만들지 않고 대신 단순히 똑같게 만든다는 점에서 '민주적'이다.
   복종은 불평등한 인간 관계에서 비롯되고, 그러한 관계를 영속화시킨다. 따라서 궁극적으로 복종은 파시즘이라는 이상적인 규제 메커니즘으로 나타날 수 있다. 논리적으로 볼 때, 인간의 불평등을 근본으로 삼는 통치철학은 복종을 절대적인 덕목으로 고양시킬 것이다. 복종행동은 위계적인 사회 구조적 맥락에서 시작되며, 그 결과 상급자와 하급자 사이의 행동을 차별화한다. 나치의 핵심적인 특징이 우수하고 열등한 집단이라는 개념을 강조하고, 부츠 소리를 요란하게 내면서 명령을 곧바로 실행함으로써 신속하고 인상적이며 자부심에 찬 복종을 강조한 것은 우연이 아니다.

10. 내가 과도하게 단순화했다. 자연은 많은 위계 구조를 가지고 있지만, 인간은 언제나 그런 구조 안에서 기능해야 하는 것은 아니다. 고립된 뇌세포는 더 큰 기관의 시스템을 떠나서는 생존할 수 없다. 그러나 개인이 상대적으로 자급자족할 수 있으면, 더 큰 사회 체계에 대한 총체적인 의존에서 그만큼 더 자유롭다. 역할을 떠맡음으로써 그러한 시스템에 융합하거나 그 시스템에서 자신을 분리할 수 있는 역량 모두를 갖게 된다. 이러한 두 기능적인 능력은 그 종에게 적응적으로 최대의 이점을 제공한다. 그러한 능력은 개인에게 혁신적인 잠재력과 융통적인 반응을 보장해주고, 조직으로부터 나오는 권력, 안전, 효율성을 보장해준다. 종의 생존이라는 관점에서 볼 때, 그런 능력은 두 세계 모두에서 최선이다.

11. 아동 발달을 공부하는 학생들은 "최초의 사회적 관계가 권위자의 주장을 인식하고 따르는 것"이라는 사실을 오래 전부터 알고 있다(English, 1961, p. 24). 총체적 의존이라는 최초의 조건은 유아에게 그 문제와 관련해 거의 선택권을 주지 않는다. 그리고 유아에게 권위자는 일반적으로 친절하고 도움이 되는 존재로 보인다. 그럼에도 불구하고 일반적으로 두세 살의 유아는 권위자의 가장 친절한 요구조차도 거부하면서, 매번 그에게 도전하는 자연스러운 시기에 돌입한다. 스톡딜(Stogdill, 1936)의 보고에 따르면, 부모들은 사회 적응에서 나타나는 모든 문제행동 중에서 불복종을 가장 심각한 문제로 평가한다고 한다. 이런 점에서 부모와 아동 사이에 강한 긴장이 자주 발생한다. 그리고 부모의 강요 때문에 성숙 과정은 통상적으로 아동의 기질을 더욱 순종적으로 만든다. 그러나 아동의 관점에서 볼 때 개인적 책임감이라는 개념이 전혀 없다는 점에서, 아동이 그칠 줄 모르고 자기주장을 하고 권위자를 거부하는 불복종은 성인의 불복종과는 다르다. 성인들 사이에서 가치 있는 것으로 여겨지는 불복종 형태와 달리, 도덕적 관심에 기반을 두지 않는 것이 바로 무차별적으로 순수하게 표출하는 형태의 반항이다.

12. 권위자가 그 합법성을 어떻게 소통할 것인가 하는 기술적인 문제는 진지하게

생각해볼 만한 가치가 있다. 한 젊은이가 징집위원회에서 소집 명령을 받았을 때를 생각해보라. 그것이 단순히 장난이 아니라는 증거가 무엇인가? 나아가서 위원회가 지정한 부대에 그 청년이 배치되었을 때, 군인들이 그를 보호할 권리를 가지고 있다는 증거는 무엇인가? 그것은 모두 해고된 배우 파견단이 자행한 엄청난 속임수일 수 있다. 권위자의 겉모습은 쉽게 꾸밀 수 있다는 것을 알고 있기 때문에, 진짜 권위자는 가짜 권위자를 극도로 경계하고, 거짓으로 위장한 권위자를 혹독하게 처벌할 것이 분명하다.

13. 한 실험자가 개인주택 지역에서 이집 저집 돌아다니며 허락을 받아 그 집 거실에서 실험을 준비한다고 상상해보라. 통상적으로 그의 지위를 뒷받침해주는 실험실이 없다면, 그가 보이는 권위의 분위기는 약화될 것이다.

14. '무관심권(zone of indifference)'이라는 개념에 대해서는 허버트 사이먼(Herbert A. Simon), 《관리적 행동: 행정 조직에서 의사결정에 관한 연구(Administrative Behavior: A Study of Decision-Making Processes in Administrative Organizations)》(New York: The Free Press, 1965) 참조.

15. 허먼 오크(Herman Wouk, 1951)가 쓴 《케인 호의 반란(The Caine Mutiny)》이 이 상황을 잘 예시해준다. 권위자가 어리석더라도 아무 문제없다. 무능하다 하더라도, 권위를 가진 많은 사람들은 지나칠 정도로 제 구실을 잘한다. 제 지위를 이용하여 권위자가 훨씬 더 유능한 부하에게 잘못된 행동 방침을 강요할 때에만 문제가 발생한다. 어리석은 권위자들도 때로는 매우 효율적일 수 있고, 심지어 재능 있는 부하에게 책임을 맡김으로써 그들의 사랑을 받기도 한다. 《케인 호의 반란》은 또 다른 두 가지 핵심을 예증해준다. 첫째, 권위자가 무능할 때조차 권위에 반항하기가 매우 어렵다는 것이다. 퀴그 선장의 무능 때문에 침몰의 위기에 처했음에도 윌리와 케이스는 엄청난 내적 스트레스와 동요를 겪은 후에야 케인 호를 떠맡았다. 둘째, 반란이 절대적으로 필요해 보였음에도 권위자의 원칙에 대한 집착이 매우 강력했다. 그래서 작가는 사건이 극적으로 바뀔 때 그린월드의 목소리를 통해 반란의 도덕적 기반에 대해 문제를 제기했다.

16. 프로이트는 《집단 심리학과 자아 분석(Group Psychology and Analysis of the Ego, 1921)》에서, 사람은 좋은 것이든 나쁜 것이든 결정에 대한 모든 권리를 지도자에게 위임하면서 자기 초자아의 기능을 억압한다는 점을 지적했다.

17. 케스틀러는 사회적 위계 구조를 훌륭하게 분석하면서 다음과 같이 설명한다.

"인간의 통합 경향성보다 이기적인 충동이 역사상 훨씬 덜 위험하다는 것을 나는 반복적으로 강조했다. 가장 단순하게 그것을 설명하면, 지나치게 적극적으로 자기주장을 꾀하는 사람은 사회적 처벌을 초래한다. 즉 그는 사회에서 매장되고 위계에서 제외된다. 다른 한편, 진실하게 믿는 사람은 그 구조 안으로 더 탄탄하게 진입한다. 그런 사람은 교회, 정당 또는 자신에게 정체성을 제공하는 사회적 제도의 핵심으로 들어간다." Arthur Koestler, *The Ghost in the Machine* (New York: The Macmillan Company, 1967), Part III, "Disorder," p. 246.

18. 해석은 인지부조화이론과 일치한다. 페스팅거(L. Festinger, 1957) 참조.

19. Erving Goffman, "Embarrassment and Social Organization," *The American Journal of Sociology*, Vol. 62 (November 1956), pp. 264-71 참조. 또한 Andre Modigliani, "Embarrassment and Embarrassability," *Sociometry*, Vol. 31, No. 3 (September 1968), pp. 313-26; "Embarrassment, Facework, and Eye Contact: Testing a Theory of Embarrassment," *Journal of Personality and Social Psychology*, Vol. 17, No. 1 (1971), pp. 15-24 참조.

20. 당황과 수치심이 피험자를 제 역할에 복종하게 하는 중요한 힘이라면, 이러한 정서를 경험하게 만드는 전제조건을 제거했을 때 복종이 급격히 줄어들어야 한다. 이러한 일이 실험 7, 즉 실험자가 실험실을 떠나 전화로 명령을 내릴 때 정확히 발생했다. 우리 실험의 피험자들이 보여준 대부분의 복종은 직접 대면하는 사회적 상황에 그 뿌리를 두었다. 어떤 유형의 복종에서는—이를테면 적의 전선 후방에서 혼자 수행해야 할 과업을 위해 가야 하는 군인의 복종—문제의 권위자와 장기적인 접촉이 필요하고, 부하와 권위자의 가치관이 일치할 필요가 있다.

가핀켈(Garfinkel, 1964)의 연구와 이 연구는 모두 불복종이 발생하기 위해서는 사회생활의 구조를 무너뜨릴 필요가 있음을 지적한다. 일상의 가정들을 파괴하도록 요구하는 가핀켈의 연구에서처럼 불복종하는 데 똑같은 불편함, 당황 그리고 어려움이 여기서도 나타났다.

21. 문제의 그 행동을 거의 전적으로 예측하지 못한 이유는 대리자적 상태로의 전환과 사람들을 그러한 상태에 묶어두는 힘을 이해하지 못했기 때문이다. 언제 피험자가 실험을 중단할지를 예측할 때, 그 상황을 판단하는 사람들은 그 피험자를 온전한 도덕적 능력을 작동시킬 수 있는 평범한 사람으로 생각한다. 권위

체계 안으로 들어감으로써 발생하는 인간 정신세계의 기본적인 재구성을 그들
은 고려하지 않는다.

실험의 결과를 모르는 사람들의 잘못된 예측을 바로잡는 가장 빠른 방법은 그
들에게 다음과 같이 말하는 것이다. "행동의 내용은 당신이 생각하는 것의 절반
만큼도 중요하지 않다. 행위자들 사이의 관계가 두 배나 중요하다. 피험자들이
말하거나 행동하는 것이 아니라, 그들이 사회적 구조 안에서 서로 어떻게 관련
되어 있는지에 근거해서 예측하라."

사람들이 행동을 정확하게 예측하지 못하는 이유가 하나 더 있다. 개인의 행동
은 그 자신의 성격에서 비롯된다는 이데올로기를 사회가 조장하기 때문이다.
이런 이데올로기는 사람들에게 제 행동을 전적으로 통제하는 것처럼 행동하도
록 촉구하는 실용적인 효과를 갖는다. 그러나 이것은 인간 행동의 결정 요인을
심각하게 왜곡하는 관점으로 그에 대한 정확한 예측을 할 수 없게 만든다.

22. 콘라트 로렌츠(Konrad Lorenz)는 도구나 무기를 사용함으로써 발생하는 억제기
제의 혼란에 대해 말한다. "똑같은 원리가 심지어 현대 원격조정 무기의 사용에
더 많이 적용된다. 발사 버튼을 누르는 사람은 보는 것, 듣는 것 또는 자신의 행
동이 초래하는 결과를 정서적으로 깨닫는 것에서 완전히 차단되어 있어서, 상
상을 통해 부담을 갖는다 하더라도 무난히 임무를 완수할 수 있다." Konrad
Lorenz, *On Aggression* (New York: Harcourt Brace Jovanovich, 1966), p. 234.

23. N. J. Lerner, "Observer's Evaluation of a Victim: Justice, Guilt, and Veridical
Perception," *Journal of Personality and Social Psychology*, Vol. 20, No. 2 (1971),
pp. 127-35 참조.

24. In Princeton: D. Rosenhan, Obedience and Rebellion: Observations on the
Milgram Three-Party Paradigm. In preparation.

In Munich: D. M. Mantell, "The Potential for Violence in Germany." *Journal of
Social Issues*, Vol. 27, No. 4 (1971), pp. 101-12.

In Rome: Leonardo Ancona and Rosetta Pareyson, "Contributo allo studie della
aggressione: La Dinamica della obbedienza distruttiva," *Archiva di psicologia
neurologia e psichiatria*, Anna XXIX (1968), fasc. IV.

In Australia: W. Kilham and L. Mann, "Level of Destructive Obedience as a
Function of Transmittor and Executant Roles in the Milgram Obedience

Paradigm." In press (1973) *Journal of Personality and Social Psychology*.

25. 예를 들면, 오른(M. I. Orne)과 홀런드(C. C. Holland) 그리고 그들에 대한 내 반응을 보라. A. G. Miller (ed), *The Social Psychology of Psychological Research*. New York: The Free Press, 1972.

26. 그러나 이 점을 순진하게 생각하지는 말아야 한다. 선전 장치들을 통제하면서 정부는 도덕적으로 바람직한 용어들로 자신의 목표를 서술한다는 것을 우리 모두는 보아왔다. 베트남에서 남자, 여자 그리고 어린이에 대한 살해가 자유진영을 구한다는 말로 미국에서 어떻게 정당화되었는가. 또한 우리는 판결이 목표를 합법화하는 것이라고 얼마나 쉽게 받아들였는지를 알고 있다. 독재자들은 자신들의 프로그램을 기존의 가치로 정당화함으로써 대중을 설득하고자 한다. 심지어 히틀러도 증오 때문에 유대인을 학살할 것이라고 말하지 않았다. 대신에, 아리안족을 정화하고 인간 쓰레기 없이 좀더 수준 높은 시민을 만들기 위한 것이라고 말했다.

27. 비어스테트는 권위 현상이 통치 현상보다 훨씬 더 기본적이라고 아주 정확하게 지적했다. "……권위의 문제가 사회 구조에 관한 적합한 이론의 근간을 이루고 있다. 이런 점에서 통치조차도 단순히 정치적인 현상이 아니라, 일차적으로는 그리고 기본적으로는 사회적 현상이며 …… 그것에 기초하여 통치는 그 원동력으로 명령과 구조를 가지게 된다. 무정부 상태가 정부의 반대라면, 아노미는 사회의 반대다. 다시 말해서 그 단어가 가지는 좁은 의미에서 볼 때, 권위는 결코 순수하게 정치적인 현상이 아니다. 권위는 사회라는 정치적인 조직뿐만 아니라 모든 조직에 존재하기 때문이다. 얼마나 작든 또는 얼마나 일시적이든 상관없이, 권위는 사회 안의 모든 조직에 들어 있다." Bierstedt, pp. 68-69.

28. 그러나 '상급자의 명령'이라는 변명은 윌리엄 캘리(William Calley) 대위가 만든 것이다. 그는 그런 행동을 자행한 소대의 지휘관이었다.
군 검사는 상급자의 명령이라는 캘리의 변명에 이의를 제기했다. 교훈적으로, 그 검사는 군인은 명령에 복종해야만 한다는 원칙에 이의를 제기하지 않았다. 그러나 캘리는 명령 없이 행동했고, 그래서 집단 학살의 책임이 있다고 기소되었다. 캘리는 유죄 판결을 받았다.
캘리 재판에 대한 미국 대중의 반응을 켈먼과 로런스(Kelman and Lawrence, 1972)가 연구했고, 그들의 연구 결과는 위안을 주지 못했다. 베트남 마을의 모든 주민을 사살하라는 명령을 받았다면, 표본의 51퍼센트가 그 명령에 따랐을 것이라고 말했다. 켈먼이 내린 결론은 다음과 같다.

"분명히 모든 사람이 명백하게 합법적인 권위자의 명령을 똑같이 강요라고 생각하지는 않는다. 밀그램의 피험자들 모두가 그들의 희생자에게 최고의 전기충격을 가하지는 않았다. 또한 캘리의 지휘 아래 있었던 모든 군인이 무장하지 않은 시민을 죽이라는 그의 명령에 똑같이 따른 것도 아니었다. 그런 환경에서 저항하는 사람들은 우리가 일상적으로 사용하는 인과 관계와 책임감이라는 틀을 분명히 유지하고 있었다.

그러나 우리의 자료가 시사하는바, 많은 미국인들은 자신이 권위적인 명령에 저항할 권리가 없다고 느끼고 있다. 그들은 밀라이에서 보인 캘리의 행동을 정상적인 것으로, 심지어는 바람직한 것으로 보았다. (그들이 생각하기에) 그는 합법적인 권위자에 복종하여 그런 일을 했다고 보기 때문이다."

우리는 켈먼 연구의 응답자들이 왜 자기들도 밀라이에서 군대의 권위에 복종하리라 보았는지 의문을 가질 필요가 있다.

첫째, 자기 나라가 베트남 전쟁에 참전하고 있는 동안 안전하게 인터뷰에 응한 사람들은 전쟁 자체를 돌아보면서 정부의 정책을 일반적으로 지지했다. 평화로운 시기에 그런 질문을 했다면, 더 많은 사람이 불복종을 예측했을 것이다. 또한 그 반응에 따르면, 대부분의 미국인은 미국 군인들을 재판정으로 불러내지 않았어야 했다고 느꼈다. 둘째, 군대라는 맥락에서 발생하는 복종에 대해 문제를 제기하는 것은 보통 사람에게 가장 친숙한 장면 속에서 그 문제를 보게 만든다. 보통 사람은 군인이 명령에 복종해야 할 의무가 있다고 생각한다. 그의 인터뷰 내용은 일반인들의 상식, 소문 그리고 군대에 대한 지식 등에서 나온다. 그러나 그것은 오직 특별한 맥락에서 정확히 적용할 때에만 증명될 수 있는 복종에 관한 일반적인 원리들에 대해서는 어떤 상상도 하지 않는다. 사람들은 군인들이 집단 학살을 했다는 것을 이해한다. 그러나 그들은 이와 같이 기계적으로 이루어진 행동이 조직화한 사회 속에서 거의 눈에 보이지 않는 형태로 작동하고 있는 과정의 논리적인 결과라는 것을 알지 못한다. 마지막으로, 그 반응은 미국인들이 베트남 전쟁을 평가할 때 권위에 대한 관점을 포용하는 정도를 보여준다. 그들은 철저하게 정부의 선전에 세뇌되었다(사회 수준에서 보면, 선전과 세뇌는 상황에 대한 공식적인 정의가 공포되는 수단이다). 이런 점에서 켈먼의 질문에 응답한 사람들은 권위 체계에서 벗어나 있지 않았다. 그들은 질문에 응답하도록 요청을 받았지만 이미 그 선전에 영향을 받았다.

29. Henry Wirz, *Trial of Henry Wirz*, House of Representatives, 40th Congress, 2d Session, Ed. Doc. No. 23. in answer to a resolution of the House of April 16, 1866, transmitting a summary of the trial of Henry Wirz. Dec. 17, 1867 (ordered to be printed).

30. 정치 제도의 보편적인 폐지와 관련해 무정부주의자의 논쟁은 권위의 문제에 대한 강력한 해법으로 보이는 것 같다. 그러나 무정부주의의 문제는 똑같이 해법이 없다. 첫째, 권위의 존재는 때때로 잔인하고 비도덕적인 행동을 명령하는 반면, 권위의 부재시 더 잘 조직된 사람들이 희생자에게 그런 행동을 한다. 미국이 모든 형태의 정치적 권위를 포기한다면, 그 결과는 아주 분명해진다. 우리는 곧 해체의 희생자가 될 것이다. 더 잘 조직된 사회는 즉각적으로 이 사실을 지각하게 될 것이고, 그러한 약점이 주는 기회를 이용해서 행동할 것이기 때문이다.

게다가 사악한 권위에 대항해 지속적으로 투쟁하는 고상한 개인의 모습을 표현하는 것은 과도한 단순화일 것이다. 대부분 사악한 권위에 대항해 인내하게 하는 가치인 고상함은 그 자체가 권위에서 비롯된다는 것이 명백한 진리다. 그리고 권위 때문에 못된 행동을 하는 개인들이 있는가 하면, 또 다른 개인들은 그렇게 하지 못하도록 제지당한다.

31. Jay Katz, *Experimentation with Human Beings: The Authority of the Investigator, Subject, Professions, and State in the Human Experimentation Process*, New York: Russell Sage Foundation, 1972 참조. 1159쪽에 달하는 이 자료집은 이 실험에 대한 바움린드, 엘름스, 켈먼, 링(K. Ring) 그리고 밀그램의 비판들을 담고 있다. 또한 실험에서 많은 참가자들을 인터뷰한 폴 이레라(Paul Errera) 박사의 비판도 포함하고 있다(p. 400). 이 연구의 윤리적 문제에 대한 의미 있는 논쟁들은 다음을 참조하라. A. Miller, *The Social Psychology of Psychological Research*, A. Elms, *Social Psychology and Social Relevance*.

Abse, D. *The Dogs of Pavlov*. London: Valentine, Mitchell & Co., Ltd., in press.

Adorno, T.; Frenkel-Brunswik, Else; Levinson, D. J., and Sanford, R. N. *The Authoritarian Personality*. New York: Harper & Row, 1950.

Arendt, H. *Eichmann in Jerusalem: A Report on the Banality of Evil*. New York: Viking Press, 1963.

Asch, J. E. "Effects of Group Pressure upon the Modification and Distortion of Judgement." In H. Guetzkow (ed.), *Groups, Leadership, and Men*. Pittsburgh: Carnegie Press, 1951.

Ashby, W. R. *An Introduction to Cybernetics*. London: Chapman and Hall Ltd., 1956.

Baumrind, D. "Some Thoughts on Ethics of Research: After Reading Milgram's 'Behavioral Study of Obedience.'" *American Psychologist*, Vol. 19 (1964), pp. 421-23.

Berkowitz, L. *Aggression: A Social Psychological Analysis*. New York: McGraw-Hill, 1962.

Bettelheim, B. *The Informed Heart*. New York: The Free Press, 1960.

Bierstedt, R. "The Problem of Authority." Chapter 3 in *Freedom and Control in Modern Society*. New York: Van Nostrand, 1954, pp. 67-81.

Block, J. and J. "An Interpersonal Experiment on Reactions to Authority." *Human Relations*, Vol. 5 (1952), pp. 91-98.

Buss, A. H. *The Psychology of Aggression*. New York: John Wiley, 1961.

Cannon, W. B. *The Wisdom of the Body*. New York: W. W. Norton, 1932.

Cartwright, D. (ed.). *Studies in Social Power*. Ann Arbor: University of Michigan Press, 1959.

Comfort, A. *Authority and Delinquency in the Modern State: A Criminological Approach to the Problem of Power*. London: Routledge and K. Paul, 1950.

Crawford, T. "In Defense of Obedience Research: An Extension of the Kelman Ethic." In A. G. Miller (ed.), *The Social Psychology of Psychological Research*. New York: The Free Press, 1972, pp. 179-89.

Dicks, H. V. *Licensed Mass Murder: A Socio-Psychological Study of Some S.S. Killers*. New York: Basic Books, 1972.

Elms, A. C. "Acts of Submission." Chapter 4 of *Social Psychology and Social Relevance*. Boston: Little, Brown, 1972.

English, H. B. *Dynamics of Child Development*. New York: Holt, Rinehart and Winston, 1961.

Erikson, M. "The Inhumanity of Ordinary People." *International Journal of Psychiatry*, Vol. 6 (1968), pp. 278-79.

Etzioni, A. "A Model of Significant Research." *International Journal of Psychiatry*, Vol. 6 (1968), pp. 279-80.

Feinberg, I. "Sex Differences in Resistance to Group Pressure." Unpublished mater's thesis, Swarthmore College, Swarthmore, Pa.

Festinger, L. *A Theory of Cognitive Dissonance*. New York: Harper & Row, 1957.

Frank, J. D. "Experimental Studies of Personal Pressure and Resistance." *Journal of Genetic Psychology*, Vol. 30 (1944) pp. 23-64.

French, J, R. P. "A Formal Theory of Social Power." *Psychological Review*, Vol. 63 (1956), pp. 181-94.

____; Morrison, H. W., and Levinger, G. "Coercive Power and Forces Affecting Conformity." *Journal of Abnormal Social Psychology*, Vol. 61 (1960). pp. 93-101.

____, and Raven, B. H. "The Bases of Social Power." In D. Cartwright (ed.), *Studies in Social Power*. Ann Arbor: University of Michigan Press, 1959, pp. 150-67.

Freud, S. *Totem and Taboo*. Translated by J. Strachey. New York: W. W. Norton, 1950.

_____. "Thoughts for the Times on War and Death." In J. Strachey (ed.), *The Standard Edition of the Complete Psychological Works of Sigmund Freud*, Vol. 14. London: The Hogarth Press, 1959, pp. 273-302.

_____. *Group Psychology and the Analysis of the Ego*. Translated by J. Strachey. London: Hogarth, 1922; New York: Bantam Books, 1960. (German original, 1921.)

Fromm, E. *Escape from Freedom*. New York: Holt, Rinehart and Winston, 1941.

Garfinkel, H. "Studies of the Routine Grounds of Everyday Activities." *Social Problems*, Vol. 11 (Winter 1964), pp. 225-50.

Glasser, R. J. *365 Days*. New York: George Braziller, 1971.

Goffman, E. *The Presentation of Self in Everyday Life*. New York: Doubleday Anchor Books, 1959.

_____. "Embarrassment and Social Organization." *The American Journal of Sociology*, Vol. 62 (November 1956), pp. 264-71.

Halberstam, David. *Making of a Quagmire*. New York: Random House, 1965.

Hall, E. T. *The Hidden Dimension*. New York: Doubleday, 1966.

Hillberg, R. *The Destruction of the European Jews*. Chicago: Quadrangle Books, 1961.

Hobbes, Thomas. *Leviathan*. Oxford: Oxford University Press, 1909. Reproduction of 1651 edition.

Hofling, C. K.; Brotzman, E.; Dalrymple, S.; Graves, N., and Pierce, C. "An Experimental Study of Nurse-Physician Relations." *The Journal of Nervous and Mental Disease*. Vol. 143, No. 2 (1966), pp. 171-80.

Homans, G. C. *Social Behavior: Its Elementary Forms*. New York: Harcourt Brace Jovanovich, 1961.

Katz, J. *Experimentation with Human Beings: The Authority of the Investigator, Subject, Profession, and State in the Human Experimentation Process*. New York: Russell Sage Foundation, 1972.

Kelman, H. "Human Use of Human Subjects: The Problem of Deception in Social Psychological Experiments." *Psychological Bulletin*, Vol. 67 (1967), pp. 1-11.

_____, and Lawrence, L. "Assignment of Responsibility in the Case of Lt. Calley: Preliminary Report on a National Survey." *Journal of Social Issues*, Vol. 28, No. 1 (1972).

Kierkegaard, S. *Fear and Trembling*. English edition. Princeton: Princeton University Press, 1941.

Kilham, W., and Mann, L. "Level of Destructive Obedience as a Function of Transmittor and Executant Roles in the Milgram Obedience Paradigm." *Journal of Personality and Social Psychlogy*, in press.

Koestler, Arthur. *The Ghost in the Machine*. New York: Macmillan, 1967.

Kohlberg, L. "Development of Moral Character and Moral Ideology." In Hoffman, M. L., and Hoffman, L. W. (eds.), *Review of Child Development Research*, Vol. 1. New York: Russell Sage Foundation, 1964, pp. 383-431.

_____. "Relationships Between the Development of Moral Judgment and Moral Conduct." Paper presented at Symposium on Behavioral and Cognitive Concepts in the Study of Internationalization at the Society for Research in Child Development, Minneapolis, Minnesota, March 26, 1956.

Laski, H. J. "The Dangers of Obedience." *Harper's Monthly Magazine*, Vol. 159 (1919), pp. 1-10.

Lazarus, R. "A Laboratory Approach to the Dynamics of Psychological Stress." *American Psychologist*, Vol. 19 (1964), pp. 400-411.

Leavitt, S. "The Andersonville Trial." In Bennett Cerf (ed.), *Four Contemporary American Plays*. New York: Random House, 1961.

Lerner, M. J. "Observer's Evaluation of a Victim: Justice, Guilt, and Veridical Perception." *Journal of Personality and Social Psychology*, Vol. 20, No. 2 (1971), pp. 127-35.

Lewin, K. *Field Theory in Social Science*. New York: Harper & Row, 1951.

Lippett, R. "Field Theory and Experiment in Social Psycology: Autocratic and Democratic Group Atmosphere." *American Journal of Sociology*, Vol. 45, pp. 25-49.

Lorenz, K. *On Aggression.* Translated by M. K. Wilson. New York: Bantam Books, 1963.

Mantell, D. M. "The Potential for Violence in Germany." *Journal of Social Issues,* Vol. 27, No. 4 (1971), pp. 101-12.

Marler, P. *Mechanisms of Animal Behavior.* New York: John Wiley & Sons, 1967.

Milgram, S. "Behavioral Study of Obedience." *Journal of Abnormal Psychology,* Vol. 67 (1963), pp. 371-78.

_____. "Dynamics of Obedience: Experiments in Social Psychology." Mimeographed report, National Science Foundation, Jan. 25, 1961.

_____. "Group Pressure and Action Against a Person." *Journal of Abnormal Social Psychology,* Vol. 69 (1964), pp. 137-43.

_____. "Issues in the Study of Obedience: A Reply to Baumrind." *American Psychologist,* Vol. 19 (1964), pp. 848-52.

_____. "Liberating Effects of Group Pressure." *Journal of Personality and Social Psychology,* Vol. 1 (1965), pp. 127-34.

_____. *Obedience* (a filmed experiment). Distributed by the New York University Film Library. Copyright 1965.

_____. "Some Conditions of Obedience and Disobedience to Authority." *Human Relations,* Vol. 18, No. 1 (1965), pp. 57-76.

_____. "Interpreting Obedience: Error and Evidence; A Reply to Orne and Holland." In A. G. Miller (ed.), *The Social Psychology of Psychological Research.* New York: The Free Press, 1972.

Miller, A. (ed.). *The Social Psychology of Psychological Research.* New York: The Free Press, 1972.

Miller, N. "Experimental Studies of Conflict." In M. J. Hunt (ed.), *Personality and Behavior Disorders.* New York: Ronald Press, 1944, pp. 431-65.

Modigliani, A. "Embarrassment and Embarrability." *Sociometry,* Vol. 31, No. 3 (September 1968), pp. 313-26.

_____. "Embarrassment, Facework, and Eye Contact: Testing a Theory of Embarrassment." *Journal of Personality and Social Psychology*, Vol. 17, No. 1 (1971), pp. 15-24.

Orne, M. T., and Holland, C. C. "On the Ecological Validity of Laboratory Deceptions." *International Journal of Psychiatry*, Vol. 6, No. 4 (1968), pp. 282-93.

Orwell, G. *Selected Essays*. London: Penguin books, 1957.

Raven, B. H. "Social Influence and Power." In I. D. Steiner and M. Fishbein (eds.), *Current Studies in Social Psychology*. New York: Holt, Rinehart and Winston, 1965.

_____, and French, J. R. P. "Group Support, Legitimate Power, and Social Influence." *Journal of Personality*, Vol. 26 (1958), pp. 400-409.

Rescher, N. *The Logic of Commands*. New York: Dover Publications, 1966.

Rosenhan, D. "Some Origins of Concerns for Others." In P. H. Mussen, J. Langer, and M. Covington (eds.), *Trends and Issues in Developmental Psychology*. New York: Holt, Rinehart and Winston, 1969, pp. 134-53.

_____. *Obedience and Rebellion: Observations on the Milgram Three-Party Paradigm*. In preparation.

Rosenthal, R., and Rosnow, R. L. "Volunteer Subjects and the Results of Opinion Change Studies." *Psychological Reports*, Vol. 19 (1966), p. 1183.

Scott, J. P. *Aggression*. Chicago: University of Chicago Press, 1958.

Sheridan, C. L., and King, R. G. "Obedience to Authority with an Authentic Victim." Proceedings, Eightieth Annual Convention, *American Psychological Association*. 1972, pp. 165-66.

Sherif, M. *The Psychology of Social Norms*. New York: Harper & Row, 1936.

Shirer, W. L. *The Rise and Fall of the Third Reich*. New York: Simon & Schuster, 1960.

Sidis, B. *The Psychology of Suggestion*. New York: Appleton, 1898.

Simon, H. A. *Administrative Behavior: A Study of Decision-Making Processes in Administrative Organizations*. New York: The Free Press, 1965.

Snow, C. P. "Either-Or." *Progresive*, February 1961, p. 24.

Sophocles. *Antigone*. Translated by J. J. Chapman. Boston: Houghton Mifflin Co.,

1930.

Stogdill, R. M. "The Measurement of Attitudes Toward Parental Control and the Social Adjustment of Children." *Journal of Applied Psychology*, Vol. 20 (1936), pp. 259-67.

Taylor, T. *Nuremberg and Vietnam: An American Tragedy*. Chicago: Quadrangle Books, 1970.

Tinbergen, N. *Social Behavior in Animals*. London: Butler and Tanner, Ltd., 1953.

Thoreau, Henry David. *Walden and Civil Disobedience*. Edited by Sherman Paul. Boston: Houghton Mifflin, 1957.

Tocqueville, Alexis de. *Democracy in America*. London: Oxford University Press, 1965.

Tolstoy, L. *Tolstoy's Writings on Civil Disobedience and Non-violence*. New York: New American Library, 1968.

Weber, M. *Theory of Social and Economic Organization*. Oxford: Oxford University Press, 1947.

Wouk, H. *The Caine Mutiny*. Garden City: Doubleday and Company, 1952.

그 밖의 참고 서적

Adams, J. Stacy, and Romney, A. Kimball. "A Functional Analysis of Authority." *Psychological Review*, Vol. 66, No. 4 (July 1959), pp. 234-51.

Aronfreed, Justin. *Conduct and Conscience: The Socialization of Internalized Control over Behavior*. New York: Academic Press, 1968.

Berkowitz, Leonard, and Lundy, R. "Personality Characteristics Related to Susceptibility to Influence by Peers or Authority Figures." *Journal of Personality*, Vol. 25 (1957), pp. 306-16.

Binet, A. *La Suggestibilité*. Paris: Schleicher, 1900.

Cohn, Norman. *Warrant for Genocide*. New York: Harper & Row, 1967.

DeGrazia, Sebastian. "What Authority Is Not." *The American Political Science Review*, Vol. 3 (June 1959).

Eatherly, Claude. *Burning Conscience: The Case of the Hiroshima Pilot Told in His*

Letters to Gunther Anders. New York: Monthly Review Press, 1961.

Elkins, Stanley M. *Slavery: A Problem in American Institutional and Intellectual Life.* Chicago: The University of Chicago Press, 1959.

Friedlander, Saul. *Kurt Gerstein: The Ambiguity of Good.* New York: Alfred A. Knopf, 1969.

Friedrich, C. J. *Authority.* Cambridge: Harvard University Press, 1958.

Gamson, William. *Power and Discontent.* Homewood, Ill.: The Dorsey Press, 1968.

Gaylin, W. *In the Service of Their Country: War Resisters in Prison.* New York: The Viking Press, 1970.

Goldhammer, H., and Shils, E. "Types of Power and Status." *American Journal of Sociology,* Vol. 45 (1939), pp. 171-78.

Gurr, Ted Robert. *Why Men Rebel.* Princeton: Princeton University Press, 1970.

Hallie, Philip. P. *The Paradox of Cruelty.* Middletown, Conn.: Wesleyan University Press, 1969.

Hammer, Richard. *The Court Martial of Lt. Calley.* New York: Coward, McCann, & Geoghegan, 1971.

Heydecker, J. J., and Leeb, J. *The Nuremberg Trial.* Cleveland and New York: World Publishing Company, 1962.

Howton, F. William. *Functionaries.* Chicago: Quadrangle Books, 1969.

Huntington, Samuel P. *The Soldier and the State: The Theory and Politics of Civil-Military Relations.* New York: Vintage Books, 1964.

Lasswell, H. D., and Kaplan, A. *Power and Society.* New Haven, Conn.: Yale University Press, 1950.

Lauman, Edward O.; Siegel, Paul M., and Hodge, Robert W. (eds.). *The Logic of Social Hierarchies.* Chicago: Markham Publishing Co., 1970.

Neuman, Franz. *The Democratic and the Authoritarian State: Essays in Political and Legal Theory.* Edited by Herbert Marcuse. New York: The Free Press, 1957.

Parsons, T. *The Social System.* New York: The Free Press, 1951.

Reich, Wilhelm. *The Mass Psychology of Fascism.* New York: Orgone Institute Press, 1946.

Ring, K.; Wallston, K., and Corey, M. "Mode of Debriefing as a Factor Affecting Subjective Reaction to a Milgram-Type Obedience Experiment: An Ethical Inquiry." *Representative Research in Social Psychology*, Vol. 1 (1970), pp. 67-88.

Rokeach, M. "Authority, Authoritarianism, and Conformity." In I. A. Berg and B. M. Bass (eds.), *Conformity and Deviation*. New York: Harper & Row, 1961, pp. 230-57.

Russell, Bertrand. *Authority and the Individual*. Boston: Beacon Press, 1949.

Sack, John. *Lt. Calley: His Own Story*. New York: The Viking Press, 1970.

Speer, Albert. *Inside the Third Reich: Memoirs*. New York: Macmillan, 1970.

Tilker, H. A. "Socially Responsible Behavior as a Function of Observer Responsibility and Victim Feedback." *Journal of Personality and Social Psychology*, Vol. 14, No. 2 (February 1970), pp. 95-100.

Von Mises, Ludwig. *Bureaucracy*. New Haven, Conn.: Yale University Press, 1944.

Whyte, L. L., Wilson, A. G., and Wilson, D. (eds.). *Hierarchical Structures*. New York: American Elsevier Publishing, 1969.

Wolfe, D. M. "Power and Authority in the Family." In D. Cartwright (ed.), *Studies in Social Power*. Ann Arbor: University of Michigan Press, 1959, pp. 99-117.